中华泰山文库·口述影像书系

泰山风景名胜区管理委员会　编

王玉林
张玉胜

编著

泰山挑山工

山东人民出版社·济南

图书在版编目（CIP）数据

泰山挑山工/王玉林，张玉胜编著.－－济南：山东人民
出版社，2018.8（2019.4重印）
（中华泰山文库·口述影像书系）
ISBN 978－7－209－10568－2

Ⅰ．①泰… Ⅱ．①王… ②张… Ⅲ．①泰山－文化研究
Ⅳ．①K928.3

中国版本图书馆CIP数据核字(2017)第310146号

项目统筹　胡长青
责任编辑　赵　菲
装帧设计　武　斌　王园园
项目完成　文化艺术编辑室

泰山挑山工
TAISHAN TIAOSHANGONG

王玉林　张玉胜　编著

主管单位　山东出版传媒股份有限公司
出版发行　山东人民出版社
出 版 人　胡长青
社　　址　济南市英雄山路165号
邮　　编　250002
电　　话　总编室（0531）82098914
　　　　　市场部（0531）82098027
网　　址　http://www.sd-book.com.cn
印　　装　山东新华印务有限责任公司
经　　销　新华书店

规　　格　16开（210mm×285mm）
印　　张　20
字　　数　300千字
版　　次　2018年8月第1版
印　　次　2019年4月第2次
印　　数　1001—2000
ISBN 978-7-209-10568-2
定　　价　220.00元
如有印装质量问题，请与出版社总编室联系调换。

《中华泰山文库》编委会

南天门上的挑山工

十八盘上的挑山工

岱顶天街

1907 年法国汉学家沙畹游历泰山时拍摄的泰山挑山工

1913 年东西桥上的泰山山轿

1917 年待客的泰山山轿

1917 年的泰山山轿

1917 年的泰山山轿

1917 年乘坐泰山山轿的外国人

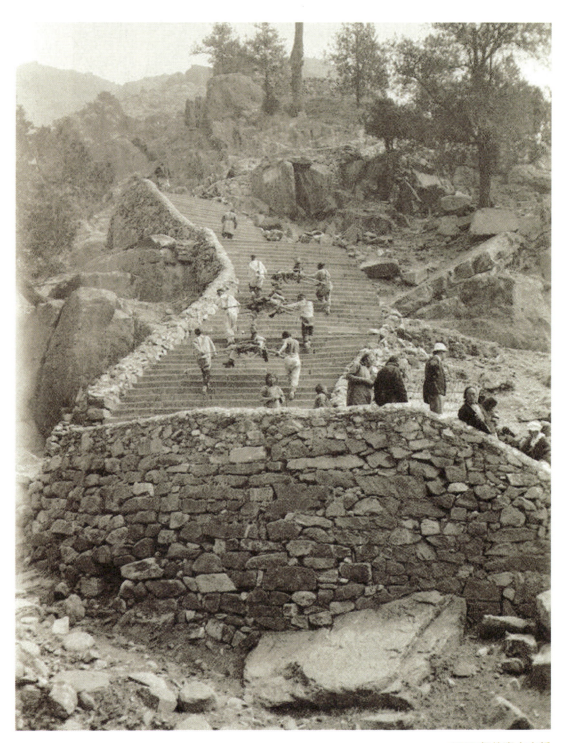

1917 年的泰山山轿

20 世纪 20 年代的泰山挑山工

20 世纪 20 年代的泰山挑山工

1928 年的泰山山轿

20 世纪 20 年代的泰山山轿

20 世纪二三十年代的泰山山轿

20 世纪 30 年代的泰山山轿

20 世纪 30 年代的泰山山轿

20 世纪 30 年代的泰山山轿

抗战期间的泰山山轿

20 世纪 30 年代泰山挑山工必经之路——泰山十八盘

20 世纪三四十年代的泰山山轿

20 世纪 40 年代的泰山山轿

20 世纪 50 年代的泰山山轿

20 世纪 50 年代的泰山山轿

20 世纪 90 年代的泰山挑山工

20 世纪 80 年代的泰山挑山工

20 世纪 90 年代的泰山山轿

泰山山轿

十三个人的挑山工队伍，运送千余斤的器械

泰山挑山工抬石柱

泰山挑山工抬大架穿过南天门

泰山挑山工日观峰下抬大架

泰山挑山工抬大架通过升仙坊

泰山挑山工南天门上抬大架

十八盘上拉纤的泰山挑山工

中天门上的泰山挑山工

搬运大松树的泰山挑山工

泰山挑山工抬大架通过云步桥

泰山挑山工众志成城攀登天路

2001 年的泰山挑山工

十八盘上的泰山挑山工

天街上的泰山挑山工

回马岭上的泰山挑山工

十八盘上的泰山挑山工

2017 年秋天泰山挑山工抬大架

肩挑货物的泰山挑山工

肩扛木材的泰山挑山工

2017 年秋天泰山挑山工抬大架

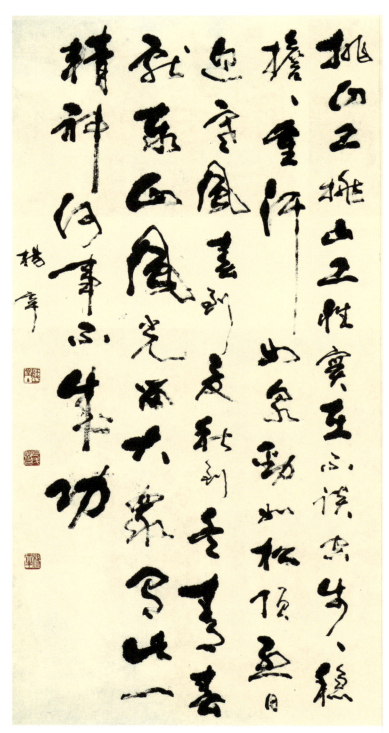

杨辛书写的《挑山工》诗

岩石的沉默
潜藏着时间的永恒
巍峨的群峰
展示了空间的无垠
青松，蕴蓄着生命
碧水，陈励着攀登
挑夫的脚印
　　　显示了意志
刻石的妙语
　　　闪耀着聪明
清泉荡气除虑
　　松风为我洗心
宏大的构思积淀着民族的文化
那时隐时现的南天门啊
莫是在云端召唤我们奋进

　　　　　　杨辛 〔印〕
　　　　一九九一年七月

杨辛为泰山挑山工书写的题词

杨辛书法《挑山工》

黄山挑山工

黄山挑山工

登攀不息的泰山挑山工

山路上的泰山挑山工

中天门上的泰山挑山工

挑砖的泰山挑山工

天街上抬小架的泰山挑山工

归途中的泰山挑山工

南天门上的泰山挑山工

劳作归来的泰山挑山工

归来休息的泰山挑山工

泰山挑山工用的扁担

中天门泰山挑山工办公室一角

外国友人及参加登山冠军赛的运动员体验泰山挑山工

金卫东采访泰山挑山工林文明

泰山挑山工讲述陈广武事迹

采访小组在沙岭村村委

采访小组集体采访沙岭村泰山挑山工

采访泰山挑山工陈广武

民俗学家叶涛、刘晓峰在翻阅泰山挑山工的账簿

泰山挑山工陈广武在绘制大架草图

立岱宗之弘毅

——序《中华泰山文库》

　　一生中能与泰山结缘，是我的幸福。

　　泰山在中国人民生活中有着广泛而深远的影响，人们常说"重于泰山""泰山北斗""有眼不识泰山"……在中国人心目中，泰山几乎是"伟大""崇高"的同义语。秉持泰山文化，传承泰山文化，简而言之，主要就是学做人，以德树人，以仁化人，归于"天人合德"的崇高境界。

　　自1979年到现在，我先后登临岱顶46次，涵盖自己中年到老年的生命进程。在这漫长岁月里，纵情山水之间，求索天人之际，以泰山为师，仰之弥高，探之弥深。从泰山文化的博大精深中，感悟到"生有涯，学泰山无涯"。

　　我学习泰山文化，经历了一个由美学考察到哲学探索的过程。美学考察是其开端。记得在20世纪80年代，为给泰山申报世界文化与自然遗产做准备，许多专家学者对泰山的文化与自然价值进行了考察评价。当时，北京大学有部分专家教授包括我在内参加了这一工作。按分工，我研究泰山的美学价值，撰写了《泰山美学考察》一文，对泰山的壮美——阳刚之美的自然特征、精神内涵以及对审美主体的重要作用，有了较深的体悟。除了理论上的探索，我还创作了三十多首有关泰山的诗作，如《泰山颂》：

> 高而可登，雄而可亲。
>
> 松石为骨，清泉为心。
>
> 呼吸宇宙，吐纳风云。
>
> 海天之怀，华夏之魂。

这是我对泰山的基本感受和认识。这首诗先后刻在了泰山的朝阳洞与天外村。

我认为泰山的最大魅力在于激发人的生命活力。我对泰山文化的学习，开端于美学，深化在哲学。两者往往交融在一起。在攀登泰山时，既有审美的享受，又有哲学的启迪（泰山自然景观和人文景观的结合，体现了一种天人合一的艺术境界）。对泰山的审美离不开形象、直觉，哲学的探索则比较抽象。哲学关乎世界观，在文化体系中处于核心地位，对人的精神影响更为深沉而持久。有朋友问我：能否用一个词来概括泰山对自己的最深刻的影响？我回答：这个词应该是生命的"生"。可以说，泰山文化是以生命为中心的天人之学，其内涵非常丰富，可谓中国文化史的一个缩影。泰山文化包容儒释道，但起主导作用的是儒家文化，与孔子思想有千丝万缕的联系。《周易·系辞下》中讲"天地之大德曰生"，天地生育万物，既不图回报，也不居功，广大无私，包容万物，这是一种大德。天生人，人就应当秉承这种德行，对于人的生命来说，德是其灵魂。品德体现了如何做人。品德可以决定一个人的人生方向、道路乃至生命质量。人的价值和意义离开德便无从谈起。蔡元培先生讲："德育实为完全人格之本，若无德，则虽体魄智力发达，适足助其为恶，无益也。"

"天行健，君子以自强不息；地势坤，君子以厚德载物。"这两句话深刻地体现了"天人合德"的思想。学习泰山文化要与时代精神相结合。泰山文化中"生"的精神对我影响很大，近四十年，我好像上了一次人生大学，感到生生不已，日新又新，这种精神感召自己奋斗、攀登，为人民事业做奉献。虽然我已经97岁，但生活仍然过得充实愉快，是泰山给了我新的生命。

泰山文化是中华民族优秀传统文化的主要象征之一，是我们民族文化的瑰宝。在这方面，历史为我们留下了浩瀚的资料，亟待整理。挖掘、整理泰山文化，是推动中华优秀文化遗产的创造性转化、创新性发展的迫切需要。

日前，泰山风景名胜区管理委员会的同志来舍下，告知他们正在编纂《中华泰山文库》。丛书分为古籍、著述、外文及口述影像四大书系，拟定120卷本，洋洋五千万言，计划三到五年完成。我听了非常振奋！这是关乎泰山文化的一件大事，惠及当今，功在后世，是一项了不起的文化工程。我对泰山风景名胜区管理委员会领导同志的文化眼光、文化自觉、文化胆识和文化担当，表示由衷钦佩；对丛书的编纂，表示赞成。我认为，编纂《中华泰山文库》丛书，将其作为一个新的文化平台，重要意义在于：

首先，对于泰山文化的集成，善莫大焉。关于泰山的文献，正所谓"经典沉深，载籍浩瀚"（刘勰《文心雕龙》）。从大汶口文化时期的象形符号，到文字记载的《诗经》，再到二十五史，直至今天，在各个历史阶段都不曾缺项。一座山留下如此完整、系统、海量的资料，这是任何山岳都无法与其比肩的，在世界范围内也具有唯一性。《中华泰山文库》的编纂，进一步开拓了泰山文化的深度和广度，对于古今中外泰山文化资料及研究成果的发掘、整理、集成、保存，都具有无与伦比的综合性、优越性和权威性，可谓集之大成；同时，作为文化平台，其建设有利于文化资源和遗产共享。

其次，对于泰山文化的研究，善莫大焉。文献资料是知识的积累，是前人智慧的结晶，是文化、文明的成果。任何研究离开资料，都是无米之炊。任何研究成果都是建立在资料的基础上。同时，每当新的资料出现，都会给研究带来质的变化。《中华泰山文库》囊括了典籍志书、学术著述、外文译著、口述影像多个门类，一方面为学术研究提供了所必需的文献资料，大大方便了研究者的工作；另一方面，宏富的文献资料便于研究者海选、检索、取舍、勘校，将其应用于研究，以利于更好地去伪存真、去粗取精，提高研究效率和研究质量。

再次，对于泰山文化的创新，善莫大焉。文化唯有创新，才会具有更强大的生命力。所以说，文化创新工作永远在路上。新时代泰山文化的创新，质言之，泰山文化如何引领新时代的精神文明，服务于新时代的精神文明建设，是一个重大课题。就其创新而言，《中华泰山文库》丛书的编纂本身就是一种立意高远的文化创新。它有目的、有计划、有系统地广泛征集、融汇泰山文献资料，集腋成裘，聚沙成塔，夯实了泰山文化的基础，成为泰山文化创新的里程碑。另外，外文书籍的编纂，开阔了泰山走向世界、世界了解泰山的窗口，对于泰山更好地走向世界、融入世界，具有重要的现实意义。而口述泰山的编纂，则是首开先河，把音频、影像等鲜活的泰山文化资料呈现给世人。《中华泰山文库》的富藏，为深入研究泰山的文化自然遗产，提供了坚实的物质保障。

最后，对于泰山文化的传承，善莫大焉。从文化的视角着眼，随着经济社会的发展变革，亟须深化对优秀传统文化重要性的认识，以进一步增强文化自觉和文化自信；通过深入挖掘优秀传统文化价值内涵，进一步激发其生机与活力；着力构建优秀传统文化传承发展体系，使人民群众得到深厚的文化滋养，不断提高文化素养，以增强文化软实力。毋庸讳言，《中华泰山文库》负载的正是这样一个优秀传统文化传承发展体系。如上所述，集成、研究、创新的最终目的，就是为了增强泰山文化的生命力，祖祖辈辈传承下去，延续、共享这一人类文明的文化成果。这是一个民族兴旺发达的源泉所在。《中华泰山文库》定会秉承本初，薪火相传，继往开来。

更为可喜的是，泰山自然学科资料的整理和研究，也是《中华泰山文库》的重要组成部分，无论是地质的还是动植物的，同样是珍贵的世界遗产。

中国共产党第十九次全国代表大会报告中指出："文化自信是一个国家、一个民族发展中更基本、更深沉、更持久的力量。必须坚持马克思主义，牢固树立共产主义远大理想和中国特色社会主义共同理想，培育和践行社会主义核心价值观，不断增强意识形态领域主导权和话语权，推动中华优秀传统文化创造性转化、创新性发展，继承革命文化，发展社会主义先进文化，不忘本来、吸收外来、面向未来，更好构筑中国精神、中国价值、中国力量，为人民提供精神指引。"这是我们编纂《中华泰山文库》丛书工作的指南。

编纂《中华泰山文库》丛书是一项浩繁的文化系统工程，要充分考虑到它的难度、强度和长度。既要有气魄，又要有毅力；既要正视困难，又要增强信心。行百里者半于九十，知难而进，迎难而上，才能善始善终地完成这项工作。这也是我的一点要求和希望。

值此《中华泰山文库》即将付梓之际，泰山风景名胜区管理委员会的同志嘱我为之作序，却之不恭，写下了以上文字。我晚年的座右铭是："品日月之光辉，悟天地之美德，立岱宗之弘毅，得荷花之尚洁。"所谓"弘毅"，曾子有曰："士不可以不弘毅，任重而道远。仁以为己任，不亦重乎？死而后已，不亦远乎？"故而，名序为：立岱宗之弘毅。

杨辛
2018年7月

目　录

泰山挑山工·引言

泰山挑山工

1

　　泰山挑山工的历史，不可考。所谓不可考，乃是于史无征。所谓于史无征，乃是于史志典籍付诸阙如。泰山数千年的历史，盘道上所记录的都是帝王将相、文人骚客的宏大叙事，又有哪位史官侧目过挑山工这个弱小的音符呢？即便是到了良史司马迁，在他"史家之绝唱"的体例里，已经有了屠狗、乞儿之辈的列传，然而，要说挑山工，依然是忽略不计的。这也难怪，作为史官的司马迁父子，均无缘随侍汉武帝封禅泰山，自然也就没见过山上山下、鞍前马后，为国之大典负重登攀的泰山挑山工。

究其实，泰山挑山工的历史，也无须考。可以这么说吧，从旅游的意义上来讲，人类初登泰山之始，就诞生了挑山工这个行当。那么，何时是"人类初登泰山之始"呢？我们且不说泰山。泰山东南麓襟带一座小山，叫作徂徕山。此山为何取名"徂徕"？徂，往来行走；徕，招徕也。徂徕山的名字在数千年前的《诗经》里，就已经出现了——"徂徕之松，新甫之柏。是断是度，是寻是尺"……可见，有史记载的数千年前，徂徕山便是招徕游客趋之若鹜的"旅游"胜地了，更遑论泰山？

即令如此，在泰山的典籍里，挑山工那些偶尔闪烁的电光石火，还是能够使后人瞥见他们的雪泥鸿爪。譬如，《宋史》里真宗封禅泰山的过程中，明清人的游记散文里，近代西方旅行家的摄影镜头里……

有人可能要说，宋真宗封禅里没有挑山工的记载。且慢，你看到山轿了吗？当然，皇帝坐的山轿不能叫山轿，叫什么？叫"龙舆"。就像我们吃饭叫吃饭，皇帝吃饭叫用膳是一个道理。山轿工和挑山工，他们是孪生的行当。

其实，把山轿称为软舆，还是蛮有创意的。《老残游记》里这样描述：

（次日黎明，女眷先起梳头洗脸。雇了五肩山轿。）泰安的轿子像个圈椅一样，就是没有四条腿。底下一块板子，用四根绳子吊着，当个脚踏子。短短的两根轿杠，杠头上拴一根挺厚挺宽的皮条，比那轿车上驾骡子的皮条稍为软和些。轿夫前后两名，后头的一名先趱到皮条底下，将轿子抬起一头来，人好坐上去。然后前头的一个轿夫再趱进皮条去，这轿子就抬起来了。

在新中国成立前，坐山轿登山一直是

达官贵人乃至外地游客的首选。20世纪30年代津浦铁路旅行社的宣传册上就写着：由上海搭沪平通车抵此，计时共二十六小时，通车抵站在下午六时，可安顿泰安宾馆，翌晨雇轿登山。

当然，这都是无心插柳，并非刻意为挑山工（轿夫）作传。

景全山泰及站車安泰

20世纪30年代的泰山旅游指南

2

时光如白驹过隙。

20世纪80年代，对于泰山挑山工来说，具有划时代的意义——1981年，作家冯骥才先生以他博大的人文情怀，倾心创作了散文作品《挑山工》。《挑山工》没有着墨于泰山的雄姿和胜景，而是把目光投向挑货上山的山民，描绘了他们艰辛的劳作和惊人的毅力，赞颂了挑山工坚韧不拔的攀登精神。

先是1983年《挑山工》被选入全国高中语文课本，而后又入选小学语文课本。这在中国文学史上，是一通泰山挑山工的丰碑。

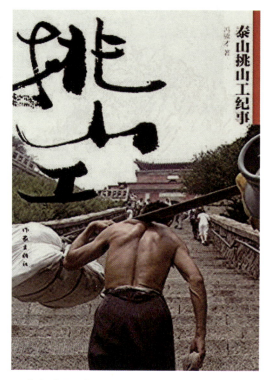

冯骥才《泰山挑山工纪事》封面

让我们录下课本中冯骥才《挑山工》的原文：

在泰山上，随处都可以碰到挑山工。他们肩上搭一根光溜溜的扁担，扁担两头的绳子挂着沉甸甸的货物。登山的时候，他们一条胳膊搭在扁担上，另一条胳膊随着步子有节奏地一甩一甩，使身体保持平衡。他们走的路线是折尺形的，从台阶左侧起步，斜行向上，登上七八级，到了台阶右侧，就转过身子，反方向斜行，到了左侧再转回来。每转一次身，扁担换一次肩。这样曲折向上登，才能使挂在扁担前头的东西不碰在台阶上，还可以省些力气。担着重物，如果跟一般登山的人那样直往上走，膝盖会受不住的。但是路线曲折就会使路程加长。挑山工登山走的路程大约比游人多一倍！

奇怪的是挑山工花的时间并不比游人多。你轻快地从他们身边走过，以为把他们远远地甩在后边了。你在什么地方饱览壮丽的山色，或者在道边诵读凿在石壁上的古人的题句，或者在喧闹的溪流边洗脸洗脚，他们已经不声不响地从你身旁走过，悄悄地走到前头去了。等你发现，你会大吃一惊，以为他们像仙人那样，是腾云驾雾赶上来的。

语文课本里的《挑山工》

有一次，我同几个画友去泰山写生，就遇到过这种情况。我们在山下买登山用的青竹杖，遇到一个挑山工，矮个子，脸儿黑生生的，眉毛很浓，大约四十来岁，敞开的白土布褂子露出鲜红的背心。他扁担一头拴着几张大凳子，另一头捆着五六个青皮西瓜。我们很快就超过了他。到了回马岭那条陡直的山道前，我们累了，舒展身子躺在一块被山风吹得干干净净的大石头上歇歇脚。我们发现那个挑山工就坐在对面的草地上抽烟。随后，我们跟他差不多同时起程，很快就把他甩在后边，直到看不见他了。等到爬上半山的五松亭，我们看见有个人在那株姿态奇特的古松下整理挑子，那正是他。他把褂子脱掉了，光穿着红背心，现出健美的黑黝黝的肌肉。我很惊异，走过去跟他攀谈起来。这位山民倒不拘束，挺爱说话。他告诉我，他家住在山脚下，天天挑货上山，干了近二十年了，一年四季，一天一个来回。他说："你看我个子小吗？干挑山工的，给扁担压得长不高了，都是又矮又粗的。像您这样的高个儿干不了这种活儿，走起路来晃悠！"他浓眉一抬，咧开嘴笑了，露出洁白的牙齿。山民们喝泉水，牙齿都很白。

谈话更随便了，我把心中那个不解之谜说了出来："我看你们走得很慢，怎么反而常常跑在我们前头了？你们有什么近道吗？"

他听了，黑生生的脸上显出一丝得意的神色。他说："我们哪里有近道，还不和你们走的一条道？你们肩膀上没有挑子，是走得快，可是一路上东看西看，玩玩闹闹，总得停下来嘛！我们跟你们不一样。不像你们那么随便，高兴怎么就怎么。一步踩不实不行，更不能耽误工夫。我们得一个劲儿往前走。别看我们慢，走长了就跑到你们前边去了。您看，是不是这个理儿？"

我心悦诚服地点着头，感到这位山民的几句朴素的话，似乎包蕴着意味深长的哲理。没等我细细体味，他担起挑子又起程了。在前边的山道上，我们又几次超过了他；但是总在我们流连山色的时候，他又悄悄地超过了我们。最后在极顶的小卖部门前，我们又碰见了他，他已经在那里交货了。他对我们点头一笑，好像在说："瞧，我可又跑到你们前头来了！"

从泰山回来，我画了一幅画——在陡直的似乎没有尽头的山道上，一个穿红背心的挑山工给肩头的重物压弯了腰，他一步一步地向上登攀。这幅画一直挂在我的书桌前，因为我需要它。

挑山工如何进入中小学生的内心世界？通过这篇中学生的《〈挑山工〉读后感》，看看孩子们学了这篇课文后，究竟悟到了什么：

今天读了《挑山工》这篇课文，我除了惊讶，更增添了深深的敬意。虽然挑山工走的路比游人多一倍，但用的时间并不比游人长，因为他们朝着一个目标脚踏实地，不懈地努力，不东张西望，不走走停停，不辞劳苦，不留恋山色，一个劲地朝着目标前进，这是他们成功的秘诀。

如果我们也具有这种坚持不懈的精

神，还有什么事情是做不成的呢？我们的学习、生活不和挑山工一样吗？如果看到别人玩也想玩，看到别人上网吧也上网吧，学学玩玩，贪图玩乐，没有目标，学到哪算哪，什么时候能实现人生的价值？到老只会发出"黑发不知勤学早"的哀叹。人生的路上有很多诱惑，更有很多的艰难。挑山工一干就是二十年，一年四季，一天一个来回，他不苦吗？不累吗？但这是他的目标，他选择了这样的生活，他选择了这样的目标，所以他不能耽误工夫，一个劲儿地往前走，还要步步踩实，因为肩上挑着担子。为什么好多人小时候都有目标，到大了实现目标的就少了呢？现在想想，他们肯定不像挑山工那样脚踏实地，而是走走停停，遇到困难绕道走，遇到好玩的就玩一玩，没想到肩上的"担子"，没想到"要一天一个来回"。

我的人生目标是什么？我怎样才能实现自己的人生目标？我还能过一天算一天混日子吗？读了这篇课文，我觉得前面的"路"宽了，同时肩上的"担子"也沉了。

作者画了一幅画挂在书桌前，我觉得要把这幅画深深地印在心里，当我感到学习劳累想要休息时，当我和小朋友只顾玩乐时，当我遇到困难时，这幅画会告诉我该怎么去做。

冯骥才的国画作品《泰山挑山工》

3

《挑山工》这篇散文的面世，继而作为语文教材进入学生课堂，是一个重要的文学事件和教育事件，更是一个重要的文化事件。当我们把它放在一个大的历史背景下来释读，显而易见，其内在意蕴之深厚，远远超过了作品本身：这就是它与20世纪80年代初中国人民所进行的改革开放的伟大事业相同步。改革开放的初始，是艰难的。它需要这个民族、这个国家的人民振作精神，坚定信心，刚毅不拔，奋勇登攀。同样，这既需要精神，又需要号角，也需要偶像和榜样。

也就在1981年4月27日的这一天，一个干练瘦小的老人（我们不忍心称他为老人，他在人们心中永远年轻），精神矍铄地踏过十八盘，径直登上了泰山。就一部宏大的交响乐章而言，他不仅是一个娴熟的演奏家，更重要的，他还是一个卓越的指挥家。在他屡弱的身躯内，蕴含着改变中

十八盘上的挑山工

国的力量。看到雄峙天东的拱北石上托起的一轮红日，老人慨叹良多。回京后《在庆祝中国共产党成立六十周年大会上的讲话》中，把实现社会主义现代化建设比作攀登泰山十八盘。他鼓励全国人民：

在我们前面还有许多困难……我们还要走一段相当长的艰难的路程。好比登泰山，已经到了"中天门"，前面还有一段要费很大气力的路——三个"十八盘"。要爬过这一段路，才能到达"南天门"。由"南天门"再往前，就可以比较顺利地向着最高峰"玉皇顶"挺进了，到了那里就好比我们实现了社会主义现代化建设的宏伟任务。只要上了"南天门"，就能够领略杜甫的著名诗句"会当凌绝顶，一览众山小"的意境了：曾经有如"众山"的许多艰难困难，就显很渺小了，通往"绝顶"道路上的困难，就比较容易对付了。毫无疑问，在伟大征途上，我们一定能够征服"十八盘"，登上"南天门"，到达"玉皇顶"，然后再向新的高峰前进。

那当是拨乱反正之后，胡耀邦发出的新时代的最强音。而《挑山工》，率先成为践行者。

4

泰山挑山工，实质上是服务于登山者的挑夫。但人们为什么不习惯这个称谓，而是把他们称之为挑山工（或担山工），并以此广而名之？我想这大概与泰山周边"杨二郎挑山压太阳"的民间传说故事有关：

想当初，盘古开天地，十个太阳当空，庄稼烤焦了，河水晒干了，整个人间比蒸笼还要热，老百姓处在煎熬困苦之中。有个叫杨二郎的小伙子，不仅勤劳勇敢，而且为人忠厚诚实。他有三只眼睛，视物没有盲区；他的力气特别大，大得能搬起几座大山；他有一双飞虎鞋，穿上它能翻山跨海，日行千里。老百姓们都信服他、崇拜他，就推选他当了大伙的首领。其实大伙不知道，他本来就是个下凡的仙人。

怎样才能制伏太阳呢？杨二郎看在眼里，急在心上，

朝阳洞上的挑山工

日夜琢磨。他从山上砍了一棵千年桑树做扁担，把十座大山装进两只大筐，穿上飞虎鞋，施展神通，念起口诀，现出法相。他头顶着蓝天，脚踩着大地，像泰山那样顶天立地，甩开胳膊，挑着大山追赶太阳。从东赶到西，又从西赶到东，赶呀赶呀，每赶上一个太阳，就用一座大山把它压住。终于，十个太阳被他压住了九个，只有一个太阳逃出了他的手心，哪能容得！杨二郎鼓足干劲，风驰电掣，担着大山追到渤海岸边。最后这个太阳就势一滚，骨碌钻进了渤海，使杨二郎扑了个空。杨二郎走了，这个太阳躲过一劫，第二天早上又升了起来。从此高挂在天空，以继日夜。

杨二郎这个神话传说人物，姓杨名戬，又称二郎神，多次出现在古代文学作品当中。他的身份显赫，是王母娘娘的弟弟，七仙女的舅舅。特别是因了《西游记》《封神演义》等文学名著的传播，更是在民间家喻户晓，妇孺皆知。早年间，泰山周边

建有很多二郎神庙，且一般都把二郎神当
成山神来供奉。

有一首《二郎挑山压太阳》的儿歌，
广为流传：

> 一字洋洋离家乡，
> 二郎挑山赶太阳。
> 三只神眼识鬼怪，
> 四山五岳六圣帮。
> 七颗毒日山岳镇，
> 八九兄弟藏海疆。
> 十弟留着继日夜，
> 东西陬山压两狂。
> 邪恶除去天地安，
> 阴阳平衡喜洋洋。
> ……

在道教的《泰山宝卷》里，这样描述
挑山压太阳的二郎神：

> 开山斧，两刃刀，银弹金弓；
> 升天帽，蹬云履，腾云驾雾；
> 缚妖锁，斩魔剑，八宝俱全；
> 照妖镜，照魔王，六贼归顺；
> 三山帽，生杀气，顶上三光；

> 八宝装，四条带，腰中紧系；
> 黄袍上，八爪龙，紫雾腾腾；
> ……
> 二郎变化有神通，
> 八装圣宝紧随跟。
> 出门先收各牙洽，
> 黄毛童子护吾身。
> 后收七圣为护法，
> 白马白犬有前因。
> ……
> 梅山七位尊神圣，
> 归依爷上拜兄弟。
> 帅将跟随常拥护，
> 天地同春成神圣。
> 白马爷乘神坐骥（骑），
> 白犬神遨（獒）紧跟巡。
> 贯（惯）会降妖捉鬼怪，
> 邪祟精灵影无踪。

综合民间传说中的杨二郎这个人物，
具备以下几个特点：一是勤劳勇敢，吃苦
耐劳；二是忠诚正直，为人厚道；三是力
大无穷，神通广大。

这不就是挑山工的基本素质吗？

泰山挑山工十八盘上抬大架

挑山工每天披星戴月，追赶日出日落，"二郎挑山压太阳"的神话，恰恰印证在挑山工的身上。或许，这正是人们把泰山挑夫称为挑山工的理由！

你可能要问，挑山工称得上神通广大吗？且慢，接下来我要讲述挑山工"抬大架"的故事，听完这个故事，你就会对挑山工的神通广大，佩服得五体投地。

泰山东麓的大津口，就有这样一位神通广大的传奇人物，大名陈广武。奇人奇事，堪称传世之奇。陈广武是个泰山挑山工，几十年如一日服务于泰山旅游和泰山建设。铁肩担起上百斤物资，一步一台阶，攀登天路，当天的趟子。"文革"期间，泰山一度无人管理，二十郎当岁的陈广武，一个人住在岱顶碧霞祠里，侍候香火，供奉泰山奶奶，开门关门，防火防盗，兢兢业业地守望、保护着泰山。

20世纪80年代，修建岱顶后石坞索道。进口奥地利设备，主要构件油压轴，长九点五米，重四吨多。原计划动用直升机运送，无奈济空不敢应承。怎么办？工程负责人找到了陈广武，陈广武

就一句话：干！

陈广武随之调集一百五十多名挑山工，抬大架。什么叫抬大架？大架是扎的，怎么扎？油压轴上下两端绑拦头（横杠）；拦头两端绑顺杠（竖杠），大顺、二顺、三顺；顺杠再绑大轴、二轴、三轴。油压轴前端四十八路杠子，后端六十四路，大架之前，再设三十六名纤夫拉纤。打一声号子挪动一步，自中天门到南天门，过十八盘，行程四天。那真是大场面，盘道上铺满了一尊尊古铜色的脊梁，宛如苍鹰俯冲云天；一颗颗汗珠子弹跳在阶梯上，碎成八瓣，瓣瓣铿然有声。红旗招展，一呼百应，十八盘上春雷滚滚！抬大架不怕路陡，最怕拐弯。云步桥一侧有急弯，人称"三瞪眼"，最难通过，百分之七十的力气要用在这里。至此，陈广武巧妙安装绞盘，以助其力。当时工钱总共三万元，每人每天不到二十元钱。

陈广武这种"抬大架"的运输方式，是最原始的，同时也是最先进的。你可以撬起地球，但需要一个支点。在这种地段，没有先进设备的支点，螺蛳壳里跑不得火车，因此人们束手无策。采访陈广武，我

20 世纪 80 年代，陈广武在十八盘上指挥抬大架

们曾问及"抬大架"可否有师承，陈广武大手一挥：没有，自个儿心里出的。正是这个"自个儿心里出的"，令我们好生感动！勤劳勇敢的泰山挑山工，同时又是聪明智慧、神通广大的化身啊。

就这样，泰山挑山工把油压轴擎上了南天门；同时，也把挑山工的故事，镌刻在了岱宗之巅。

5

千百年来，挑山工抬轿的出力，坐轿的出钱，供需双方两相情愿，亦称和谐。斗转星移，光阴如梭，山轿就这样默默行进在山间的盘道上。然而，就在20世纪，沉默的挑山工却不经意地遭遇了两次国际事件。

一、手杖事件

1931年九一八事变之后，蒋介石请求"国际联盟"主持"公道"。翌年1月12日，"国联"顺水推舟，组成以李顿爵士（英籍印度人）为团长的"国联调查团"，调查日本在"满洲"的侵略行为以及所形成的"满洲"问题。调查团由李顿爵士、美国的麦考易将军、法国的克劳将军、德国的希尼博士、意大利的马柯迪伯爵组成。当时中、日两国代表以顾问身份参加，中国代表为顾维钧。6月初，调查团一行五人来到中国，乘坐南京政府特备的高级花车专列来到泰山，自然由国民政府的外交部部长顾维钧等大员陪同，以尽地主之谊。

"国联调查团"来到泰山后，有关方面调用了二百多顶山轿，准备把他们和陪同的南京政府官员抬上山顶。但李顿拒绝坐轿，坚持步行，山轿沿途随行，七个小时才登上南天门。途中，游览名胜古迹，品尝风味野餐，举团甚为欢洽。但遗憾的是，下山途中，团长李顿的手杖却莫名其妙地不见了。爵士非常懊恼，说那只手杖是珍贵的纪念品，他珍惜的不是金手柄和镶嵌的宝石，而是手杖是他与妻子的定情之物，并声称他与日本政府谈判的重要记录也装在里面。一行人百寻而无觅处，平地陡起波澜。当调查团下山到达泰安火车站时，李顿的爵士风度荡然无存，声称："我必须找到我的手杖！"找不到手杖，李顿拒登专列，就一直在月台上徘徊。顾维钧花费了很长时间，郑重承诺一定找到，才将李顿劝说上车。

手杖丢失，泰安县长周百锽，惶恐异常，动用大批军人警察，漫山遍野搜寻不到，最后把疑点聚焦到随行的山轿轿夫身上。县政府遂将两个六七十岁的轿夫头抓进县衙讯问。接着，又抓了几十个挑山工轿夫、游客，并严刑逼供。监狱一时人满

李顿率领的国联调查团

为患，全城人心惶惶。

轿夫头的家人吓得大哭不止，便去找当时隐居泰山的冯玉祥，托人向他求情。因了调查团到来，故意称病躲进三阳观避而不见的冯玉祥，闻听此事大怒，立马写了一封信派警卫送到县政府，让县长火速到普照寺来见他。县长周百锽，原是冯玉祥西北军旧部，即便冯下了野，也不敢怠慢，急忙忙赶到普照寺。冯玉祥对周说：不要怕调查团，调查团是强盗团体，要有骨头、有气节。李顿自己丢了东西，你们抓这些无辜的挑山工轿夫成何体统，马上把人全部放了，"为我们中国人保存一点微小的体面"。冯让周写个四门照壁的告示，文字不要啰唆，只是晓谕百姓，谁捡到手杖送到县政府，赏钱二百元。周县长依计而行。

泰安城西关有个打柴为生的人，叫韩狮豹，他第二天便在调查团逗留的对松山下捡到了手杖。他怕被官府反诬为盗，不敢送到县衙，却送给了冯玉祥先生。冯说不要怕，我给你写个条子，送给县长去吧。周百锽县长见手杖大喜，火速送到尚在济南火车站专列上等候的李顿手中，并如数赏了韩狮豹。同时，也洗清了泰山挑山工身上的不白之冤。

多年之后，顾维钧在他的回忆录里谈及此事，认为手杖是随团的一个日本军人扔掉的——"这个军官这样干的原因，是他不愿看到调查团玩得那样高兴（散步、谈笑甚至欢跳）的景象。而团员在日本的情形恰恰相反"。

就大和民族的德行，他说这话我信。

二、泰山山轿事件

如果说上一次国际事件中，挑山工屈辱地被诬为盗，那么接下来的1957年5月，泰山迎来了一批苏联专家，专家与山轿结缘，从而引发的第二次国际事件，则大大提升了泰山山轿的知名度。请看同年10月12日，国务院发出的《国务院关于天津音乐学院付（副）院长赵沨在泰山组织苏联专家家属乘坐山轿错误的通报》（直习字第58号）。通报称：

据文化部报称：1957年5月间天津音乐学院和天津南开大学（按：嗣后国务院办公厅发文更正为天津大学）邀请两校苏联专家及其家属赴山东泰山游览（系利用顺延的春假时间）。在登山途中，忽然遇雨，陪同游览的音乐学院付（副）院长赵沨就劝告专家家属三人带着两个儿童乘坐山轿，继续上山，自己并且先坐一轿带领。这时所有的苏联专家都是始终步行的。苏联驻华大使馆知道上述情况以后，认为这些专家家属违犯了苏联政府不准苏联公民在中国乘坐轿子的规定，认为那样就可能在中国劳动群众的眼光中，模糊苏联公民和帝国主义压迫者之间的区别，因此就给了有关苏联专家以严厉的批评，并要把他们立即调返国内进行严肃的处理。随后，经我方多次向苏联大使馆说明专家家属犯上述错误，是赵沨倡导并组织的，应当由赵沨负全部责任。经我方再三要求之下苏联大使馆才勉强同意不把有关专家调返国内处理。鉴于上述错误的严重性，文化部决定给予赵沨以记过的处分。

我们同意文化部给予赵沨以记过的处分。各聘请苏联及其他国家专家的单位，都应当从这次事件中吸取教训。今后各级国家机关工作人员在陪同外国专家游览名胜古迹时，一律不要乘坐轿子，也不要邀请专家及其家属乘坐轿子，以发扬我们国家机关所固有的艰苦朴素、与劳动人民同甘共苦的优良传统。

通报发出两天后的10月14日，国务院

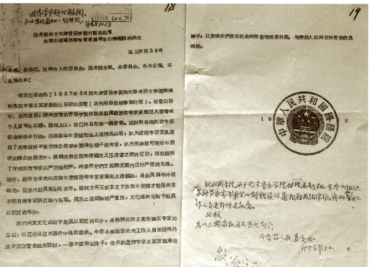

国务院关于山轿事件的通报

又下发了《国务院关于国家机关工作人员在游览名胜古迹时不准乘坐人力车轿的通知》（直习字第59号）。通知称：

我国是社会主义国家，国家机关工作人员必须保持和发扬我们所固有的坚（艰）苦朴素、与劳动人民同甘共苦的优良传统。据查：某些人员在游览名胜古迹时或者陪同外宾、外国专家游览名胜古迹时，有乘坐人力车轿的情形。这不仅会在劳动人民中产生不良的影响，而且是和我们国家机关所固有的优良传统不相容的。为此，特规定：今后各级国家机关工作人员在游览名胜古迹的时候或者陪同外宾、外国专家游览名胜古迹的时候，陪同人员和外宾、专家都一律不准乘坐人力车轿。特此通知，望遵照执行。

至此，山轿风波始告平息。

在那个特殊年代的特殊历史背景下，就此事件国务院连发通报、通知两个文件，这使得长在深山蓬门的泰山山轿，随之登上大雅之堂，堂而皇之地进入了国家文件。

这场由乘坐泰山山轿引发的国际事件，

新中国成立初期乘坐山轿的外国人

十分微妙而耐人寻味。当时在苏联方面看来，似乎只有帝国主义压迫者，才会乘坐人力车轿。如此一来，也就破坏了社会主义阵营"老大哥"的良好形象。更兼"项庄舞剑，意在沛公"，鉴于斯时中苏两国的交恶已初露端倪，苏方担心被抓了小辫子，便煞有介事，小题大做，坚持要严肃处理有关专家。至于中方，一贯奉行外交无小事的原则，更兼在"老大哥"一本正经地启发下，也感到了问题的严重性。只是考虑到问题发生在我们国内，又是我方人员所倡导，开罪于客人有些于心不忍。

一方面，不得不三番五次极力为苏方专家开脱；另一方面，便以我方人员开刀，陪员也就不得不背上"教唆"的恶名，记了一过。

时过境迁。如果抛却极"左"的、泛政治化的乱点鸳鸯谱，把坐山轿的人当成"帝国主义压迫者"，则有点滑天下之大稽。同时，也实在抬举了这种原始简陋的登山工具。不管怎么说，毕竟泰山山轿因此国际事件而风光了一把，扩大了知名度。

1917 年的泰山山轿

6

挑山工抬的轿子叫山轿，是一种原始而粗陋的登山工具。然而它的独具创意和轻捷简便，又是登峰造极的。大中祥符元年（1008），宋真宗来泰山封禅，即有"乘轻舆，陟绝巘，跻日观，出天门"的记载。

泰山山轿的形状，近似一个木椅子，有扶手、有靠背，但没有腿。坐人的地方不是木板，而是用绳编结成的半圆形网络，兜着屁股。这个结构非常实用，相当科学，既减轻了轿子的重量，从而减轻了人力登山负重之苦，又使客人端坐舒适，惬意登山。在座位的前横框上，两边各下垂着约一尺多长的绳子，其下端系一块约三寸宽的木板（或木棍），客人坐在轿子上两腿下垂，用作脚踏。在轿子的两侧各有一条扁担做轿杠，轿杠的前后端，各有一条用牛皮做的"轿襻"，把它斜挎在肩上。抬轿时，整个轿子的重量都落在肩上，两只手握住轿杆，用来保持平衡或做辅助用力，这样又

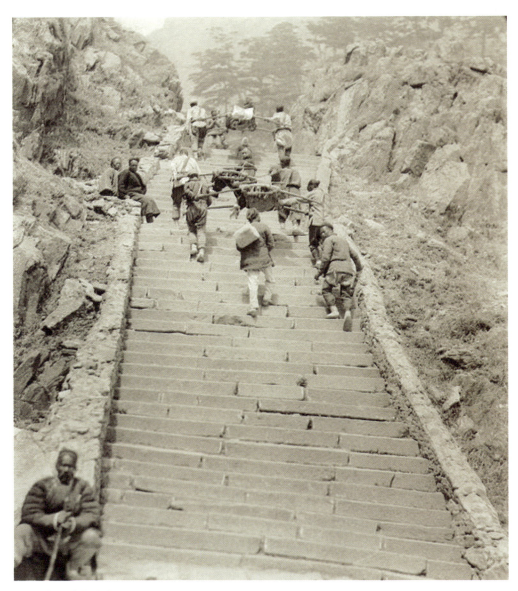

1917 年的泰山山轿

降低了轿子与地面的高度，减轻客人的恐惧感。在轿子的四角，支起四根支杆，上张布篷，用作遮阳避雨。就是这种原创的简单制式，迄今维持了上千年，简捷得无以复加。

清代袁枚的《登岱歌》这样描述乘坐山轿登山：

> 土人结绳为木篮，
> 令我偃卧同春蚕。
> 两夫负之走若蟹，
> 横行直上声喃喃。

此诗用"木篮""春蚕""若蟹""喃喃"四个词组，形象生动地描绘了山轿的形制、乘客的姿势、轿夫登山的形态和音容。状形肖物，浅白而逼真，"性灵派"的随园老人不愧为大手笔，使我们对山轿有了一种感性的认知。

泰安回民街的林文明老人这样讲：这轿子它本身，我听老一辈的拉（讲），叫"拉拉兜子"。一个轿窝子四根轿杠，都能卸下来；两根皮条，由铁箍纫进去，挺简单。他们现在有的抬的不是轿子，是南方南霸天坐的那个，是"竹嘎嘎"，那不是轿子，轿子在咱泰安叫"爬山虎"，"爬山虎"就是轿子，老百姓叫"拉拉兜子"。那两根袢值钱，都是皮的，没有假的，连那栓皮条的扣都是皮条的。这个东西可是规矩，你抬着抬着断了，伤了人，了不得啊！

20世纪30年代，息影泰山的冯玉祥将军，在他的"丘八体"诗中，也有一首《山轿》：

> 上泰山，坐山轿，
> 又看风景又逛庙。
> 一个安坐两个抬，
> 三把轿子爬山道。

1917 年的泰山山轿

爬山道，真苦劳，
慢慢紧紧总不到。
肩头皮带千斤重，
汗流气喘心急跳。
一劳苦，一逍遥，
抬的坐的皆同胞。
国难当头须要管，
时间劳力不白抛。
大名山，电车道，
凡事都应用科学。
时间劳力为国用，
一点一滴皆生效。

冯将军由人力山轿夫的劳苦，联想到发展科技，抗日救国。但冯先生是不反对坐山轿的。他自己坐，接送他的老师范明枢，也经常用山轿。

1929 年，蒋介石偕夫人宋美龄登泰山时，曾随专列带来南方的滑竿，以备代步登山。但南橘北枳，此山非彼山，滑竿的形制和稳定性显然不宜于登泰山。蒋总司令夫妇最终放弃了滑竿，选择了轻舆。

做轿夫的多为青壮年的挑山工。在陡

峭的盘道上，以"之"字形的路线攀登，这样既省力，又使客人感到平稳。轿夫负重登山，不敢有半点马虎，一年四季，一身短打，避免影响视线而踏空石阶，也防止踩到裤脚而绊倒。即便冬季的棉裤，也必须挽过膝盖，以便于迈步。到了平坦的路段，客人要下轿欣赏风景或用茶点，轿夫也乘机解下煎饼包和黑瓷细颈的水壶，喝点水垫垫饥，稍事休息。休息后起轿，后面的轿夫先把皮袢斜挎肩上，前面的轿杆着地。这样前低后高，以利客人落座。然后，前面的轿夫起身，轿子随之抬高，平稳前行。

1928 年宋美龄乘坐山轿

7

旧社会的挑山工，多为泰山周边的平民百姓。这个行业基本没有统一的行会组织，即便有，也很松散。欲从业者，一般通过左邻右舍、亲戚朋友中的挑山工引介，联系一个坐地的"把头"一类的人物，自带一根扁担即可入伙。但在调查采访山轿工时，发现他们比挑山工组织得更严密一些，大概这是因为山轿抬人比挑货的技术含量要高、风险要大的缘故。民国年间，泰安回民街就有一家徐姓人，出租十几架山轿，自己兼做"把头"，招揽生意，分派工作。有时候地方上的官府衙门，还要找他们做一些相关的事情。

新中国成立初期，百废待兴，泰山的建设和旅游业发展较慢，挑山工仅仅限于运送一些生活物资和香客用品。"人民公社化运动"以后，受"二元经济结构"严重影响，农民被牢固束缚在农田里，只有很少的人专门做挑山工，其他人只能在农闲时节挤时间干一点。更不要说"文革"十年……

1917 年乘坐泰山山轿的外国人

改革开放以来，特别是20世纪八九十年代，泰山的旅游业逐步繁荣，山上的基本设施包括盘道、庙宇、宾馆、交通、通讯、索道等项目的建设，规模空前。运送建设、生活等物资，成为一时之急需。且因家庭联产承包责任制的推行，农民有了更多可供自己支配的剩余劳动时间，于是挑山工行业的兴旺，应运而生。

挑山工这种原始的劳动者，使用的工具也最为原始，不过一根扁担、两条绳子。山轿也是绳子木棍结构，前面已述，故不赘。

挑山工一般负重百斤左右，根据登山的要求，扁担一庹（中国一种约略计算长度的单位，以成人两臂左右伸直的长度为标准，约合五市尺）多长，大约等身高，厚度三四厘米，两端套以铁头，稍稍翘起，以利穿插货物。挑起担子之后，两条胳膊伸开可以兼顾到前后的货物。扁担材质多为刺槐、山榆或桑木。刺槐、山榆的特点是能承重，柔韧性却不足，桑木则反之。扁担经过长期在挑山工肩上的厮磨，饱受油垢和汗水的滋润，褐色油亮，类似一层包浆。新扁担用上一年半载，木性活泛开来，韧性就会越来越好。

031

老一辈的挑山工还用一种扁担，两头高高翘起，形状如一钩新月，俗名叫"獐牙担子"，多为桑木材质。这种扁担由于弧度较大，弹性好，颤得起来，挑重登山较为轻松。但挑在肩上不牢靠，容易翻肩，走盘道不安全，当今挑山工多不再用。

挑山工所用绳索的一端，拴一个椭圆形的木"划子"，以利于捆绑货物穿插绳索。划子由山里的灌木荆棵、流苏、白蜡等树杈火烤加热弯曲而成，光滑坚韧。

黄山的挑山工，除了扁担、绳索以外，手里还多了一根木棍。木棍一头呈扁圆状，底下一头嵌上铁筒，耐磨损。这根木棍叫"打杵"，在盘道上小憩时，可以用来当支架；也可以斜插在肩膀上的扁担底下，翘起，以减轻持重的那个肩膀的负重，巧妙得很。

泰山挑山工使用的工具

在泰山，早年间也有挑山工使用这种工具。回民挑山工林文明老人回忆：我估计，别的山，路没有泰山宽。有的路窄就只能挑，我记着李占祥有一根杵棍，有些地方路窄换肩不好换，用杵棍杵着，杵平衡了，把头钻过来换肩。

峨眉山的背山工，手里则拿一根T形的短手杖，弯腰登攀时以助持重。

黄山挑山工

泰山挑山工的年龄结构

挑山是个力气活，上不养老下不养小。因此，他们的年龄组成基本有一个比较稳定的结构。

改革开放之初，泰山保护开发百废待兴、旅游形势逐步繁荣的局面，激活了挑山工这个行业。泰山这一时期的挑山工人数（主要分两条线路，山前红门到山顶，山后大津口秦汉御道）达到了五六百人。这个人数，大约维持了五六年的时间，以适应泰山基础设施建设和服务于越来越热的旅游市场。

这一时期的挑山工，年龄结构宽泛，从十五六岁的初中生到六十岁的生产队农民都有，其中以三十岁到五十岁之间的居多。一直到泰山索道开通，20世纪90年代打工潮兴起之后，年轻一代纷纷走出家门，到城市务工。这时，三十岁以下的挑山工基本没有了，四十到五十岁的，依旧是挑山工的主力军。这个年龄结构，一直维持到现在。

这位泰山挑山工说：我干了三十多年了！

2016～2017两年我们调查采访的四十七名挑山工，平均年龄为52.4岁。其中年龄最小的四十一岁，最大的六十四岁（六十四岁的老者，是迄今为止我们实际采访的挑山工当中，年龄最大的）。

挑山工这个逐步老化的年龄结构，大约还要继续下去。

泰山挑山工的知识结构

旧社会的泰山挑山工，都是大字不识的贫苦农民，新中国成立一直到"文革"前后，大都如此。20世纪80年代农村家庭联产承包责任制以后，一批初高中毕业生进入挑山工的序列，他们改变了挑山工的知识结构。2016年8月，我们在泰山北麓大津口乡采访了七位当时的挑山工，其中高中生一名，初中生三名，这四位比较善言辞，有较强的表达能力，对社会、对时局、对人生的看法也很新潮。

挑山工孙某，1979年高中毕业后开始从事这个行当。一次挑山途中，遇到几位外国游客，简短的几句英文交流，使这几位游客大为惊异。他们鼓励这位挑山工复习功课，参加高考，继续深造，并留给他几本参考书籍。孙某大受鼓舞，复习半年

后，如愿考取了外省一所大学，从而改变
了自己的命运。

挑山工孙殿峰，也是高中毕业后开始
从事挑山工作。他不仅改善了挑山工的文
化知识结构，还通过辛苦的劳动，赚钱供
儿子上了大学，读了硕士、博士，目前儿
子和儿媳已经是中科院某生态研究所的研
究员。

当前挑山工的文化层次，呈下降趋势。
2016～2017两年我们调查采访的四十七名
挑山工中，只有一名高中生，五名初中生，
甚至还有三名未上过学。

泰山挑山工的经济状况

泰山挑山工的经济状况一般比较差，
即便在新中国成立后、人民公社化时期，
泰山挑山工也属于贫困阶层。挑山的价格
在随后的三十多年一直没有变过，上山挑
一百斤货物二至三元钱。这其中，半数以
上要交到生产队买工分，实际到手的不
过一元多钱。1980年以后，每百斤陆续
增长到五元、十元；1990年以后，增长
到二十至三十元；一直到现在，每名挑
山工每天平均收入在一百五十至二百元。
目前每名挑山工每年正常挑山时间一般在

泰山挑山工陈广武家的院落

二百二十天左右，2016～2017两年我们调查采访的四十七名挑山工，平均年收入在四万元左右。

挑山工家庭的主要经济支出，除了生产资料、日常消费之外，还有一个重头支出是人情费。现在农村的红白喜丧等事件，一般邻里亲戚关系，份子钱都在一百至二百元，至亲还要加倍。每年这样的事情都有二三十起，一般要支出五六千元。如果家庭成员生病，开销就更大了。

中天门索道站的挑山工王怀玉，1971年生人，初中文化程度，家里有他和爱人，还有一个上小学的女儿，共三口人。他挑山七八年了，省吃俭用，每天的饭食不过面条馒头青菜，很少吃荤菜，每月生活费支出仅一百二十元钱。现在家中存款三万至四万元，生活再紧巴，也不敢随便动用，还要留着供女儿上学之需。

经济情况比较好的大津口挑山工周庆某，夫妻俩、儿子儿媳（在外打工），全家四口人，年收入十万元左右，盖了一所新房子加上儿子结婚办喜事，多年积蓄所剩无几。

调查发现，挑山工真正能够依靠挑山致富的，几乎没有。

泰山挑山工的信仰

宗教信仰，是人类社会现实生活的非常态反映。在现实社会当中，信仰主体和信众的关系，也很微妙。泰山的神明多，泰山周边的宗教门类也很多。那么，泰山挑山工信仰什么呢？他们普遍信仰泰山奶奶——碧霞元君。我们曾经就这个问题采访过挑山工周庆水，他的回答非常简洁：

问：你信教吗？

周庆水：不信教，就是在老奶奶跟前，有空没事磕个头去。

问：什么时候去？

周庆水：待上一段时间，看看没大有事了，有闲空，就去（碧霞祠）。

问：就信老奶奶？

周庆水：嗯，农村人就信这个。

我一直认为，在泰山，没有任何一种宗教（包括儒、释、道）可以一枝独秀。泰山的宗教信仰是多元的，是相互渗透包容的，这是实质。尽管不少研究者出自宗

泰山挑山工陈广武家里供奉的神明

教的本位主义，摇旗呐喊、生拉硬拽，非要说泰山是什么什么的山，都改变不了其实质的属性。这是因为，泰山民众信仰是个很现实的东西。对于泰山挑山工来说，他们信仰的主体是泰山奶奶，向泰山奶奶祈求的目的，不外乎平安富足。但是，动机却有两个：一是赐福于他们，二是替他们承担更多的责任。他们的祭祀祈祷，没有固定的模式和时间，随意随性。与神明的沟通，更注重的是心有灵犀、心心相通、心到神知。至于灵验不灵验，他们大多不去追究。灵验了，那是神明的保佑，还愿感恩；不灵验呢，那是自己还不够虔诚，还需要继续烧香磕头，继续积累善行。

泰山挑山工这种泰山奶奶信仰，是现实性的。他们坚信泰山奶奶就在身边，如影随形，入住心中。当庄土地当庄灵，近水楼台先得月。只有泰山奶奶能够保佑他们，能够赐福于他们。

泰山挑山工当下的生存状态

在中天门，我们采访过一位挑山工，

他已经是六十四岁的老人了。这是截至目前我们采访过的年龄最大的"现役"挑山工。当我问他"贵姓"时，老人回答："我贵姓L。"这使我愕然。

愕然什么呢？当时似乎说不清楚。当然，不是因为老人对这种尊敬称谓的欣领，也不是因为老人如此缺乏交际常识，更不是因为老人竟然不懂得谦恭，那到底是因为什么使老人回答"贵姓L"呢？我后来寻思良久，恍然大悟：大概是从来就没人问过他贵姓！随之，我的心头笼罩上来一股悲凉……

再后来，又听别人讲起，老人春夏秋冬一年四季，甚至连过年过节都不曾回家。因为什么呢？这属于老人的隐私，我们不忍心说出来，反正是连家庭都抛弃了他。当然，老人是这个特殊群体、特殊生存状态下的个案。

现下的这批挑山工，是一个比较特殊的群体。说他们是个比较特殊的群体，是因为他们的个体生存状态比较特殊。我们知道，旧社会的挑山工是贫苦农民，他们挑山出卖力气，是为了养家糊口；人民公社化时期的挑山工，在当时的体制下，是

为了赚取几个小钱，解决菲薄的日常用度（不外乎油盐酱醋茶）之必须；改革开放以来的挑山工，由于刚刚从农田的桎梏里被解放出来，作为自由之身，强烈期望改善经济条件。当时家乡周边没有几个企业，"打工潮"尚未兴起，找不到其他赚钱的门路，挑山成为不错的选择。

现如今的泰山挑山工这个群体，与以往相比，个体和群体都产生了很大的变化，大致呈现出以下几个特征：

一是文化程度普遍不高。他们大多初中毕业或肄业，其中甚至还有不少未接受过学校教育。知识面的狭窄和知识水平的低下，限制了他们的思维，从而影响了他们对于客观事物的判断和抉择。

二是信息闭塞。在这个日新月异的互联网时代，他们除了受制于文化水平，还缺乏了解信息的工具、手段和渠道，视野不宽广，不了解外面的世界，与现实社会产生隔膜，甚至"不知有汉，无论魏晋"，这样的"桃花源中人"，处于现代社会的边缘地带，落伍于时代的潮流。

三是受安土重迁的小农意识束缚，觉

得"在家事事好，出门事事难"，畏惧外面的世界（包括交际、讨薪甚至交通），不愿或不敢外出打工，离乡背井。实话实说，有些挑山工的知识层面和家庭状况，也的确不足以使他们走出家门打工赚钱。

四是除了一身力气之外，没有掌握其他劳动技能，这就大大限制了他们从容谋生的自由度，只能靠出卖力气、干粗活重活以维持生计。

上述这些局限性，决定了这个群落的生存状态。在这样的生存状态下，要想较好地改善生存条件，是比较困难的。

但是，在泰山的保护、建设和旅游业发展的一些环节中，仍然离不开泰山挑山工，需要他们的一臂之力。因此如何逐步改善泰山挑山工的待遇，改善他们的生存状态，是一个很现实的问题。

中天门挑山工工队办公室

8

泰山挑山工是个善良的群体。出于善良的本性，他们的人生态度是与人为善，行善积德。在泰山奶奶的眼皮子底下，这是一群厚道的泰山之子。

泰山挑山工荣誉锦旗

山上经常发生一些麻烦事情，比如游客的伤病救助、驴友的迷失救援、山火、塌方事故等等。在这些事故面前，泰山挑山工往往一马当先。在我们看来，这是义举，是见义勇为；但在泰山挑山工眼中，他们把这些事情看得很平淡，似乎和挑山一样，是他们的本分，是他们的义务。一句话：应该干的。

泰山挑山工孙义富，挑山十几年，各类人道主义的现场救助不知参与了多少次。但在采访过程中，他一句也没有透露过。在多人的介绍推荐下，我们第二次把他请回采访现场。又在我们多次的引导提示下，他才肯轻描淡写地谈了一些：

问：你干了这么大的事也不说说？说说这个经历。

答：不就是抬个人嘛，你像这些游客，头两天抬的那俩，（摔）到了山坡下面，从山上红十字会（抢救），下来以后抢救无效。从山上，特殊呱（话）咱也不该拉，人都死了。景区领导打个电话，看看给抬下去，在这窝（地方）下去了俺六个，给找了两块塑料布包了包，用绳子系巴系巴，抬到中天门，120就在底下等着，给他装上车。

问：给钱吗？

答：有时给点钱，有时也不给，给不给的呗，咱说实在的，是吧，这种钱，看看心里乔（很，非常）不得劲，尽（俗音读ji，任由）着他们赏个百儿八十的。这种事本来人家主家，陪着上山的，包括来的家属，本来心里就不得劲，钱不钱的，咱也不能，是吧，咱也尽力而为是吧，在山上咱就尽量地做到自己的本分。

问：最后这一次是什么时间？

答：四月份？五月份？四月份，我记得是。

问：哪里的游客？

答：这个游客嘛，说实在的，咱不能问人家。据说五月二号在白云亭那里出的事，五月五号到了悬崖下边一看……拿去个塑料布包，找了个编织袋装着他，乔味啊。你寻思，二号死的到五号，天热，也亏了山上凉快点。在山上影响太不好了，走过去这个味也受不了，反正就是这么个事。

问：这都是好事，积德行善。

答：是啊，看看，这种事咱抬人，心里反正不大痛快，那么个大活人，上来稀（很）好的，到半路上"腾"的声，拽（扔）那里就完了。那一回还有一个，隔了一天，他俩，都在那窝。

问：不小心摔下去还是故意跳的？

答：不是跳的，得了急症候，上来以后，正走着路，躺那里就完了。爬那个台，心里一扑腾，一累，是吧。就这些。

1997年8月13日那一天，天气闷热。挑山工张正海、吴广东、范伟华像往常一样行走在十八盘上。这一次，他们挑的水泥和矿泉水，每一挑都在一百三十斤以上，走起来特别吃紧。十八盘分三个阶段，俗话说：紧十八，慢十八，不紧不慢还十八。张正海走到紧十八，七八十度的天梯那真叫步履维艰。忽然，听到上面惊喊连成一片，抬头一看，一个小女孩子失足，像翻筋斗一样从几十个台阶以上滚落了下来。说时迟、那时快，张正海连挑子都来不及放下，岔开双腿，立稳脚跟，一把把孩子抓住，搂在怀里。他的身后，是百丈悬崖……

同行的另外两位挑山工吴广东、范伟华，也迅速赶到这里。时间就是生命。三个人放下挑子，二话不说，抱起满头满脸鲜血淋漓的孩子，像接力一样，轮番向着南天门索道站冲刺。迎面跑下来的孩子的父母，惊慌失措，竟然说道："你们要干什么？你们想和我们要多少钱！"他们说："我们一分钱都不要，救孩子要紧！"三个人用最快的速度把孩子送到索道站，又送

进缆车里……由于救助及时，奄奄一息的孩子在泰安市中心医院得到及时抢救，最终获得了新生。

还有拾金不昧的泰山挑山工周庆水：

问：（拾钱那个事）这么好的个事怎么不说呢？说说经过。

答：天街装修，在那个牌坊根里，拾了一个黑钱夹子，里面有一沓子钱，俺也没看多少，有老年证，俺就上派出所了，给派出所送去了。

问：这个厚度怎么也得一万块钱，几千块钱？

答：知不道（不知道）多少，也就几千块钱，多了不准，接着俺就上派出所了。俺们两个，那个不在，我拾起来吧，送派出所去。

问：直接没犹豫，心里也没什么想法是吧？

答：没有，人家掉了证件，急得慌，得找找。

问：派出所怎么处理的？

答：那咱就不知道了。

问：找到这个失主了吗？

答：不知道，交给他俺就不管了。反正交派出所了。

我们再来看看大别山天堂寨景区的

大别山天堂寨景区独臂挑山工王惠敏

挑山工。在湖北省黄冈市罗田县九资河镇大别山天堂寨景区，游客们常常会在山道上遇见一位五十多岁的"独臂挑夫"，他叫王惠敏，肩挑背扛一百多斤的重物，在峭壁上踽踽独行。受到震撼的游客，纷纷用相机记录下他负重前行的影像。作为一个挑山工，生意好时，一天来回八趟，一天可赚三四百元。通常情况下，每月能赚五六千元。王惠敏这么拼着干是有原因的。三十三年前，他在帮人用圆盘锯锯树时，不慎锯到左手而截肢，处对象的事也就没了下文。1996年冬，王惠敏偶然在路边草丛里发现一个女婴，衣服里有张小纸条，写着她已经八个月大了，希望有好心人能收养。他便将女婴抱回家悉心抚养。2015年下半年，刚盖了新房的王惠敏欠下六万多元债务，而养女也正读高三，马上就要考大学了，家里需要花钱的地方特别多。有人建议他去大城市乞讨，说来钱比他当挑夫还快还容易。王惠敏当场拒绝，他斩钉截铁地说："我有力气，靠力气吃饭，不丢人。"就这样，王惠敏挑山两年的工夫，穿破了二十多双解放鞋……

有个女孩，在景区邂逅"独臂挑夫"王惠敏之后，在网上留言："在峨眉山金顶，看到一个独臂背夫，当时想给他一点钱，却被同伴叫走了，下山哭了一路子。他没有去乞讨，靠自己的力气挣钱，我后悔自己没有给他哪怕是只能买一杯水的钱。"

无独有偶，在华山也有一位独臂挑夫。出生于1962年的何天武，自幼生长在四川广元的大巴山深处，妻子因为过度操劳生下小儿子后患病离世，留下两个儿子和治病借的一大笔债。为了生存，何天武这位老哥到河南当井下背煤工，遭遇塌方，伤及左臂，被迫截肢，窑主用四千元打发了他。刚强的老何几经周折，最后来到华山当了一名挑山工，靠着苦难带给他的意志力，在这华山道上一干就是十个年头。据

统计，2000年华山尚有二百多名挑山工，由于这份工作的艰辛，十年过去了，现在华山只剩下五十多位挑山工，尤其像独臂老何能在华山一干就是十年的更是难能可贵。在坡度超过四十五度的华山山脊苍龙岭上，背着一百多斤重的货物，老何身子几乎匍匐在了石阶上。用来借力的T字形拐杖这时成了累赘，他只好用大拇指和食指扣住它，另外三根手指抓紧铁链，一步一拖地爬上去。

就是这样险峻的路程，何天武大部分日子里是一天两趟。十年来，作为这条路上唯一的独臂挑夫，他三千多次登上被称为"奇险天下第一山"的西岳华山顶峰。

华山独臂挑山工何天武

何师傅从接货处装上货后，沿途要经过"华山天险第一关"——五里关，"华山第一险道"——千尺幢，还有两侧是千丈绝壁的苍龙岭。走过这一程，老何要花六七个小时，可以挣到三十六元钱（三毛钱一斤，一般背一百二十斤左右）。走在路上，你能听到他因货物沉重、路途陡峭而发出的重重的喘气声。每走一段，老何便休息一会，因为他独臂无法挑，所以要用背篓，说他是挑山工，我更觉得他像"背山工"。他用自制的T形拐棍放在背后

支撑着背篓休息一会儿，然后继续前行。老何说，2001年的时候，老何辍学在家的十二岁的小儿子到华山来看他，天真的孩子被华山险峻的山峰惊呆了，便问他是怎么走上去的，老何告诉他，自己是一步一步走上去的。"我给他说我挣钱供他上学，但在当时我没有挣下那么多钱。他要跟我上山，我就带他去了，他还背了一箱方便面，从山上下来后他就哭了，从那以后，他好像一下子就懂事了。"

老何从不抱怨生活，在不多得的业余时间里，喝酒、唱歌，乐观而知足。老何在他的书法作品里这样写道："地里种了菜，不容易长草；心里有善，就不容易生恶。"从他朴实的话语中，你丝毫感觉不出厌世、不满、无奈的情绪，他认为这就是他的工作，他对这份工作满意、对生活知足。

挑山工，真是一群可敬、可爱、可亲之人！

华山独臂挑山工何天武

9

泰山女挑山工——"泰前五枝花"

大约在"人民公社化运动"之后，全国叫响"妇女能顶半边天"的口号。于是，泰山挑山工的队伍里，开始增添了女性。20世纪八九十年代，女性挑山工人数最多时达到五六十人。当前，仍有少数女性挑山工。这样高强度负重登攀、含辛茹苦的工作，女性做起来竟也不比男性差。当年名声赫赫的，就有"泰前五枝花"。

泰前居委会这五个大姐，都出生在1950年前后，因同为挑山工，被誉为"泰前五枝花"。她们从十四五岁就开始挑山，当时挑三四十斤。泰山顶上建设电视转播塔（616台）的那年，姐妹五个天天挑山。早上四五点钟相约而起，下午四五点钟返回。夏天栉风沐雨，冬天冰雪交加。头上戴顶席帽甲子，累了就歇，歇完就爬，跌倒了就哭，爬起来就笑。肩膀上的褂子磨破了，就把袖子拆下来补上去。试想，女孩子十七八岁的年纪，正是如花似玉的年华，谁不爱美？我问其中的范大姐：你能挑多少？范大姐说：挑多少？那年我八十七斤沉，挑上去的货物九十八斤，比我体重还要沉十一斤呢。哪里来的那么大的能量？真的令人匪夷所思。我又问范大姐：那时你们高兴吗？大姐说：挑一斤三分钱，挣点钱就喜得嘎嘎的。那时候年轻，不知道什么是苦、什么是累。要说这位范大姐，在旧社会是金融家的千金，父亲1949年病逝于青岛银行行长任上。

范大姐到现在一直是乐观向上的人生态度。当下享受社保，每月能领到退休金两千多元，有病能报销一部分，还能免费乘坐公交车，倍感知足，感恩政府，感恩社会。社区里办红白喜丧，她都风风火火跑到前头帮忙，很受居民爱戴。闲来无事就坐上公交，嘻嘻哈哈，与姐妹们下乡赶集。同时，我们在采访过程中，还感觉到范大姐的知人论世相当深刻，譬如她说："俺这些孩子还都算是不孬，闺女挺懂事，儿好不如媳妇好，闺女好不如女婿好，儿媳妇是两好搁一好。"这些话，近乎治家格言。

范大姐生性豪爽，仗义执言。她告诉我，那一次在公园里健身，遇到几个老干部在那里发牢骚，无非嫌待遇低了，无权了，无车了，无鱼了，无人逢迎了。大姐就问他们：你们一月拿多少钱？他们说：现在每月才发七八千元。大姐说：看来你们都是大领导啊。我和你们年纪差不多，从小挑山，下了一辈子苦力，现在每月才拿两千元，我就知足得不得了。你们待遇这么好，还嫌不够，你们真好意思！说得那些领导灰溜溜的。

说到这里，大姐脸上笑成了一朵花……

其实在我国的名山大川中，女性挑山工并不罕见。峨眉山的女背山工——当年四十二岁的邓淑芳，以金顶为背景、佝偻着瘦弱的身躯，背负二百斤建材上山的照片被拍到后，成为网红，网友纷纷转发、点赞。仅在《人民日报》的官方微博上，四五天就转发超过1.2万次，留言超过1.3万，点赞近10万。网友说，"光荣不只是因为劳动本身，而是你不畏艰难努力生活的模样"，"如果有机会见到你，想为你买一瓶水，递上一包纸巾"。

峨眉山背山工邓淑芳

最近，海拔三千多米的峨眉金顶整治工程正在修建，修建台阶和寺庙的建筑材料，均由背山工一步一个台阶地背上山。四十二岁的夹江人邓淑芳，家有一儿一女，来金顶干活是为了供娃们上学。只要天不下大雨，每天她都要背十二趟建筑材料，每次都是一百公斤，比很多男人都能干。

邓淑芳自己每趟能背二百斤。这个体力，即使在男性工友里面都是靠前的；在金顶做背工期间，她每天大约要背十趟，加起来一吨多，每趟大约可以挣二十元，每天大约可以挣二百多元。金顶综合整治二期工程，水泥、河沙或钢材等建筑材料从接引殿通过索道运上来后，距离工地仍然有约一公里距离，都需要人工背送。人群中，四十二岁的邓淑芳似乎有点与众不同，因为她常常要比别人背得多一些。

一袋水泥重一百斤，邓淑芳的背篓里装了两袋。她手挂一根T字形拐杖，默默拾级而上。行进中，每隔两三分钟，她就用拐杖支撑着沉重的背篓小憩。旁边的一些工友尴尬地笑着说："她太凶了，我背不起两袋。""背河沙我一般也只背得起一百二三十斤，而她基本是二百斤。"有不少游客询问："工钱怎么算的？"邓淑芳笑着答道："工钱不一定，根据距离远近，每背一百斤，有九元至十二元，背到最顶上，就是十三元。"能负重二百斤轻松登山的她却很不善言辞。邓淑芳说，有人把背山工的照片发到了网上，工头让大家不要再让游客拍照，"但我们拦不住啊，很多游客还是要拍"。邓淑芳没想到，她突然就成了"网红"。有游客认出她来，主动给她买了矿泉水和吃的东西。金顶上一些抬滑竿的师傅也都认识了她，偶尔打趣说："邓淑芳——峨眉山金顶女背工，你红了哦！""红了又咋子嘛！还不是要继续背，凭自己的力气挣钱。"邓淑芳说，她多背点，只是想多挣点钱，因为工钱是按照重量算的，多背就多得，"一般我每天都要背一吨多，能挣二百多元钱"。

每天挣二百多元钱，这跟原来在家里种茶叶、种庄稼的收入相比多了不少，邓淑芳很满意。"去年下半年，一个老乡介绍我来的，原来在家里干农活，我就常常背一两百斤的东西。"邓淑芳说，现在干两三个月的收入相当于在家一年的收入了。背了一段时间后，邓淑芳还将丈夫一起叫了过来当背山工。"大女儿出嫁了，小儿子才读初一，以后上学还需要花很多钱。"邓

淑芳说，挣钱就是为了供娃娃读书，读书了以后才有前途。邓淑芳的家在峨眉山邻近的夹江县华头镇，不过，在来金顶当背山工之前，她们一家人从未来过峨眉山。"峨眉山真的很漂亮！"邓淑芳盘算着，再过半个月，儿子放暑假了，就把儿子接上来。虽然夫妻俩都当背山工，但她想让儿子当个游客，"让他来看看美丽的峨眉山"。

邓淑芳不是唯一的女背山工，她只是一名新人，来自峨边县新林镇的谢玉琴（化名）则是一名老资格的背山工。因为老公身体不好，家里还有三个孩子，生活的重担都落在了谢玉琴身上，十多年前，她便开始了金顶背山工的生涯。"再年轻一点的时候，我也能背二百斤呢。"谢玉琴感叹说，不过现在身体不行了，只能背一百多斤了，"我每年都要在山上背好几个月吧，可以说，金顶上的每一样变化，我都清清楚楚"。

10

　　泰山挑山工有一种强大的气场，表现在他们知足常乐的生活态度当中。这种气场很有温度感。在与挑山工近距离接触、深入交流的整个采访过程中，这样的气场给我们留下深刻的印象。尽管他们出大力流大汗，赚钱不多，物质条件菲薄，但是，这并不影响他们的开心愉悦，以及对现实生活的满足感和对未来的美好憧憬。听听他们对生活的诉求，你会有一种沐浴春风的温暖，有一种莫可名状的精神感召——

　　大津口的挑山工孙殿坤如是说：

　　我常记得这一年是七三年过春节，拾柴火，攒下了两地排车柴火，去卖柴火去，今天卖一地排车，明天卖一地排车，这一车能卖多少钱呢？能卖到二十七块来钱，连续卖了两趟柴火，攒了是四十八块钱么。上酒厂打酒去，过年么不是，割了三斤来肉，七毛三一斤，打来了三斤酒，绿棒（瓶）子，有点印象吗？这一棒子酒，三斤七八两肉，三十八斤麦子，还买了个收音机过的年。收音机安上电池放地排车上，拉着地排车，收音机说着话，很知足。过了年，收音机一开，很喜庆啊，你看多好，那时候欲望不高，就是能混成这样就不错了，很知足。后来买自行车，金鹿自行车，那时候计划经济，没法捣鼓，买不着啊。托人转面子买了个泰山牌自行车，从买来也没出多大力，这都是挑山挑来的钱。

平时挑山赚点钱，买烤鱼子吃，青年路东东风饭店（东方红饭店），这边有蔬菜店，买烤鱼子，一百斤柴火能换多少呢？十斤烤鱼子，吃去吧，但是谁割舍（ge shao，舍得）得？也就是买上一块钱的烤鱼子，一块钱三斤多沉啊，三毛多一斤。是吧？南门（十二连桥），就是咱现在南湖这边的老蔬菜店，藕，老百姓谁割舍得买成枝的藕啊？藕头子，削得一块一块的，洗巴洗巴，过年煮藕吃。六月的烂韭菜，一毛钱一堆，放地排子拉家来，包包子吃，炒韭菜吃，就很知足。

大津口的挑山工陈广水，更是个乐天派：

哈哈，（挑山工）苦是苦，可是只要靠住挑上几天，钱使到手里，心里也是怪恣（高兴）啊。有时放下小挑，提溜着扁担，不耽误唱。有时担着挑也唱。（插话：你们挑山工有什么歌谣吗？还是唱流行歌？）流行歌，一般唱流行歌，自己编的也唱。（问：你唱两句咱听听。）我编的，我不是累嘛——高高兴兴放下扁担，担着小挑爬着泰山，娘们在家煮好了鸡蛋，孩子在家买好了香烟……（大家鼓掌：好、好、好！）（问：老陈，你唱，唱唱……）好，唱两句你们听听，别笑话。（用《常回家看看》的曲调）高高兴兴——放下扁担，担着小挑——爬着泰山，娘们在家——煮好了鸡蛋，孩子在家——买好了香烟……（插话：好好好，老陈你唱得太好了！）就是担着，也不耽误唱，有时下了雨了，就得斗劲，脚底下一蹬，就唱："下定决心，不怕牺牲，排除万难去争取胜利。下定决心，不怕牺牲，排除万难去争取胜利……"就得斗劲，你不斗劲行吗？（插话：好！）自编自唱啊，有时哧溜哧溜热得那汗，你就哼别的小曲，哼《青青河边草》。（插话：你还会唱《青青河边草》？）哎呦，一般的这些歌我会得不少呢。我爱唱歌。（插话：有拿手的，再唱一个。）有时候在山上干活的，我就找个石光梁台子上唱，减轻疲劳，闹个笑话。那时候真唱，现在年龄大了唱得很少了。自编自唱，人家让我捎罐头，给我哥送礼，我就一边走，一边用《朝阳沟》的调子唱："走东坡，串西坡，找不着俺嫂子找俺哥，进门找着俺加沟哥，拿来的罐头往哪搁……"从这个罐头上，比着《朝阳沟》我就能唱老多。我一直到现在，还在山上唱歌，爱唱歌……你好比正挑着这一趟，又来了其他活了，多少又能挣两个，很高兴，这时候才唱歌哩，连蹦加跳，什么也唱啊。有时担起小挑来，随着（见景生情啊）……你好比阴天，不想去了，一霎（一会儿）太阳出来了，就唱："太阳出来我爬山坡，爬到了山坡我想唱歌……"

还有中天门那位自称"贵姓L"的挑山工，尽管各种形态的社会不公叠加在他的身上，但丝毫看不出老人的压抑。他有他独特的乐观逍遥方式，闲暇之余，他会携一管竹笛，坐在二十五亿年的虎阜石上，聚敛丹田之气，吹奏他的明月，吹奏他的清风，吹奏他的悠扬，吹奏他的人生旋律。

在如此艰难的生存条件、生存状态下，为什么挑山工偏偏如此知足乐观，幸福指数如此之高？这的确是个值得探究的问题。

当今世界充满忧患意识。从大处说，庙堂忧民，江湖忧国；从小处说，居家过日子，柴米油盐，生病长灾；似乎有无尽的忧患笼罩着这个世界。然而，正如股民惦记着股市，房地产老板惦记着楼市，大V们惦记着互联网上的名利，富豪们惦记着福布斯排行榜……这一切大千世界的光怪陆离，对于挑山工来说，实在是浮云。他们的世界就在泰山中，他们的目之所及就是泰山，挑山就是他们的世界。每天负重登攀，赚上一两百块钱，他们就知足了。当然，也正如鲁迅先生所言："穷人决无开交易所折本的懊恼，煤油大王哪会知道北京捡煤渣老婆子身受的酸辛。饥区的灾民，大约总不去种兰花，像阔人的老太爷一样，贾府上的焦大，也不爱林妹妹的。"因此说，每个阶层都有各自的语境、各自的诉求，超出他们的语境和诉求评判他们的得失，任何高论都难免会隔靴搔痒。

挑山工的知足或容易满足，在于欲望少，尤其对物质生活的要求相对较低。这首先得益于这个阶层质朴的本性，他们觉得吃苦耐劳是他们人生的常态（有时甚至

归结于命运，认为命该如此）；其二是他们对生存状态的适应性，长期的自然选择，使处于艰难生存状态的他们，自觉或不自觉地、意识或下意识地领悟到适者生存的自然法则；其三是他们的现实性，适应于现实状态，习惯于很现实的思考、很现实的抉择，不做好高骛远的非分之想。

挑山工的乐观，首先来自满足，对于物质生活和精神生活的满足。这种满足，实质上是在看似混沌质朴的思维中，精准地捕捉到了人生的真谛、生活的真谛。同时，良好心态是决定他们乐观生活的关键。心态平和、心态安分、心态健康、心态向上，凭力气吃饭，凭力气赚钱。弱水三千只取一瓢饮——这是人生的大智慧啊！

善良的人总是快乐，感恩的人总是满足。

有时我甚至想，挑山工的知足常乐，是否有着苦中作乐的成分？答案是肯定的，这从好多挑山工的口述中也可以得到印证。然而，一个人能在苦中作乐，是一种了不起的精神境界。苦中作乐，自得其乐，乐在其中。扪心自问，这样的人，这样的精神境界，我们做得到吗？

11

当我把"引言"中的好多段落陆续发到博客上之后，引起了网友的热议。他们纷纷议论，抒发对挑山工的真情实感——

@冯秀娟2015

这挑山工口述历史你们在整理吗？大赞！

我说挑山工这几个字这么眼熟呢，原来是中学课本里的。那时候的人真是很容易满足。这样的生活态度值得学习。

64岁还能挑东西上山，太厉害了，我50多岁走平道都费劲了。惭愧啊。

@妩媚的三次方

有道理。有意思。期待后续。曾经登黄山，看见挑夫，非常辛劳。因为感受辛劳，不买山上之饮料食品。有人说，不买不是帮助他们，而是断了他们的经济来源。

为什么好多人小时候都有目标，到大了实现目标的就少了呢？也曾经思考过这个问题。看了挑山工，明白了。

@周末来

有人愿意为挑山工作传是好事，每次看到他们上山肩负的重任，都有些感动，而回来却没有下文。惰性啊。

@西沟散人

他们是最接近神仙的一批人，因为他们真正是大山的一部分。

他们是山人，他们也是肩挑人间苦难的仙人。

@涉江采芙蕖

山人，即仙。他们是山人，不是仙，仙字太轻飘了，不恰当。挑山工让我想到地精，童话里技艺高超的矮人族，会打铁，精通冶炼，个子虽小，力大无穷。

我也信泰山老奶奶！说到底，谁不是大地上的孤儿，谁不需要奶奶的眷顾与恩慈。

@愧知

"这幅画一直挂在我的书桌前，因为

我需要它。"我也需要它，散漫是我无法根治的毛病，问题是，我似乎很享受这种散漫。

@qqwweeasd

我看过这篇文章才知道有"挑山工"的称呼。

不知足的往往是那些条件尚好的人。

挑山工生活在社会的下层，若不改变思路，下一代还要受穷。

@雨舟人

我在登泰山的时候多次见过挑山工，看到他们衣衫褴褛，用绳索将要挑上山的食品、酒水、水果以及建材等重物捆绑在扁担的两端，跟在平地挑担完全不同的挑法。他们浑身汗淋淋的，踩着石级路往上走的时候不停地喘着粗气，尤其是从五老（大夫）松到南天门那一段，那简直是拼着性命挣扎着一步一步地往上移动。挑山工的形象，让我感到像我们这样的人，无论遇到什么样的境遇都不应该怨天尤人，都应该感恩，应该知足！再就是，我觉得泰山半山亭（五松亭）以上的东西，卖得太便宜了。食品、水果、矿泉水跟山下基本上是一样的价钱，或者只稍稍贵那么一点点。其实，应该更贵一点，应该多支付挑山工力资，或者说应该给他们加倍的力资。

@成都弹绷子

挑山工非常苦。一般人是累不下来的。为了生存，挑山工长年累月地坚持，很了不起。

@有时候123

这篇读后感是从哪里弄的啊？哈哈，简直像我小时候写的。

@爱水意

这恰恰是平凡之人的可贵之处！

@荷语520

挑山工，的确值得记载，他们挑着的是一家人的生活与希望。天地之间，每个付出劳动与汗水的人都值得尊重。

@文锦书屋

那年我去泰山也遇见过挑山工，非常感动。

@铁划银钩舞东风

游人常把他们看作风景，他们却把挑山当成工作。类似工作，在张家界有抬滑竿的，在重庆有棒棒军，不知他们是否相似？

由网友关于挑山工"山人""仙人"的议论，联想起北宋方士谢石的那个段子。谢石以测字称神，秦桧专权，有人书"春"字请测，谢石说："秦头压日，暗无天光。"秦桧闻听，将其谪贬流放。途中路过一座大山，一山民当道测字，谢石颇自负，书一"谢"字，山民说："寸言间立身，纵不过术士而已。"谢石折服。山民又说："客官请为我一测？"谢石醍醐灌顶，说道："他人以字测人，老丈以人测人。人傍山而立，您是仙人啊！"究其实，山人、仙人又有什么区别呢——山人即仙人，仙人亦即山人。

"他们是最接近神仙的一批人，因为他们真正是大山的一部分。他们是山人，他们也是肩挑人间苦难的仙人。"网友"西沟散人"的这段评论，精辟、中肯，令人动容！

当然，对于挑山工的宣传及对挑山工精神的认知，也存在不同的声音。有一位专家这样讲：

我对挑山工现象有这样的看法。挑山工现在在国内外一些山上都存在。他们的存在有种种原因，过去是由于贫困，它是谋生的一种手段，没有办法。现在生活好了，我们科学手段发展了，但好多地方是为了避免污染、保护生态，不用机械运输，还是用人力来运。这样，从现实来说，它被需要，可以存在，不用强行禁止。但总的来讲，我觉得把挑山作为一种很美的东西搬上银幕去，甚至于通过它歌颂一种什么精神，这个很难给人一种合情合理的解释。而且挑山工本人的心里不一定愿这样做。我曾经问过一些挑山工，他们的确对此颇为反感。实际上挑山是相当痛苦的一种劳动，从一种欣赏的角度来去品味，恐怕是不行。如果你想表现的话，我想不如去表现一下（他们）真实的喜怒哀乐。你叫他把真实的想法谈出来，为了生存，为了赚钱，为了多赚钱，可以劳动，但实际上是很苦的。他也觉得苦，你把苦的（地方）表现出来，这才叫客观的真实。你为了去表现他的一种韧性的精神，艰苦奋斗、不怕牺牲，那个我觉得有点说教性，更不要去表演。你把很多挑山工凑在一起，扒光脊梁抬着一块大石头，这个形象给人看了是一种很虚假的效果，也不好。轿夫也是这个样，轿夫可以找，有人愿坐，有人愿抬，但是不能宣传这个东西，这是我的一个想法。

　　此说，亦可聊备一家之言。

十八盘上的泰山挑山工

12

在登山的过程中，你偶尔会听到远处飘来"挑山工"抬大架的号子，这是一首古老的歌谣：

> 挑山工啊，苦兮兮啊
> 冬天穿着夏天的衣啊
> 七天一双老山鞋啊
> 没白没黑爬天梯啊……
> （领）一等人啊
> （合）住北京啊
> （领）二等人啊
> （合）住武汉啊
> （领）三等人啊
> （合）住泰安啊
> （领）四等人啊
> （合）在挑山啊，扁担围着脖子转啊……

十八盘上，挑山工正在接受某媒体的采访——

问：您这挑子有多重？

答：前边是一袋水泥，后边两提矿泉水，一百六十多斤吧。

问：一趟能赚多少钱呢？

答：百十块钱吧。

问：一天能挑几趟呢？

答：一般两天三趟。

问：您多大年纪了？

答：虚岁四十七了。

问：干这一行的还多吗？

答：不多了，年轻人吃不了这个苦，都不干了。俺那个乡里多说还有三四十个人吧。

问：您觉得辛苦吗？

答：辛苦啊，咋不辛苦？不过俺庄稼人，不下苦力又能干啥呢？

问：泰山从下到上七千多个台阶，您一路都想些什么？

答：啥也不想，就想着上一个台阶，就离山顶近了一步。

作为泰山的建设者，挑山工对于泰山的保护和发展以及繁荣泰山的旅游经济，做出了自己应有的贡献。

十八盘上的泰山挑山工

从职业角度而言，我们不能说泰山挑山工是个高尚的职业（况且职业没有高低贵贱之分），因为他们处于一种原始的劳动形态，他们用简陋的工具、简单的技术、直接的劳动方式，来从事劳动。然而，当挑山工俯身登攀、健步行进在泰山十八盘的时候，他就成为一道璀璨的人文风景，众多登山者无不仰而视之！

自然，在这里人们仰视的不是他的职业，而是他的职业升华之后的挑山工精神。这种精神，是高尚的。此刻，作为泰山的元素之一，挑山工身上的磁场正发散出满满的正能量。

冯骥才先生接受我们采访的时候，说了这样一段话："我想，因为泰山挑山工

冯骥才一行考察泰山挑山工

的一个概念，是任何一个地方的挑山工都没有的概念。泰山挑山工也有文学的想象，他是像挑着一个山一样，挑山，他挑的是山，挑的不是东西，他把泰山人的精神和他们所承受的分量都表现出来了。"

那么，什么是挑山工精神呢？

要而言之，那就是：肩负重担，永远登攀！

我们知道，成为一种精神，必须具备两个首要的条件：一是有广泛的影响力；二是能够成为鼓舞激励人们前进的动力。泰山挑山工正是这种精神的写照和象征。

如果说泰山精神的核心是"生生不息，厚德担当，登攀向上，平安和合"，那么，挑山工精神正是秉承泰山精神，成为其中不可或缺的精神元素。

"肩负重担，永远登攀"，既是个人奋斗的需要，又是对社会责任的担当；既是实现梦想的必由之途，又是生生不息的源泉活力。这些，都从泰山挑山工的身上折射出来，成为生命的光芒，照耀着人类生生不息的轮回！

站在泰山南天门回眸，盘道上默默无闻、任劳负重的泰山挑山工，从容不迫，沉实的步伐一步步向上登攀，昭示着"大音希声，大象无形"。在这里，你会体悟到什么叫作泰山精神，什么叫作民族的脊梁。中华民族的通天之路虽然任重道远，但面对泰山挑山工，你会肃然起敬，对一个民族的伟大复兴，充满必胜的信心！

创立泰山"三工"基金会的钱绍武先生（左）与杨辛先生

13

北京大学教授、美学家杨辛先生，曾以仁者的情怀
为泰山挑山工赋诗一首：

挑山工，挑山工。性实在，不谈空。

步步稳，担担重。汗如泉，劲如松。

顶烈日，迎寒风。春到夏，秋到冬。

青春献泰山，风光留大众。

有此一精神，何事不成功！

毋庸讳言，泰山挑山工是一个弱势群体。

关怀弱者是一种美好的德行。当然，我们之所以赞美，那是因为稀缺。并不是很多人都能够真正拥有一颗悲悯之心，也并不是很多人都能够拿出实际的关怀行动。但值得欣慰的是，当下这个弱势群体引起了社会的关注，特别是一些社会知识阶层，像冯骥才先生对泰山挑山工四五十年如一日的关注并为之鼓与呼，令人感佩不已。

2016年年底，又有艺术家钱绍武、杨辛二位老先生联袂，慷慨解囊，捐资成立了"泰山三工基金会"，定于每年度对泰山挑山工、护林工、清洁工进行表彰奖励和必要的救助。这对于挑山工无论是经济资助还是精神激励，都有着促进作用。特别对于弘扬挑山工精神，更有着积极的导向作用。

前几天，我看到某媒体的一篇报道，把泰山挑山工称之为"最后的挑山工"，这显然不是煽情，就是武断。在前边谈到挑山工陈广武时，我曾经写道："陈广武这种'抬大架'的运输方式，是最原始的，同时也是最先进的。你可以撬起地球，但需要一个支点。在这种地段，没有先进设备的支点，螺蛳壳里跑不得火车。因此人们束手无策。"

"泰山不拒细壤，故能成其高；江海不择细流，故能就其深。"挑山工是泰山建设者的组成部分，挑山工的工作贯穿于泰山建设的细节当中。泰山的保护和发展，永远离不开挑山工。日月经天，江河行地。泰山挑山工与泰山同在！

更何况，我们每个奋斗者，都在"肩负重担，永远登攀"，都是践行泰山精神的挑山工。

十八盘上的泰山挑山工

泰山挑山工·采访录

陈广武，男，1942年出生，汉族，农民，泰安市泰山区大津口乡沙岭村。

采访陈广武

采访时间：2014年3月7日

问：老陈啊，你可是大名鼎鼎的挑山工啊！你从十几岁开始挑？说说我们听听。

答：呵呵，我最早在五所里打扫卫生，大队里派我在那里。末了卫生队上去了，外办的何进海，他不是在五所里吗？那是八五年了，八五年咱的政策改变了，就能承包，成立索道公司，我说行。我最早在五所里打扫卫生，干了十二年，（帮）泰山管委救火救过六次，那时候救火真是（不得了）。八五年体制改变，能承包。我就干上了。

问：你当挑山工多少年？

答：二十来年呗。

问：从多大开始干？

答：十八九（岁）。山顶那些活都是我干的，拆也是我拆的，老奶奶，老奶奶……别提，提这个我伤心。我给老奶奶打扫卫生，打扫多少年，看庙，那时候没人管，（只）有聂主任、何主任，聂见喜，是吧？要不是我，大庙早烧了。

问：碧霞祠？

答：昂，碧霞祠哪有人看啊，没人管啊。逛山的半夜上去拿柴火烤火，我就在那个鼓楼子上睡觉，怕失火，我就扔个瓦片下去，他们就喊：老奶奶显灵了！吓得骨碌都跑了，呵呵，百十口子人呢。大殿我太熟了，里面有么我都知道，呵呵，不给我钥匙我都开得开。这（现在）去（还）跟我要票来。

问：重点拉拉挑山工这个经历？

答：挑山工啊，望府山，所有的石子、沙、灰、钢筋、木材都是我弄的。

问：那时你能挑多重啊？

答：一百六十斤。

问：多少钱？

答：那时候和没钱一样，三块钱一百斤，从红门担才三块来（钱），中天门一块八，中天门两趟，红门一趟。

问：那时候的老照片呢？那时候给你照相来吗？

答：照相倒没照相，我这里有。（指着照片）这个是拉后石坞的绳。旁的没有介。

问：从什么时候不挑了？

答：从上索道公司了，那时候我这里领了一百五十多口人。

问：都挑山？

答：不挑山做（zou）么？

问：说说抬大架的经历吧。

答：那时候，从望府山到中天门那条路线，（负责这个事的）那个杨蛮子，说话不大么（好懂）。他弄了那么条线给我了，沿途直上，不能拐弯。从顶上打个眼，管委那树，三米宽全都砍了，不说砍也得砍，不砍上不去。打上眼弄上钢钉，四公分半的钢丝绳，头先掌（用）尼龙绳，再就细钢丝绳，大钢丝绳，这么的（干）。

（索道大轴）八千多斤，四天抬到中天门派出所门口里，放了一天半。九米半长，上边粗，下边细，我画的图，抬这一件，我得了心脏病，心急啊。

我带一百多口人，从望府山到山顶。八三年建索道，我带着百十口子，拉纤的二十余人不包括在内，八千多斤的索道轴，前四十八人、后六十四人，加上拦头大顺、小顺杠，9.3米上粗下细。不能拆开抬，四万五千块钱。给了我三万块钱。一百五十多口子弄上去这么一个东西。所有的钢筋、木材，都是我们给弄上去的。那时候结账也是好账，没钱，写个条。就在索道公司的宿舍楼。（现场画图演示往山顶运送索道大轴）每人每天二十元钱。大云盘站起来三米多高。抬起来怎么用力？很陡的时候要采取鲁班的办法，上面挂上滑链，来回倒倒不动，加上木材够九千多斤。一些粗的树挂上就弯弯了，不光干活的，游客也帮忙拉。在三瞪眼那个地方在顶上打眼，安装了绞磨，派出所的人那时候还想逮我。打眼的那块石头和三间屋似的，裂开了，仨石匠一锤子裂开了，结果一锤子下去石头骨碌得到处都是，在壶天阁那里砸了三棵大树。景区、公安局都去了，卷着铺盖让我上红门。索道公司不让去，说他去了百十口子就没法干活了，那时候是给索道公司干的活，这三棵树一棵树三十多块钱，由索道公司赔了。这活就我（能）干了，到了第二回修索道，来请我，我不去，末了宋洪春来的，我就去呗。

问： 这活除了你还有干的吗？

（插话：我记得那时候还运了个大轮盘。）

答： 那也是我干的，帽沿山的发动机，都是我干的。艾洼的赵平江看了看就走了，干不了。

问： 那时候你多大？

答： 那时候我四十多，八三年。这个法叫什么法？笨办法呗，就是分解。跟谁学的？就是各人寻思的。碧霞祠，老奶奶、玉皇大帝，八人抬的，四十五块钱。我不信老奶奶，什么老奶奶，不信这一套，干了一辈子，侍候了老奶奶一辈子，伤心啊。儿子在管委索道煤气中毒，死了，赔了十八万。俺老二，得糖尿病，从普照寺掉下么来给砸了，光（住院）押金就五六万，这活不易干……

村民某： 我今年七十六岁了，泰山建设的贡献，特别是陈广武，贡献最大，陈广武不识字，我也不识字，给他当个会计。我说我们村领导，那时候你们还穿着开裆裤呢。泰山笨重的建筑物料，都是陈广武和我运的。云步桥那里最难，后来的索道站全是使人弄上去的。那会我没去了，我听说他是使的那个绞磨拉。大小件不怕（路陡），就怕拐弯。气象站安装雷达，

陈广武家的大门

体积不小，没斤两，到南天门上不去了，我倒无所谓，跟老百姓一样。陈广武他楞（很）好，派出所、泰山管委全力以赴都支持他，不刁难他。老陈他是总指挥，我就负责拉纤。陈广武的最大威信就是：安全！这么一些工程，前前后后，从未出过事故，就是砸了一个还没砸出伤来。那时候陈广武四十多岁，我比他大，一开始挑四五十斤，后来挑一百来斤

不赖了。我拉的这些是八三年，泰山索道是八二年六月陈广武干的。泰山建筑前前后后这一摊子，第一个有贡献的就是陈广武。到后来，泰安市评模范，评对泰山有贡献的，弄出长清一个人来，听说人家是有关系。他没这个福气。他做人有威信，旁人也不敢干。他就有这个邪气。聪明啊！老陈这个人一个字也不识，他还不如我呢，我还能拨个算盘珠子当个会计。他为什么没上学呢？（他不太愿意读）"大羊大，小羊小"（那些课文），他咬舌子，把"大羊大，小羊小"念成"大娘大，小娘小"，老师就熊（训）他，（后来）他就是赶都赶不到学校去。我跟着他干，也跟我吵，也挨过熊。没文化还当家呢，让我这样写那样写，这样弄那样弄，当队长，集体要有集体意见，你一个人说了算啊？气得我鼓鼓的。不管怎么着，他是个能人。论泰山上的贡献，还有泰山上的电台。（那个活）是北新街上的回民（干的），是徐殿臣，这个人不准有了现在。

陈兆海，男，1956年出生，汉族，农民，泰安市泰山区大津口乡沙岭村。

采访陈兆海

采访时间：2016年8月16日

问：今天请你来，想采访一下你干挑山工的经历。慢慢讲，想说什么说什么，想到哪里说到哪里。注意一个事，就是尽量把时间、地点、人物、事件，讲准确、讲清楚。这样吧，你先说说你是从哪年开始干挑山工的吧。

答：我是从八〇年干的，那时候集体还没有分散，你反正为穷所逼吧，混一个是一个的，一边在生产队种地，一边插空上山挑东西。

问：都挑些什么东西？

答：沙子、石子、砖，后山一般就是这些，都是建设用的，建筑材料吧。

问：那时候一天能赚多少钱？

答：咳，稀松啊，那时候一天赚三块来钱，就很知足啊。（插话：挑一百斤三块钱对吧？）是啊，按斤两，一百斤三块。再早，这些钱也赚不了，六几年那时候，还赚不到两三块钱，一天才赚一块来钱。

问：那就说说六几年吧。

答：那时候我还不大行，不大行反正也挑一百四五十斤。（插话：嚯，厉害！）一百四五十斤我能中间不歇气，一口气挑到山顶上。那时候二十来岁。（插话：你这应该是说的八几年。）对啊，八几年。六几年后山不上料，都从前山。八几年后，才从后山上料。

问：后山走哪条线？经过哪里？

答：走天龙水库，天井湾、蛤蟆腚，后山的一些便道。

问：什么时候挑上去呢？

答：这就没有凭据（标准）了，我是一早走，五六点钟，拾起来就不歇工了，三个多钟头到南天门。你反正这个活没力气是白搭，我一般过晌午两三点钟到家。

问：早上走，三个多钟头挑上去，在山上吃午饭？

答：哎。包上几个煎饼，山上吃点。

问：这样就是一天干一趟？

答：对，在后山就是一天干一趟。赶巧了，再拾捆柴火回来烧火。干长了，就练出来了。

问：最近这几年呢？

答：最近这几年，像我这个年纪就不干了，（挑山）也涨了钱了，也不干了。现在一般都在山顶货运索道上干，索道运上东西来，往各个点分发。

问：你干这个，有什么行业组织没有？

答：没有。就是有个联系活的，他联系了你去干，他收点费用，提一点。但是人家从单位上抽，不抽老百姓的。那几年，山上修建神憩宾馆，（运送建筑材料）没人挑了，山下发动，不管大小孩伢，一块砖也行，活就多了，不再用人组织了。一开始活少，得靠联系的。（插话：建神憩宾馆是哪一年？）八几年吧，与修建索道相仿佛。那时候泰安县里发布（动），不管工人农民，往山上运料。义务性的。

问：你最多挑过多少？

答：一百五，一百六十来斤，可以啊。

问：还有比你能挑的吗？

答：有。有能挑一百七八十斤的，很少。那当年，我家里有年纪的（老人，父亲），从朝阳洞往山顶上挑，一次挑两袋子水泥。（插话：老爷子还健在吧？）不在了。（插话：老爷子挑了多少年？）挑了不几年，后来就放羊了。我还有一个三姥爷，挑二百来斤，不成问题。

问：那时候半天的趟子？

答：对，半天，就一趟，住在那里（朝阳洞附近），不是省钱嘛。

问：那时一天最多能赚多少钱？

答：那时，反正三块钱一百斤，就这个钱，很知足。一般下午装好沙子，拾掇好，明天早晨吃点饭，一早上山走。力气小的，鸡叫就得走，我还能撵到他们半道里。反正那时候农业社里干活，我十点来钟就回来了。

问：你说说六十年代我们沙岭这个地方有多少干挑山工的？

答：那时候少，因为都是生产组，生产组里不让你去。虽然工值很低，可是他也不让你去，不给你假，有制度。你只能是下雨阴天了，不能干活了，才能弄点沙，干一趟，就很知足了。

问：是不是真正能自由地干这个工作，是在生产责任制，分田到户以后，自己可以自由支配劳动时间了？

答：对啊，就是从这个时候。那时候后山不能上，连便道也没有，连地排车也不能上。一些建筑材料都是从前山（运上去）。后来修了拖拉机道，后

山就行了。这个时期山上的活也多了，开始修中天门索道。石块、沙子运到中天门的，像小山一样。

问：到了八十年代以后，我们沙岭挑山工有多少？

答：它是这么个事，后来有了大索道，管委又建了桃花源的一条货运索道。大索道也抽空拉货。他们把货拉到山顶，再从那里往各个点分发，这时挑山工就集中在山顶，那就不是一天挑一趟的问题了，一天就可以挑十几趟了，那就叫盘趟子了。

问：到现在，我们沙岭还有多少人干这个的？

答：不算多了。咱这边现在往上挑重货的不大多了，一般都是挑些青菜豆腐、生活用品什么的。

问：现在干挑山工的都在多大年龄？

答：一般都在三十多岁、四十冒头。

问：这个活是不是干到五十多岁，一般就不能再干了？

答：是啊。

问：你挑到什么时候？

答：我挑到九○年就不再挑了，就回来承包果园了。（金卫东插话：你们干挑山工这个活，有没有其他的要求？）没什么要求，工作一般就是说凭力气混个钱。我们这里生产队里又没有

工业，反正下力出身，担个山工，觉得很自由。混个钱，你反正有力气多担多混，没力气少担少混。挺自由。那个时候还不像现在，没有地方打工。（插话：现在还有干的吗？）现在有，都在山上盘山。索道运上去之后，盘到各个建筑队上。你好比气象站要，就盘到气象站；后石坞要，就送到后石坞。（插话：现在盘山什么价格？）现在不大好说，你反正在下边打工每天还得一百四五，那个活累啊，怎么也得二百来块钱。

问：老陈，我想问问你，干挑山工这个活，有没有什么技巧？

答：没技巧，就是凭力气。什么技巧？

问：走起来怎么走？

答：挑山工，你看着咱俩啊，上山走起来，我还比你强，哈哈。挑山工，原先我担上一百四五十斤，你在后边（空身走）根本跟不上。你不能快走，也不能慢走，沉住气，迈了这一步说一步，迈一步说一步。你反正一步一步地往上走，你也不用犯愁，哎。（插话：走"之"字，斜着走？）它不是前山的盘道，它是小便道，有时台阶高，有时台阶低，发了水以后，冲得沟沟道道的。要发了大水，和走河崖（yai）差不多。你反正有什么路走什么路，什么路也得走。

问：你参加过大型的运输没有？

答：大型的运输就是抬大架啊。中天门到望府山的那些大件。跟着陈广武，那是俺的个三叔。（插话：陈广武是你们的头吗？）对，是俺的头。

问：他（陈广武）挑过山吗？

答：挑过。那当时生产组，一个生产组养几十只羊，几十头牛，攒点粪上地，就和撒芝麻盐似的。听说泰山上旅游的很多，（厕所）有大粪，没人使。生产组里就让他（陈广武）上山挖大粪，再挑下来上地。他当时在山上，插眼拨空地就挑一趟山，赚两个。随之以后，国家科学发达了，化肥都使不了了，不再用大粪了，可是他在山上待长了，到处里都很熟，就联系挑山的活，抬大架伍的。（插话：你没在山前挑过吗？）挑过，很少。都是（从后山）到了山上以后，人家说，有个活，能不能送到（前山）山下。咱说，行。都是这样在前山干的。

问：你挑起来换肩不？

答：换肩啊。

问：怎么换呢？

答：换肩，就是走到一个平顺窝里，两手颠起来，把肩膀换过来。

问：不能单独放下换肩，对吗？

答：那就费了老劲了，不用。

问：你现在觉得落下什么毛病没有，腿疼啊、腰疼啊什么的？

答：这个还用说，现在腰椎间盘突出。（插话：厉害吗？）一年治一回，怎么不厉害呢？都是下重力下的。我那七八年前，发现了，到市中医院看了看，医生说需要牵引半个月。孩子说，不能哎，咱再到八十八医院看看再说。结果，一个专家看的，一个老大夫，又给我看了一天。他说，你是腰椎间盘突出。和头一天看的一样。我问，有其他大毛病吗？他说，其他大毛病倒是没有，可是有个事，你这个毛病，治不清根。他说，这个病累了就犯，不能担，不能搬。我说，要是不能担，不能搬，不就完了吗？山区离了这两样，怎么行呢？我是个山区，就只能吃了。他说，你别罣。我说，我这几年不算累，孩子也都大了。他说，你这个病不是这（现在）坐的，你年轻的时候壮，你不觉得，到四十多岁以后，你这个并发症就出来了。噢，我说，你这个说法我同意。那时我（挑）二百来斤也没问题。你反正上山担一百五六，下山二百来斤不成问题。

问：一直到现在，干这个东西是不是还是为了改善家庭经济状况？

答：最终你反正还是为穷所逼呗。早先里，这是主要经济来源。你在咱们这个山区，你说你干厂子，也混不了多少钱。这个活（挑山）能挣钱，豁上力气能多挣钱。

问：豁上力气能赚钱，能多赚钱，并且自由自在，不受约束，愿意多干多干，愿意少干少干。对吧？

答：对啊，早去早回来，晚去晚回来，这个自由啊。

问：想听听你挑山的那些故事，有意思的事情，你听到的，遇到的，有没有啊？想想，你印象最深的。

答：挑山没什么故事。（插话：你想想那些记忆最深刻的，遇到什么惊险啊，刮风下雨的。）那就太多了，像中间下了大雨，你没准备，又没披头，就只好偎偎堆，赌着挨淋就是啊。再不就找个石头（洞），七八个人也好，十来（la）个人也好，一挤，不挨淋算完呗。要是再有老人孩子女人，你就得让给他们，咱就得挑起来走啊，直接到窝，到山上避雨去。也有跌倒的，也有磕破头的，这样的情况很多啊。不过，还是都想干，都想赚钱。还有范家庄姓范的两口子，下大雨冲到天井湾里，淹死了，好几天才找到尸首……

问：这是哪一年？

答：哪一年记不清了，反正修索道以后的事吧。（插话：那就是八三年以后了。）

问：你家老爷子他干挑山工的时候，多大年纪？

答：你反正只要是有力气，担得多的时候，都在三十岁左右。（能挑）一百二三的这个时候，五六十岁的不可能，十七八的也治（处理）不了。

问：他们那时候，干这个活的多吧？

答：那是六十年代，那时候少啊，可是不出现老弱残疾的挑山工。生产组里当副业搞，每个月往生产组里交钱。有本事的，生产组里放出来搞副业。一个月向生产组交几十块钱，集体做收入。给你划最高工分。自己多干点，混个仨俩的，方便。（插话：生产组里记工分。）

问：你和陈广武近支吗，近不近？

答：近啊，俺三叔，俺亲三叔。（插话：哎呀！陈广武这人不得了，我很佩服这个人）。对啊，他虽然也没文化，你反正这个抬架子的人，都佩服他。（插话：对，还有他在山上那些广泛的社会接触、社会关系。）什么样的（大）件（上山）也得经过他。赵平

江等，都治不了，只有他能行。包括索道、电视转播塔的大架子，都是陈广武（运）。有时候抬大料，得一百多口子，七八十口子人哩。他抬大架主要是从中天门到望府山，索道这些地方。

问：你参与了吗？

答：也参与了。那时候云步桥那窝里要使（用）滑轮，架子头，那地方陡，急弯，梭头弯，你根本上不去，得把大绳拴到树上，一步步搌过去。

问：干这活没跟（比）老陈再出名的，对吗？

答：你反正泰山上这些大料，没听说他们抬过，都是他（陈广武）。一些小件旁人倒是能干。

问：陈广武也多年不干了，对不对？

答：老了，七十多了，快八十了，干不动了。你反正他不管什么料，他都能琢磨，能施为上去。你反正那些领导格外相信他。至少不出危险，干了这么一些活，大事从来没出过，安全系数比较高。所以说，你看，下力的，没有说没给人家钱的，没欠人家的。（金卫东插话：他就是个头？）你反正他经过了这么些活，没出过危险。（张玉胜插话：不光这些，还有技术，抬大架这套系统，指挥这么

一大帮人，不是个简单事。）山上这些大料，碎大料，七八十口子，有时一百八九十口子，也有抬大料的，也有抬小料的，两人的，十来个人的，反正你可得把它绑悠起来，你不会绑他没法抬。

问：到了八十年代那些和你一块干的，他们还干吧，现在都干什么去了？

答：和我一块干的，像我这个年纪的很少了，猛时惊（有时候）的抬个电缆什么的。真正再担挑……现在生活提高了，一般都不干了。

问：你现在干的什么？

答：我现在在咱们当地来说，就是养苗木了，包了点果园。咱这里没有粮食（粮田），就是养苗木。

问：孩子都干什么？

答：孩子嘛，都干点小买卖。有活就在外边干点，没活就家来管理管理苗子。

问：他们过得比你好吧？

答：行啊，你反正比咱好点。

问：他们几个孩子？

答：两个孙子。这才允许二胎了吧，今年五月又生了一个。原先都是独生子。（插话：现在还有靠挑山维持生活的吗？）有啊，就是我说的从桃花源上站，给各个工地上分发建筑材料的。贪图挣钱多，自由。（插

话：现在干这个活的都多大年纪？）反正都在三十来岁，二十七八。一过四十五六以后，你反正现在生活和过去不一样了，犯不上这么劳苦了。要早八十年代，六七十的还做挑山工，没钱啊。那些五六岁的小学生，放了假，用书包背五六斤沙，挣一毛钱也很知足啊。（插话：那时候秤一斤盐多少钱？）粗盐才几分钱一斤。（插话：你那时抽烟吧？）抽烟，抽烟还能抽好烟？大众的九分钱，葵花的，金鱼的一毛五，金菊的一毛九，泉城的两毛四，金鹿的三毛一……金鹿的定亲娶个媳妇什么的（才买）。

[陈兆海补充内容]

那时候抬大架，有力气的也找这种活。还有的包工头找不到人，就下乡找，找到下港，黄家庄一带，黄家庄属于济南，柳埠也有干的。都图么（谋）挣钱多，有风险费。（插话：那时候抬一天多少钱？）咳，那时候抬一天也不如现在……那时候他是根据大料、小料（来算钱）。大料价格高，风险费高，走得慢，两天、三天才能上去。这个就得功夫里磨，走一步上

陈广武在绘制大架草图

一步的。（抬料）南天门就进不去，那些小门进不去都得扒开。（插话：先把道路疏通好才行。）对，派出所领导都参与，各方面都得配合、协调。

在路上挑不动也有行好的，你好比遇到肚子疼的了，你就得帮他挑上去，工友、路人之间，都得这个样。咱累了，人家也帮咱挑一霎，一样的事。再比方，人家半路上饿了，就得把煎饼给他吃。后来是带煎饼，那起先都是带窝窝头啊。

（插话：你是哪一年结的婚？）哪一年？闺女都三十六了。（我）二十五结的婚。（插话：你对象挑过没有？）挑过，在俺那窝里，十七八、十五六的小闺女，五六十的老娘们，挑山工都干。（插话：你老伴是哪里？）本村的。（插话：一块挑过没有？）挑过。我得帮她挑，我走得快，走不了一段时间得回来迎她。还有，咱也不能一鼓作气地走，还有一些庄乡孩子，人家家里交代了，叫咱照应一下，你就得照管照管，陪着他，一块走，迎迎他，等着他一块回来，末了交代给家里。你要不出了危险呢，跌咕喽子（跌跤）呢？人家安咐咱了，操心啊，咱就得负责啊。（插话：你对象挑过你了吧？）挑不过，她也就是挑七八十斤。妇女也有一百一二十斤的。老婆孩子有活都得干。这还是有活干，挺好了。过去没活，就到山上砍棒，砍木棒。两个人搁伙，砍上两三天，拉到柴油机厂卖去，三块钱一百斤。砍上一千多斤，不鸡叫就得走。（冬天）扒了光脚丫子过大津口河，路滑，打转转的拐弯拉出去。当时在生产组干一天，（工值）连一包火柴也买不了。（插话：上世纪六七十年代那时候，一个工多少钱？）两毛来钱，一包火柴两毛五。有时候，这个钱生产队里账面上有，开不出来。（插话：你觉得这个状况从什么时候开始好起来的？）你反正这个，体制改革、包产到户以后，逐渐地（好起来）。再往前说，吃大锅饭的时候，也是一年比一年好。

问： 现在你一年能收入多少钱？都算上。

答： 现在啊，也没个正数。（插话：你和你老伴两个人。）老了，不能干了，以前还卖个豆腐。（插话：问你一年收入多少钱，是不是不好意思说？）不是不好意思说，老了。挣钱少了……（插话：你算算，你老两口去年一共收入了多少钱？）七八千块钱吧。（插话：还有呢？）还有就是一点山果。（插话：苗木呢？）苗木价格不行了。（插话：怎么也得收入万把块钱吧。）嗯，也得万把块钱吧。（插话：孩子给你钱吧？）你反正这当时，我也不需要，不要他的钱。（插话：像你这样的

家庭，打个工，卖点山果、苗木，收入在村里能达到什么水平？是属于好的，中间的，还是比较差的？）我这样的啊，现在也没法讲，像人家陈兆利、孙其海这样的，咱没法比。我这样的，属于半中游呗。（插话：就是中游啊。）半中游吧。（反正你自己还是觉得不错的。）对啊，希知足啊。（插话：你们村有养螭霖鱼的，你参加没有？）没有，这玩意现在一刹吃喝风，白搭了。老百姓哪有吃螭霖鱼的。行情吗？卖不下去了。现在养羊也不行了，过去一个冬天杀不上吃，现在……（插话：核桃呢？）核桃腐烂病，松鼠，都危害，打上药能摘几个。承包户也不易，现在找一个打栗子的一天一百八十（元），还得管吃，还不好找。不够本了。

问： 还有个事，老陈，像你这样的家庭，一年算下来婚丧嫁娶，人情事事，得花多少钱？

答： 嚯！老百姓你别看混钱了了，花钱邪（很）厉害了。大头项就是结婚花得多，白事花得多。再大的事就是摊上生病，就严重了。（插话：咱不说生病，光说人情往来，拉长年下来，得花多少钱？一年得几千块钱吧？）几千块钱？要是亲戚多的，得

上答。赶上吃面的、看病号了，这个三百二百，可以走个过场。要是结婚娶媳妇，喝个酒得（花）千把，有的五六百。一年赶上五六家，不成问题，老百姓挣两个钱就都（花在这里）。（插话：一般亲戚结婚，随礼随多少钱？）一般的庄乡可以说得二百块钱，现在（花）一百的不多了。近支的得花五六百。

问：现在挑山的扁担绳索还有没有？

答：怎么没有，都有。最长的扁担一米八，带尖的两用，还能拾柴火。专门挑山的还有卖小鸡的那种，两头翘起来。（插话：扁担一般什么木头的？）一般桑木的、槐木的、椿木的，桑木的能颤起来，省劲。槐木、椿木的多。

问：现在家里有几处房子？

答：我住一个院，孩子住一个院。我在承包地里盖的。现在村里批宅基地很困难了。不再批了。（插话：能喝点酒吧？）喝点，能喝这么一杯，不到四两。平时在家里就喝一杯。（插话：年轻时能喝多少？）年轻时我对这个酒也不大行。

问：你谈得很好，你把挑山工的经历谈得很生动。我们以后还要再联系。谢谢你了！

答：多担待吧。哈哈。

清华大学刘晓峰教授

陈广水，男，1956年出生，汉族，农民，泰安市泰山区大津口乡沙岭村。

采访陈广水

采访时间：2016年8月16日

问： 老陈，你就说说干挑山工，怎么干的，怎么干怎么说。

答： 怎么干的，当时就是为了生活哎，家里人口多，得靠挑山挣两个钱。

问： 你是从什么时候开始干的？

答： 我从十六七岁吧。从七几年到九几年，前后干了小二十年吧。基本上只要泰山上有活，就得担起小挑来，混两个。那时候，有地瓜的时候，包上地瓜绑在小挑上，快到窝了，也饿了，就找个地方吃。那时候担多少，我才担六十来斤。到了八几年，就挑一百来斤吧。

问：那个时候不是吃大锅饭吗，（这个活）让干吧？

答：那就得插眼拨空的，个人担点，挣点。

问：那时候主要担些什么？

答：担沙子，石子，砖。后来到了八几年，就往上抬机器了。一开始挑，一百斤还不到三块钱，以后这才涨到三块。拿到三块钱，就觉得挺高兴了。（插话：这是七一年。）那时候大集体，（在公社的企业上）亦工亦农，干活的生产队记十分工，再补贴六块钱。麻塔公社的时候，社办企业，一个石材厂，一个石粉厂，建筑公司，一个月才补助六块钱。都是选拔出去的，能干点的。我从那时学的石工，学了石工之后，就是白天（干）石工，早晨还得早起来，抽空挑一趟沙，老早走，那时候到半路里明天（天亮）吧。光为了赚上几块钱，人是受了罪了。那时候连手灯都没有，摸着乎子（黑）干。那时候走的小便道。后来八几年那时候就涨了钱了，一百斤十来块钱了，跑上去，恣（高兴）得迢迢的。再到中天门，再从那边弄上一挑，从那里大概一百斤五块来钱。（插话：这个趟子就是早起，先把这一挑送到南天门，再下

到中天门，往南天门挑一趟）。八一年、八二年、八三年这个时候，才三块钱，修索道站的时候。八五年以后长到十来块钱，九〇年以后，就涨到二十三（元）了，你看，从三块、十几块、二十几块，我都挑过，至今还挑。没事，我经常在山上干活，担上他们的垃圾，有时候往山下运，从壶天阁那边挑到中天门垃圾车。（插话：现在挑一趟多少钱？）三十块钱。一般挑比较贵重的，一百斤五十（元），七八十（斤）都给你按一百斤的账算了。因为现在干的很少了。

问：你现在还能挑多少？

答：还能挑百十斤。挑百十斤（到山顶）基本不用歇气。这得根据个人的耐力，差不离一气到山顶，四个半小时。后山这条路，不知不觉就到山顶了。在咱们山区，讲究三天膀子两天腿，干（磨炼）出来的。长了不干，就锈死（功能退化）了。

问：我看看你这个肩膀，你看这些疙瘩。肩膀往下两边，锁骨……

答：像梭头。哈哈，苦是苦，可是只要靠住挑上几天，钱使到手里，心里也是怪恣啊。有时放下小挑，提溜着扁担，不耽误唱。有时担着挑也唱。（插话：你们挑山工有什么歌谣吗？还是唱流

行歌？）流行歌，一般唱流行歌，自己编的也唱。

问：你唱两句咱听听。

答：我编的，我不是累嘛——高高兴兴放下扁担，担着小挑爬着泰山，娘们在家煮好了鸡蛋，孩子在家买好了香烟……（大家鼓掌：好、好、好！）

问：老陈，你唱，唱唱……

答：好，唱两句你们听听，别笑话。（用《常回家看看》的曲调）高高兴兴——放下扁担，担着小挑——爬着泰山，娘们在家——煮好了鸡蛋，孩子在家——买好了香烟……（插话：好好好，老陈你唱得太好了！）就是担着，也不耽误唱，有时下了雨了，就得斗劲，脚底下一蹬，就唱："下定决心，不怕牺牲，排除万难去争取胜利。下定决心，不怕牺牲，排除万难去争取胜利……"就得斗劲，你不斗劲行吗？（插话：好！）自编自唱啊，有时哧溜哧溜热得那汗，你就哼别的小曲，哼《青青河边草》，（插话：你还会唱《青青河边草》？）哎哟，一般的这些歌我会得不少呢。我爱唱歌。（插话：有拿手的，再唱一个。）有时候在山上干活的，我就找个石光梁台子唱，减轻疲劳，闹个笑话。那时候真唱，现在年龄大了唱得很少了。自编自唱，人家让我捎罐头，给我哥送礼，我就一边走，一边用《朝阳沟》的调子唱："走东坡，串西坡，找不着俺嫂子找俺哥，进门找着俺加沟哥，拿来的罐头往哪搁……"从这个罐头上，比着《朝阳沟》我就能唱老多。我一直到现在，还在山上唱歌，爱唱歌。

挑山也有挑富了的，也可以致富，确实，人得靠辛勤劳动。你不靠辛勤劳动是不行的，也得会干，也得会玩，（插话：挑山过程中，很特殊的，让你记忆比较深的故事，能想起来吧？）有趣的事，挑山有趣的事也想起来了。你好比正挑着这一趟，又来了其他活了，多少又能挣两个，很高兴，这时候才唱歌哩，连蹦加跳，什么也唱啊。有时担起小挑来，随着（见景生情啊）……你好比阴天，不想去了，一霎太阳出来了，就唱："太阳出来我爬山坡，爬到了山坡我想唱歌……"你反正自然而然地就唱起来了。

问：好，这才叫革命乐观主义精神！

答：人家还开玩笑了，随担着挑，闹腾着玩，人家说，谁谁，你这么些孩子，下这个力，拉巴不上吗？咳，我就不怕孩子多，仗着这个计划生育紧张，要不是计划生育紧张，我还想撮他个仨俩的（孩子）。孩子多了是福。人家不怕孩子多，觉得孩子多了后来才是福呢。（插话：人家讲究多子多福啊，这也是挑山的动力。）

我唱歌走到哪里唱到哪里，过河有弯，拐拐弯，我就唱："浏阳河，弯过了几道弯，几十里的水路到湘江……"就是这个样，哼着小曲不累。担着走呗。

黄山挑山工

张德合，男，1954年出生，汉族，农民，党员，高中，泰安市泰山区大津口乡沙岭村。

采访张德合

采访时间：2016年8月16日

问：今天下雨，在家没事吧？

答：学习、看报呗。

问：你们听说过有个大作家专门写了挑山工，小学课本上都有，写得很好，你们注意没有？

答：噢，记得。那一次天井湾、神仙屋子都考察过的。

问：咱今天请你来，就是想让你谈谈做挑山工的经历。当前我们挑山工已经成为泰山的一个文化符号。不得了。刚才刘主任说了，大作家都写了我们挑山工，并且当成中学课文。

答：这一弄，就来了文化了。

问：对啊。咱现在就这个事，谈谈咱的经历。您贵姓？

答：姓张，张德合。

问：这个村张家是大户吗？

答：占三分之一吧。还有姓孙的、姓张的、姓吴的、姓陈的。

问：家里都有什么人？

答：父母，两个儿子，两个儿媳，一个孙子一个孙女。老伴去世了，十来年了。

问：哦。家里都是有什么经济收入？

答：林果。

问：卖苗子吧？

答：卖苗子，很少。因为我在小组里负责。（插话：相当于片长呗。）嗯，对。收入不高，一年村里补贴四五千块钱。

田利平，男，1963年出生，汉族，农民，党员，初中，泰安市泰山区大津口乡沙岭村。

采访田利平

采访时间：2016年8月16日

问：您哪一年的？

答：我是六三年的。属兔的，呵呵。

问：现在还挑吗？

答：现在不挑了。现在基本上上货不从这边（大津口东御道）上了，山顶上修了索道，都从那边上了。

问：现在还有干的吗？

答：现在要再挑还有干的，俺这窝在泰山还有干的。

问：当初你这个身板能挑多少？

答：我二十来岁时一次得挑一百三十来斤。挑建筑材料，沙子、水泥、砖，就是我说的建筑上这些材料。

问：从这边上，多长时间上到山顶？

答：从这里一般的是三个半小时，四个来小时吧，路上再休息休息。但是你挑起来吧，比逛山的要舒服，还快，为什么呢？咱挑起来之后，不紧不离地就上去了，他那逛山的走一盼（一阵子，一段时间）就使（累）得慌了，就不愿走了。可以说挑山工锻炼得身体也好点，呵呵。

问：咱这个挑山工还有别的名字吗？其他名字。

答：就是挑山工，没有其他的名字，就是挑山工。

问：你不干了得多少年了？不挑了？

答：我不干了以后得接近三十年了，不大到三十年。打那没干。

问：从八几年就没干？就不干了？

答：嗯。从一改革（按：20世纪80年代初）了我就不干了。

问：你现在干的么？

答：现在就在家里打打工，出去看看外面有点活吗，干点活去。

问：在家干活给多少钱？

答：现在你分干什么的话，建筑行业，就是一百五十来块钱。

问：一百五十元不高。

答：嗯，一百二十的，一百三十的，妇女劳力八十来块钱。原来修索道那年，

挑的不少。一开始修索道，那个时间，就是中天门那个，往上盘的沙，挑的水泥，建筑上用的。

问：你家老人挑过吗？什么时候挑的？

答：俺那老的那个时间不也得五十多吧。

问：老人家挑到20世纪80年代？

答：嗯，是，差不多那个时间。

问：他那一代人挑山工多吧？

答：他那个时候是直接（做了）挑山工，那个时间基本这一块的人都得干，只要有往上运的材料以后，他们就基本上都去。

问：当时也没什么行业组织？

答：嗯，原来也没什么行业。就是（有）上泰山用的建筑啦，用的材料啦，就上山里送个信。

问：也没什么规律？

答：嗯，他们有头啊，吆喝着以后，到时候，谁的头，去跟谁使钱去。

问：这个头收管理费吧？

答：他收不收那个咱就闹不清了。呵呵，他肯定也得收点费啊，他不收点费，以后，是吧，谁干头？

问：你去使钱是头给你还是单位给？

答：那个头给，施工单位找了头，头以后把货进来。你像建筑材料进来，他看管着，他发货，到时候，打了单子，签了字，上面收到货了，就来和头算账。

问：你那时候跟着谁？

答：忘了是姓么的了，想不起来了。

问：是这个庄里的吧？

答：也有不是这个庄的，原来我知道有麻塔北里，这窝间有一个。好几伙来。好几伙都说不上哪里来的。俺这些人一听说后，他们都知道，泰山上要货了，谁以后在哪里发货，就拿着家什去了。说不上是姓么的来了。

问：反正不是你庄的？

答：嗯，我记得俺庄里，记不得，末了再上的话我就闹不清了。先上来时没有介。

问：挑山的工具都是这一套？

答：原来，你像袋子吧，再早时使布，截来那个白布，缝缝，扁担、绳。

问：你现在家伙都全吗？

答：现在家伙都全。要再挑以后都能用着。现在比那强了，基本上都有袋子了，甬介（不用）使布袋子了。尼龙袋子，绳子都有，担子，扁担。

问：这么长时间不干了，以后干的么？

答：以后就打工，在下面，下面基本上打工的多了。

问：你就是二十多岁时干的？

答：嗯，大概也就二十一二岁，干了这几年。

问：在下面干比较轻松？

答：末了我自己买了个拖拉机，就不干了，开了台拖拉机，后来上饮料厂干了一段。

问：你村里有饮料厂？

答：原来在俺村，末了成了乡里的了。末了随着就倒闭了，就垮了。

问：你听老人们说，往年也有挑山工吗？

答：很早就有，很早就有挑山工。俺这窝都是支着挑挑担担。

问：维修一些庙宇，庙宇都需要建筑材料？

答：对，维修的么的，都得需要。

问：生活物资挑得不多？

答：生活物资挑得不大多，主要是建筑的那个材料。修建五所（现在山顶的神憩宾馆）那一溜，原来，基本上进料都是从这边上去。

问：家里有干这个的传统吗？你父亲他再往上？

答：再就闹不清了，呵呵，俺没听俺父亲拉过。

问：你们这里一家几代人都干过挑山的，有这种吗？

答：说不上来，除了这个的，再就是年纪大的。

问：这个活年龄最大也就干到五十来岁，是吧？

答：他这个么要是继续挑能干到六十来的，他这个么就是一个锻炼，能干到六十多岁。

问：你挑的时间长了，就不觉得那么沉了是吧？

答：对。挑长了你别看他年纪大，挑百十斤照样呼呼的，六十多岁。

问：你觉得有什么技巧吗？

答：他就是个锻炼，有什么技巧，就是换肩技巧，只要担子能担起来，拉不了膀子就是个技巧。一颤一颤它随着就过来了，你不会挑的就愣拉，拉了以后就拉没皮了，就没法干了。一颤一颤借着那个劲就过来了，不会的愣拽。

问：这确实需要一个好身体。

答：嗯，实际要是通过锻炼着挑，倒是身体都不孬，都能干一气，不过是不干缺乏这个锻炼。你要是以后咱这窝设立上，再弄上挑山工，绝对还能有干的。年轻的有干的，他这个么（一旦）干上，不挑就和那么（不自在）的似的。

问：他也觉得比较自在，不受约束，想早走早走，想晚走晚走。

答：在路上挑一盼，试着累得慌了就放下休息休息。

问：在前山挑过吗？

答：前山在中天门时，我挑过。修索道那个时间。才开始。

问：中天门挑到山顶？

答：挑到山顶，修索道时，原来陈广武包的那里。他吆喝人搭过帐篷，都约和着在那住着，连抬那些架子，都是他包的。

问：你抬过大架子吗？

答：我抬过。嗯，打那回来以后就没再干。呵呵。

问：抬大架这个前后左右之间用力怎么平衡？

答：前后这个平衡以后，整个大架子使上顺杆，整个顺杆是一体的，再绑小由（轴）子，小由子和套子是一般长的，他抬起来就是平衡的，这是直道上。要是偏道上，那些拐弯处，一高一低那些地方，他就出现一边沉一边轻的问题，就调（diao）角（jia），那个高地方就轻点，低的地方就沉点。那个活是不大好干，你先上来说磨脊梁就磨，说过来就承受不住了，他摸量（约莫）哪边低、沉，就预备好人了，就架的架，拖的拖了。那（山）上面用的，噢，还有气象站的大锅翅子，那种东西盖子，从西神门进了个头，进不去，又倒出来，从南边火池的那边，从火池东边的边上。那个东西要喊着上，悠悠地上，原来那个抬着那么沉，碧霞祠门南边，那几叶板就呼呼地上。那边是悬崖，都不耽误上，呼呼地喊呼呼地上。

问：抬大架技术上困难的是什么？

答：你问抬大架技术上比较困难的？

问：你觉得什么最需要技术？

答：扎架子这个人最需要技术。但是他必须得绳子两边，掌握住差不离一般长。

问：当时搭架子是谁来干？陈广武能绑得了吗？

答：他绑不了，原来陈广武干时，他找的谁来？这个时间我还说不上来，他找的人绑的，专门找了几个人绑的。

问：那次来了一个就是跟着陈广武绑架子

的，个子楞高。

答：末了抬了几趟我就不去了，呵呵。八几年。

问：你知道他用的什么原理？

答：什么？抬大架子吗？

问：根据什么道理？

答：要是根据我说什么道理？就是掌握住平衡了。一般长的绳子和由子，就掌握住了。

问：这个竖的叫顺杠？横的呢？

答：是，这个竖的叫顺杠，横的叫由子，人抬的那个两人使的是杠子。

问：都是一路杠子两个人抬是吧？

答：基本都是两个人抬。

泰山挑山工运送气象器材

问：有专人绑这个？

答：嗯，专人绑。

问：他这个杠子前面后面的不能一样？

答：前面能多抬点，后面少抬点。

问：在前面再弄上拉的？

答：嗯，前面再放上拉纤的，拉纤的他能掌握住不往后退，他能往上提，拉住，上山台阶这全指望拉纤的，他蹬住，不往后退。

问：发生过安全问题吗？没伤过人吧？

答：基本上没发生过，抬架子没伤过人，那时候抬那架子是真楞够那么（很难）了，你看修这么些索道抬架子，也没伤过人。

问：顺杠一边几个架子？

答：顺杠？他分多少人的，分多少人以后绑这个架子，根据这个，得看件（往上运的机械设备）大小。

问：你抬过的这些大件，最多用过多少人？

答：连拉纤的，六十来口子人，再加跟前这个闲杂接接的（在一边辅助的人）。

问：他这个吃重的是哪里？

答：这个要是平衡了以后，走起来路平了，基本上都差不多，但是一拐弯出现一边沉一边轻，你要是路平顺了以后，像那盘路直弯，基本没事。

问：你往盘路上斜着往上走时，在后面的沉还是在前面的沉？

答：前面的沉，前面他扒膀子，基本上抬大架，都是平着上，杠子都是平的，没有直上的，直上前面的人受不了，后面的牢稳，他那个由子绳子吊起来，基本上能平了，都是平着抬，没有直打直地向上向下抬的，你就两人抬的话，抬的件上泰山，也必须两人都得平衡地上，真有过不去的，上不去的，几步就无所谓了，就几步，头里这个使劲，不跟后面这个受力。

问：你这天天抬着大架的时候，生活怎么办？一块吃吗？

答：各人都带饭，不在一块吃，到点到吃饭的时候停下，都各人吃各人的。

问：煎饼都随身带着？

答：嗯，都随身带着，有包的装包里背哒着，带着点水，带着干粮封在挑子上。

问：从这里上山感觉哪个地方最难？哪里比较累？

答：从这里？比较累的窝，要是从后山上的话，就是蛤蟆腚，爬过那个坡，这一巴棍（这一段），这一巴棍陡点。但是他没有石头，你踩踩不方便。

问：现在修的台阶好走，还是原来的便道好走？

答：要根据这后面的路。要是修上台阶，要肯定比便道好走，要是不修，和那时候冲得浅一脚深一脚，还有（鞋里）装土垃，走起来不大方便，肯定不好走。（现在）舒服了。

问：还有，一般人常登台阶容易膝盖不好，挑山工不出现这个情况吧？

答：没有，挑山工年龄大点的没听说膝盖不好的。俺这有膝盖不行的，五六十的，都是妇女，她们又不挑。真正挑山工膝盖不好的，没大有。

问：有腰椎受伤的？

答：腰椎受伤这也和挑山工没有关系。我倒是有肩周炎，但是那时候开车时摇车哐（伤）的，但不是挑山挑的。

问：摇车怎么哐的？

答：你那咣咣地摇着，压缩机打不上去，它反打，别（掉转、拗折）的，拉伤的。

问：你现在家庭经济收入怎么样？

答：现在可以了，基本上比原来强多了。越来越好了吧，呵呵。

问：你现在家里几口人？

答：现在是五口了吧。

问：你去年一年收入多少钱？各方面都算上，打工加上。

答：稀松，几万块钱吧。基本上是靠在外面打工，活没那么多，要是真靠上工

了，也就行。

问：人均八九千块钱？一年八千块钱吧？以上吧？

答：不大够，也差不多。好几口子人都打工，呵呵。

问：主要是干么？

答：就是干点建筑，给他们。再就是户里有搞建设的，就在周边，不出去这个（地方），出去这个（地方）就是跟外面的建筑公司。上那边。

问：你那时候就是干到二十多岁就不干了？这个挑山工，为什么不干了？

答：那时候买了拖拉机，随着有了饮料厂，搞运输挣钱多了。

问：当时买拖拉机的钱是怎么筹措的？

答：也是积攒的，一点点地。也是混了以后。

问：不是挑山挑的？

答：也有挑山（的钱）。

问：那时候拖拉机贵不了多少？

答：也就是八千块钱。

问：那时候数目也不小了，那时候靠挑山攒了钱再转型，买拖拉机干别的。那时候八千多，多少马力的？

答：十二（马力）的。

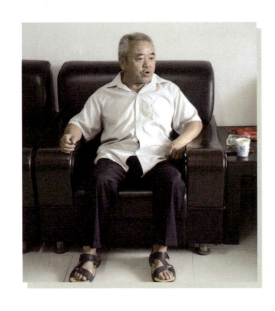

孙殿坤，男，1956年出生，汉族，农民，初中，泰安市泰山区大津口乡沙岭村。

采访孙殿坤

采访时间：2016年8月16日

问： 咱今天请你来谈谈你干挑山工的经历。

答： 哎哟，从小就挑山工，在俺山区，就是这条扁担养活一代人。山区指着么？就是扁担。除了扁担就是扁担，从收割麦子用扁担挑，秋天挑筐夏天挑麦子，是吧？

问： 你哪年干挑山工的？

答： 你看，我是七二年毕业的学生，初中毕业。"文革"时候，那时候正儿八经赶上"文革"，闹"文革"的时候，上学的时候，逢过星期六，半天，就想办法拾上一挑子柴火，攒上一个星期，攒上几百斤柴火去泰安城卖，换钱买书本，买这一套，交学费。到后来，包括挑山工，咱那时候，嗯，毕了业开始混工分的时候，挑山工控制得很严格，挑山工因为是么呢，挣了钱往自己布袋里掖，对吧？那时候割资本主义尾巴，是吧？那时候挑到（山顶）气象站，咱泰安的气象站，三块钱啊，一百斤，力道大的挑一百斤。俺这种小孩子，十四五，十七八的小青年，四十来斤，五十来斤，这样挑，多了你也挑不动。一天跑上一趟，觉得也很知足了。那时候，挣上块儿八毛的钱很知足。这个，后来（出现）大量挑山工（的年代）就是建索道的年代，八几年？八三年左右吧，住通天桥，通天桥有个货场，住通天桥，桥底下搭上帐篷，住着。包煎饼，那时候（人民公社）还没解体，咱（这里）八二年解体，八三年那时候开始（大量出现）挑山工，挑到望府山是三块，挑到帽沿山，是一块八。

问： 帽沿山在哪里？

答： 帽沿山在二号支架（索道支架）。挑到篮子山（拦住山）是七毛八，八毛都凑不上。七毛八，通天桥往西一条小道，羊肠小道，把那石台子上往那走，一天挑多少呢？一天挑十三趟。挣钱了，买瓶泰山白酒喝，大家伙儿一围，哎，你掏个咸菜，我掏个咸菜，围起来喝个酒，这一天挣钱了。挑十三趟，能挑多少呢？一百斤一趟的话这是一千三百斤，七毛八一百斤，八毛都治（够）不上。一天十几趟七八块钱，七八块钱，觉得很知足。嗯，这个能干的，能挑两袋子水泥的，二百斤，嗯，在俺这个村，孙兆合、孙玉柱这些年轻的，挑上两袋子水泥，在十八盘上标着劲划着拳上。你看那个劲，嗷嗷地上，也有唱着上的，也有划着拳上的，鼓士气，鼓劲。但是一天混的钱，寥寥无几。

问： 你说的是建索道的时候？

答： 建索道的时候。到了后来，咱建神憩宾馆那一年，好像还下的任务，政府下的任务，人均是四块砖吗？搞突击，包括城里的人，农村的人，都领任务。挑一块砖多少钱，好像那时候是，稍微涨了涨钱，涨到六毛来钱，好像是三块六，一百斤。（一块砖）五斤三两，都知道这个斤两，这里面有什么巧点子呢？砖有薄有厚，或者是么呢，在那个石头上磨磨，减轻点斤两，这样找找，其他没说法。到窝也是，哎哟，那时候挣的是血汗钱。一个汗珠子摔八瓣。你渴了，也没水，哪里有吃头。也真是，咱那山上那个台，一边一个垛，中间一个空，这窝放上正好，这就是歇气台子。哪窝里有水哪窝里有歇气台子，趴那个泉子里喝凉水。有时候，喝凉水都得挨号，他上的人多啊，有收入啊，山区里，挑山工也是个职业。他没别的想法。今天交了货，他不给现钱，写个条，签上字，到结算的工夫和你结结账。

问：找谁结账？

答：中间有介绍人，也有的中间有商人，搞介绍工作的，他操操心，落上几分钱，一百斤落上几毛钱。

问：挑砖能挑多少块？

答：力气大的能挑二十四块。挑啤酒能挑四捆，多了不敢挑。挑鸡蛋的，走小道，那个荣福家，送鸡蛋的，他就走这个路。从大津口到南天门是二十一里地，二十一华里。从岱庙后门到玉皇顶是二十八里，挑山工原则上从这路上能走了，从前山走不了。前山台蹬云步桥三十七公分高，拧着蛤喇背（膝盖）上。

问：你有什么诀窍吗？挑这些东西？

答：什么诀窍？拾起步来，关键是迈步，扁担好使。咱使的那个桑木扁担，不砸膀子。桑木扁担，以前那个锢露子（锢锅的），锢露子使的那个扁担，挑小鸡的，卖小鸡的挑的那个扁担，

它两头翘。在俺那个村，恐怕也没有保留扁担的了，也有这么七八条桑木扁担，他两头翘，起步的时候能颤起来。有的担子甚至给使得朝下弯了。

问：拾起步来就是颤起来？走起来就轻？

答：就是颤起来，颤不起来就压膀子。槐木扁担颤不起来。以前林场，老林场，整宿不睡觉，小扁担，偷一根，谁家没有个三根五根的扁担，他都指着这个么。现在进博物馆了。（抬）扁担出汗长了，膀子这个位置，它裂，出炸纹，扁担不能使得长，最末了干吗使呢？截了当棒槌使。这就退到底了这个么，再也不能用了。

问：你现在还干吗？

答：早不干了。现在挑起挑子来，走山路，还正儿八经走了。他习惯，山里人有山里人的好处，在咱山区烧柴火，谁家里冬天不拾个十挑子八挑子的柴火？扛起扁担就走，不犯愁。敛合敛合插上挑子就走，有这个技术。也就说，现在十来岁的孩子不研究这个了，呵呵。

问：也就是说，你上初中的时候就开始挑了？

答：嗯，上初中的时候，七〇年左右。七二年毕业。那时候叫卫生室还是叫合作医疗？那时候也叫合作医疗。一

个生产队，出一个刨（采）药的，我是三组，我是最年轻的一个。那时候叫我去刨药去。去蛤蟆腚刨药去，况且得捎着一挑子沙，这是外快。弄上三十斤沙，三三得九，九毛钱，这是外快。你再刨上一天药，那当天就有工分了，现在一些人就说，一枪两眼了，那混的是标准的辛苦钱。早上早起，这个，年纪大的他不可能挑了吧？年轻人，都吆喝着明天咱上哪个坡里刨药去，那里交上货回来，得上坡里跟着其他人，去跟着去（挑山）。

问：那时候你刨的什么药？泰山上的中药？

答：泰山的中药，你像四叶参，黄芪、黄芩，现在的黄芩找不着啦，以前刨根黄芩半拉斤沉啊，空心的黄芩，黄芩多得很啊，现在哪有这个了？一个是说都没了，打药打的。捣鼓没了。

问：刨着什么好药吗？挖着何首乌什么的？

答：有。现在刨药上哪里去啊？上和尚林，小安庄和结庄一道沟，能刨着和茶碗似的，这样的何首乌还有。他那一呼达（片）没树，他没树，有树的光长秧子没瓜。那时候刨何首乌和茶碗似的，一天刨着过三块。

问：黄精什么的有吗？

答：黄精在咱泰山很少，石坞那窝有点黄精。

问：现在还有吗？

答：现在那些放羊的，我问他现在黄精还有吗，弄一棵咱炖个鸡吃。哎哟，就和绝了一样。黄精和咱这个玉竹，它俩长得一样，近似于玉竹，猛一看一个家族，但是刨出来不一样。

问：紫草呢？

答：紫草就更稀少了，紫草在哪里呢？三岔西边大小道沟，哎，大道沟，小道沟，那里有紫草，现在也不可能有了，人多了，找得多了。咱泰山的四叶参，找着就是一呼啦（连片），四叶参长得很快。

问：四叶参最大的有多大？小拇手指头？

答：超过，最大有大的，有那么大的（用手比量），刨出来有四十来公分长的。

问：四叶参中天门那有不少吧？

答：没找着那一块，就是咱上二虎庙，这个小盘路，二虎庙道路所在盘路这个位置，左侧右侧都有。

问：咱前几年卖的四叶参，沿路都有卖的，晒干的，这几年没大有了。

答：再就是刨苍术，西南风刮不着的地方，避西南风的地方有苍术。

问：这些药理你都明白吧？

答：那时候基本上都明白。现在随着年龄的增长，也不研究这个么了。

问：现在还有以采药为职业的吗？

答：不多。很少很少。季节性的，现在采点连翘，连翘它值钱吗？才四块来钱。

问：你说的那时候上山拾柴火，最远到过哪里？

答：最远到过朱洪场。

问：在什么位置？

答：刚才我不是拉二虎庙了吗，上三汊对二虎庙，大约五公里，叫朱洪场，又叫老虎窝，有两个自然山洞，叫大老虎窝、小老虎窝，到朱洪场，这边到过花园（工队）。

问：你这是从这里下去再顺着返回来？

答：必须得返，顺着石沟、大路、山沟、羊沟。

问：你这是从浅沟过来？

答：从沟里翻过来，这是大路，经常去拾柴火。

问：为什么不在这边拾，跑那边去？

答：这边没有柴火，人多，长清往这够，他够不着。林场伐下来都是干的，干柴。所以（去那里）。

问：现在给你们钱你们也不干了？

答：哎，现在给我一百块钱，我也不干了，不去了。

问：你说的最远的地方，那时候跑一趟得多长时间？

答：得四个小时吧。

问：光去四个小时？

答：光去四个小时，来回可是得八九个小时，你反正没其他想法，到窝就敛合柴火，敛合够了挑，插上挑子，互相帮帮忙。插挑子一般的一个人拾不起来啊，猛一使这个劲，得有这挑子柴火翻一番的力气才能起来，猛一抓着上面这个么，这一平衡，（就）起来了。这个，你看，从石屋拾起挑子来，歇气台子有地处了，多少膀子为一站，可以歇歇，有抽烟的抽支烟，或者喝点水。

问：你说的这石坞，是后石坞吗？

答：石屋是咱这个石屋，天井湾以北这个石屋。

问：现在里头空间大吧？

答：老石屋现在还有啊，还住着人呢，放羊的他在那住着呢，好地处。

问：林场搭的那种石屋子吗？

答：古老年（早年间），石屋的地是信佛人种的地，种谷子，种棒子。

问：庙里的地？

答：嗯，庙里的地。砖石瓦块都有，据说玉泉寺再早是准备在石屋建的，大砖大瓦都有。

问：现在找还能找着了吗？

答：得问放羊的，不多，也有砖也有瓦的，在那里摞着。

问：大砖大瓦的，那时候应该早了。

答：再早了，比玉泉寺早，原来玉泉寺打算是在石屋建，后来的工夫又迁址上那里去了。

问：也就是说，那个时候就有挑山工？

答：挑山工应该从多旦（什么时候）开始的？应该说，有人烟就开始有挑山工了。

问：开始有登泰山的，就开始有挑山工了？

答：对，那个历史悠久了，是吧？泰山上这么大的建筑，他指着么弄起来的？还不得指着肩扛人挑上去的？是吧？

问：你这个经历好，还挖过药，很好的经历。见过什么大的野兽吗？

答：在咱泰山上，我光听说过有狼，我没见过，放羊的见过。有獾，有狐狸。

问：有蛇吗？

答：没蛇，一直没见过。

问：山顶没蛇？

答：没蛇，冬天太冷，大山里没蛇。

问：你刚才说的当时那两个虎背熊腰的人叫陈什么？

答：一个叫孙玉柱，一个叫陈光照。那时候那个劲头，没思没想，百八十斤

能挑四趟，一天挑四趟，中天门往这挑。

问：那时候是从中天门挑到望府山？

答：嗯，从中天桥嘛，中天桥那个货场，从那挑。你要是从岱庙往上挑，那就是说一天一趟活啊，二十多里地，有的人能挑两趟是怎么担呢？两条扁担倒着，当歇工，这一挑，挑出多少米去放下，步行回去挑第二挑，步行的功夫当歇工。这样来回挑，叫"盘挑"，以前老百姓叫"盘地头子"，叫"倒"。你看，挑山工出过什么笑话来？这个人还有来，俺那个二哥，这个人不大识数。孔子庙早先维修挑石灰，从哪里挑呢？从关帝庙，关帝庙那有个货场，从那挑石灰，那时候挣工分，问他：孙继茂，你这个挑山走了多长时间？你这一挑子石灰挑到山顶用了多长时间？他怎么说的呢？从关帝庙走十二点，到了山顶不得晌午呢。一直到现在重（chong，重复）他那呱。从关帝庙走十二点，到了山顶不晌午。大家都认为他是不识数，其实呢？

问：他这个十二点是半夜的？

答：哎，你这个分析法是到家了，是夜里十二点装上挑子，进南天门不得晌午。

云步桥上的挑山工

问：那时间也太长了。

答：你现在是走十个小时再挑着挑子能到窝也不孬。一些都扔到半路上。我在泰山上做买卖的时候，上岱庙去进货去，早晨，我在朝阳洞包了个门头。早晨上岱庙进货，拾掇上挑子，装上挑子买了货，再挑着回来上朝阳洞，我往下走多长时间呢？一个来小时就到岱庙，拾起步来，脚底掌子着地，那个盘道，哗哗地走开，哈，你得会走。

问：挑山工下山就这样下，踩着（盘道）

棱走。

答：踩着棱来，你得会，有弹性，不累，脚后跟不能着地。踩着棱走，不会走的，你那腿肚子绷得，三天下不了台，是吧。挑上六十来斤货，在岱庙那里敛合上东西，岱庙北里那不是有个市场吗？那是最近的一个市场，挑上六十来斤，上膀子。第一站上哪里歇会去呢？壶天阁。

问：一气就到壶天阁？

答：嗯，过柏洞子，壶天阁老尹那里，到窝指准是管个茶水喝，老熟人。到窝坐下就喝，喝了就走。

问：这是哪一年？

答：这是九六年，四十冒岁，当时还能干的时候，呵呵。从来不犯愁啊，壶天阁的房子，我在那里干了两三年。

问：整个地包给你吗？

答：没介，光餐饮，餐饮和旅社，周边的门头房没给我，一年交给他六答（万）来块钱。那时候六答块钱是响当当的钱。给他干了三年，后来再留我，留不住了不干了。有一年发大水，七六还是七七年有一场大雨，七月十五前后，省长来我们村视察灾情，九七年七月三十，泥石流冲了十八盘的石条子。马蹄峪那边的公路，黄溪河那边的公路，悬空了，上不去货。路南里没有面（粉）怎么治啊？南天门经理时贞海，那时候不孬，支援下，支援么？没面了，这里有，上山上来挑，扛着扁担上南天门去挑一挑子面去，不犯愁啊！挑子装上两袋子面，顺着南天门往下走。一些游客问我为什么面从山上往下挑，我说是发货发错了。只能这么说，发货发错了。游客说，哎哟，这么粗心吗？呵呵，他意思是，要是发错了给别人不行吗？还值当再挑下去？

问：为什么挑下去？

答：不是下头路坏了吗？借他的面使，到时候再给他两个钱，呵呵。

问：在朝阳洞干到哪一年？

答：干到九九年。

问：挑山工，挑了多少年？

答：哎，挑了前前后后得十二年。待了十二年，从红门到玉皇顶，没有不认识我的，我上朝阳洞做买卖，包买卖的工夫，他们就说：这个人是个老挑山工了，他怎么还包了买卖？你看，他们还对我都有很深的印象。

问：挑山这个活，你干到什么时候？

答：干到，从朝阳洞下山，那是间断了吧，不做买卖了。家来拾个三挑子两挑子的柴火，这都无所谓了，但是你到现在不犯愁，扛起扁担来就走，呵呵。老百姓，这就是个本啊！

问：基本上算是童子功啊。

答：呵呵。

问：那时候积攒下两个钱来吗？

答：那时候也积攒下了，我常记得这一年是七三年过春节，拾柴火，攒下了两地排车柴火，去卖柴火去，今天卖一地排车，明天卖一地排车，这一车能卖多少钱呢？能卖到二十七块来钱，连续卖了两趟柴火，攒了是四十八块钱么，上酒厂打酒去，过年么不是，割了三斤来肉，七毛三一斤，打来了三斤酒，绿棒子，有点印象吗？这一棒子酒，三斤七八两肉，三十八斤麦子，还买了个收音机过的年。收音机安上电池放地排车上，拉着地排车，收音机说着话，很知足。过了年，收音机一开，很喜庆啊，你看多好，那时候欲望不高，就是能混成这样就不错了，很知足。后来买自行车，金鹿自行车，那时候计划经济，没法捣鼓，买不着啊，托人转面子买了个泰山牌自行车，从买来也没出多大力，这都是挑山挑来的钱。

问：这是大件啊。

答：这是大件，硬件。

问：你说金鹿车那时候多少钱？一百五？

答：要花一百五十七块多，一个（自行车）票能值一百，总共得二百五六十。

问：你像你挑这一挑子柴火得多沉？

答：从花园往这挑，家来过过秤，是一百二十来斤。最壮的一个人——这个人死了两三年了——姓高，他家是范家庄的，一次他在半路上实际真也挑不动了，卸了够多少呢，三分之一挑子，家来过了过还有一百七十斤。（插话：我听说有挑二百多斤的。）这个劲头啊，他说：大哥，你这两挑子

顶我这一挑子。凭力气吃饭，谁的力气大，谁挣的钱多，是吧？呵呵。

平时挑山赚点钱，买烤鱼子吃，青年路东东风饭店（东方红饭店），这边有蔬菜店，买烤鱼子，一百斤柴火能换多少呢？十斤烤鱼子，吃去吧，但是谁割舍得？也就是买上一块钱的烤鱼子，一块钱三斤多沉啊，三毛多一斤。是吧？南门（十二连桥），就是咱现在南湖这边的老蔬菜店，藕，老百姓谁割舍得买成枝的藕啊？藕头子，削得一块一块的，洗巴洗巴，过年煮藕吃。六月的烂韭菜，一毛钱一堆，放地排子拉家来，包包子吃，炒韭菜吃，就很知足。

（插话：我还见过一分钱一堆的，就在遥参亭边上。）

问：做生意那几年攒两个钱来吗？

答：这个，微不足道，呵呵。农村，老百姓，就是年吃年穿的日子，现在咱那果农也不挣钱了，有一年，栗子能卖六块来钱一斤，很知足，我一年能收三百斤栗子，三六一千八，见大钱了，觉得很知足。这两年，栗子也不值钱，核桃也不值钱，核桃都让松鼠吃没了，老百姓想富挺难的。

孙殿峰，男，1956年出生，汉族，农民，高中，泰安市泰山区大津口乡沙岭村。

采访孙殿峰

采访时间：2016年8月16日

问：您贵姓？

答：我姓孙。

问：你们孙家和藕池的都宗起来（接续家谱）了是吧？

答：都宗起来了，大津口姓孙的，把（从）藕池搬过来的。

问：咱今天来干么呢？请你来说说干挑山工的经历，把你亲身经历的给咱说说，想到哪里说哪里，想怎么说怎么说。

答：行。

103

问：你从哪一年开始干挑山工的？

答：那时候三块钱就开始干，一百斤。

问：你哪一年的？

答：我五六年的。

问：从哪年开始干？上学上到什么时候？上到初中？

答：我上到高中。

问：毕业就开始担？

答：那时候上着学就担，暑假，秋假，那时候放秋假，也放麦假，反正干点活，混点钱。那时候楞苦。改革开放以后就担的贵点了。原来挑山工（工钱）楞贱。一改革开放，往五（招待）所、三（招待）所担沙，担水泥，这时候就十来块钱了。原来楞贱。

问：给五所干活的时候多少钱？

答：十二块钱一百斤，一天一担，回来晌午，早上老早走，半天活。

问：没这么多钱吧，那时候。哪一年？

答：给五所担啊？十二块啊，我记不清哪一年了。

问：最早给五所担是三块吧。

答：那是头一次建设。我说的改革开放（那会儿），尽（最）末了就不用挑山工了，（改）用索道往上运了，挑山工很少了。

问：高中毕业？在哪上的？

答：麻塔十七中。

问：哪一年毕业的？

答：七六年。七六年七月六号，那天正好朱德去世，我记得楞清楚。

问：那时候还是两年高中？

答：三年，三年高中。

问：前后干这个活干了多少年？

答：打那毕业就干活，一直到这。

问：我说挑山工，挑山。

答：挑山，就是光夏天，他搞建设你就给他挑，季节性的。他不搞了你就没得挑了。连电台上挑石子都是俺们挑上去的。

问：也是从十几岁开始挑？

答：那时候上学，放了暑假，放了秋假就没事（就挑）。

问：也就是说，从初中就开始挑？

答：嗯，从初中就开始挑。

问：那时候挑多少？

答：挑四五十斤，三四十斤，跟哒着大人，那时候小，不敢多挑，大人去就在后面跟哒着，挑哒着，和跟着玩似的。

问：最多挑多少？

答：我就挑到一百一十来斤，末了改革开放以后。那时候正在好时候，三十来岁。

问：现在还干吗？

答：现在不干了。

问：不干了多少年了？

答：不干了十来年了。我这六十了，五十来岁还担呢。

问：现在干吗？

答：现在在家里。

问：打工吗？

答：嗯，给他们打打工，没事，就在家里闲着。

问：你有苗圃什么的吗？

答：就是分的地都栽上树了，就是松树、五角枫、樱花。

问：这几年景观树行情行吗？

答：行情不怪好，能卖出去，贱点。头几年好。打年什（去年）往这不大行，行情不好。

问：去年收入多少钱？

答：去年收入稀松。

问：几万块钱？

答：万数块钱。

问：其他的呢？

答：其他哪有？

问：你家几口人？

答：五口人。

问：光你收入万把块钱？

答：昂，光我自己在家里。那个都在外面呢，孩子没在家。

问：你算算，你整个家庭去年收入多少钱？

答：万数块钱，年什连（去年）给农场里护林、防火，旁的没得干。

问：给林场干活每个月两千来块钱？

答：嗯，两千来块钱，其他没什么说法，打工也没什么活。

问：从五十岁就不干了？

答：从五十岁以后就不大干重活了，孩子没在家，在沈阳了，在中国科学院。

问：孩子哪里毕业的？

答：大学是农大毕业的。山东农大。

问：学什么专业的？

答：他是搞生态。

问：又读的研究生？

答：现在博士了，博士毕业了。

问：博士在哪读的？

答：在北京。中国农科院。

问：你像咱这种孩子，村里多吧？具备大学以上学历的孩子多吧？

答：不算多。

问：读了博士的就更少了，我觉得在大津口也不多。也就有个三五个的。他现在在什么地方工作？

答：在沈阳，中国科学院。他在那就业了。

问：中科院沈阳分院？

答：嗯，中科院生态研究所。

问：他给你钱吧？

答：不给我钱，我花不着他的，混混尽够花的。

问：每年春节回来吧？

答：回来，年什过年回来了，轻自（易）不回来，楞忙。

问：有小孩了吗？

答：有小孩了，三岁多了，娘们（老伴）在那看孩子了。光我自己在家里，我自己在家楞自由。愿干就干不愿干拉倒。

问：一直读到博士，上完这些学，你花了多少钱？供他上学？

答：上高中厉害，在（泰安）一中上的，那时候没处混钱去，在家下力，成天在山上抬架子。不抬架子就干挑山工。

问：你靠挑山供起一个博士，你了不得，不得了，贡献大了。跟着陈广武抬过大架吗？

答：抬过，连着好几年。

问：前前后后干了多少年？

答：干了三年吧？抬架子，光抬架子。抽空就干挑山工，旁的没事。

问：挑山你主要是走哪个路？

答：我就走后山，再就是中天门，走前山。

问：就是走天井湾？

答：嗯，后山就是走天井湾，前山是中天门往上挑，从那个窝间。

问：张玉胜同志这个国家干部他才供了个博士。（张玉胜插话：哪里？才供了个研究生呢。）你的贡献不得了。（他上大学）跟你高中毕业有关系吗？

答：我那时候高中毕业白搭，那时候推荐的，又不是考分。学校里和大队书记（推荐选拔），那时候不兴考试。

问：你别说，你教育孩子还就是有一套来。

答：他就是楞听话。

问：儿媳妇哪里的？

答：东营的，东营市的，她是研究生，也是农大毕业的，他们同学，不一个班，她是搞园林的。

问：那挺好的，行。没困难了，再加上身体很好，自己干点赚点。

答：嗯，呵呵。

问：咱今天谈得都很好，我听了非常感动。泰山因为你们的辛勤劳动，才会被建设得这么好。谢谢你们，谢谢了！

答：很好，我们都是如实说的。俺也感谢领导，让我们来接受你们的采访，我们也感到很荣幸啊。哈哈。

孙义富，男，1965年出生，汉族，农民，初中，泰安市泰山区大津口乡沙岭村。

采访孙义富

采访时间：2016年9月7日

问：请坐。你们这些服装都统一的吗？

答：没统一，各人从家拿来吧，昂。

问：在这里干了多长时间了？

答：我干了得十六七年了吧。

问：一直在这干吗？

答：一直跟着货场干。

问：几天回家一次？

答：这个不一定。活多了呢，就山上待一天，活少了呢，就家走（回家）待一天，忙活忙活家里。这样来回掺和着。

问：家里几口人？

答：三口。

问：一个孩子？

答：一个闺女。

问：你多大年纪？

答：我今年五十一。

问：不像，看着像四十来岁。

答：呵呵，我今年五十一了。

问：孩子多大了？

答：孩子今年是二十。

问：上大学？在哪上？

答：上大学，在广州华南理工大学。

问：华南理工？那考得很好啊。

答：行吧，没问她。

问：学的什么专业？

答：服装吧。年什去的，今年是大二。

问：家里现在经济条件怎么样？

答：行啊，在这里混点，家里混点，两下里一掺和。

问：在这里挣多少钱？

答：二百来块钱。

问：一天二百来块钱，一年五六万块钱？

答：靠不住啊，四万来块钱，三万块钱这一呼啦（范围），活好了就多混点，活孬了呢？有时候当不住（说不定）没大有活。

问：供这个学生得多少钱？

答：光俺这个闺女，一年得小四万吧？在那里学费一年是一万五，再吃，得一万多。

问：一年四万块钱？

答：接近四万块钱吧，那窝里经济，吃么么贵，那无所谓了，反正一个孩子。咱没别的本事，下得力，混点钱。

问：你对象在家里？

答：在家里。

问：忙活忙活这些果木？

答：这阵栗子要打了，栗子行，核桃打好几遍药，不大打了。这东西做（干）么呢，它一油……

问：一什么？

答：油（腐烂病）啊，就和虫子似的，它发黑，一不打药就烂，它招虫。咱说实在的也没空在那（盯着）。

问：今年能收多少栗子？

答：咱没说大话，反正能弄五六百斤栗子。

问：五六百斤栗子，我听说才四五块钱一斤？

答：刚开头，价格就下来了。

问：还低于这个价格？过两天？

答：过两天，大唪（pen，集中）子收了，都打了最多也就三块来钱（一斤）。

问：干了十六七年了？

答：干了十六七年了。

问：你长年在这里干？干了这些年了有什

么感想?

答：咱拉么呢？什么感想？还是那句话：白搭啊，下点实力，养家糊口，是吧？

问：这两天干的么？

答：这两天你看，运山上的百货，干完了百货，山上修水池，给这些水池运点沙子、水泥。

问：现在建防火水池，你们也挑？

答：昂，你像神憩宾馆这些百货上完了，挑完了没百货了，就帮点忙，咱拉个实在的，这栗子都熟了，一走，都收秋了。

问：现在还能挑多少？

答：这个没法拉，为什么呢，下盘（道）他们都捌（lie，在这里当"挑"讲，下同）到一百八九、二百。你上盘（道）不行，走得慢，沉的吧，挑到一百四十来斤，轻的一百来斤。

问：还是按斤两付报酬？

答：嗯，按斤两。没斤两也不中用啊，咱就是干的斤两的活。

问：挑一百八十斤这个能赚多少钱？

答：一百八十来斤三十六块钱。

问：一天能挑多少趟？

答：嚯，那窝远，一天挑六七趟。

问：咱这现在这里有多少人？

答：俺这一伙现在有十来个人，十四五个人。

问：固定在这里干？

答：怎么说呢，也没法固定。有时候吧，咱说实在的，人家没活了，就不干了。有活了就多上两个。

问：一年能干二百天吗？

答：昂，二百天，好了。咱说实在的，这活吧，重点是累，你要在这靠吧，靠上一个月顶到天二十天活，甚至有十八九天的。

问：早晨饭怎么吃？

答：自己做，下点面条，炒点菜。从宾馆打个电话就给送点，呵呵。

问：中午饭也是自己做？

答：一天三顿饭都是自己做。

问：晚上喝个酒吧？

答：晚上他们喝。

问：你不喝吗？

答：我戒了四五年了。

问：因为什么戒的？

答：有点小毛病，还有点慢性胃炎。

问：解乏喝点酒。

答：昂，他们喝点酒解乏。乔使得慌，说个实在的，干一天活，喝上点，解解乏。

问：你这个大的项目（抬大架）参与过吗？参与过几次？

答：大件，去年我参与来。去年有616

（电视转播台）变压器，接近八十口子人吧。

问：人是谁组织的？

答：人是我组织的。这里李总打了个电话，说有个大件，反正两三千斤，你看能治（干）了吧？我说行啊。

问：技术含量高吗？运的时候。

答：运的时候很好，平平安安到达了616电台。

问：运的时候有什么技巧吗？

答：有啊，先扎上架子，这么两根大顺，反正接近三四米长，上来再绑上两根由子，大顺上，它绑完了再把变压器放顶上，再使上倒链，用倒链拉住它，你不拉住它可了不得。这样能保证安全。完了事再加上二顺、三顺，才能装上，二由子三由子。

问：这样用了八十多人，大概八十几，有数吗？

答：大概八十三口子人吧。

问：从哪里到哪里？

答：从货站到616电台，大塔底下。

问：这个路程有多远？

答：一里来路吧。

问：用了多长时间？三个小时？

答：没使上三个小时，两个来小时。货索运到这里。

问：这活抬到地方，给了多少钱？

答：咱说实在的，钱不钱的，二百来块钱吧。

问：一个人二百来块钱？

答：嗯，就这么个数。

问：这架子也是你扎的？

答：哎。弄不安全了不得，了不得。咱说实在的，葬（伤害）了人，干活不干活先放一边，安安全全的。扎起架子么了以后，人再使手碰碰，颤颤，你不颤悠，要是上了肩，绳子砰的声断了也了不得。这么咱是说这也是个经验吧。原来跟着陈广武、老韩他们也是学啊。

问：你这也算跟着陈广武学了手艺了。

答：呵呵，也算是吧。再就是绑架子，一个姓高的，高兴发啊。跟哒着他们吧，抬这些架子，（时间）长了吧（就会了）。

问：有什么诀窍吗？

答：大活吧，咱说实在的，有几回（干过），那个放一边，重点还是安全。干个活真是怵头皮啊，七八十个人围着一个么，遇到过不去的窝，很危险。

问：这个变压器有多重？

答：有个一吨一二吧，两千多，两千多斤，再加上大顺么的，绑起来三千来斤。

问：咱用了七八十人，估计落到每个人肩

上的重量有多少？

答： 抬大件，每个人只能达到（承重）六十多斤，多了不能。他为什么说呢？这个大顺绑起来他是一个整体，大家一起用力，力气小的那种能达到三百斤了，这个人驮不住。必须大件（每人平均）不能超过六十斤，五十斤。二百来斤这两三步咬咬牙就撑过去，时间长了就了不得了。

问： 你才开始干的时候是九十年代吧？

答： 才上来干时？才上来干时，也是在这个货站上，都跟着陈广武，陈广武他那个儿，七八个人，十来个人，这可

以说两头踩着五年了。离不了这么一帮子人。

问： 这十几年有什么记忆很深的事吗？

答： 基本上，这些记忆的事没大有么。

问： 干活完了，业余时间有什么爱好吗？

答： 咱说实在的，爱好呢，在这里条件不大行，是吧？吃巴饱了，愿意坐一霎坐一霎，不愿坐歇着。咱说实在的，跑一天到下午，这个腿就不愿挪窝，咱说实在的。

问： 过年过节的都能回家吗？

答： 回去，这窝很近，从这窝下去。

问： 有时候过年过节还是正常回去？

泰山挑山工运送电视转播器材

111

答：嗯，正常。过了年货索就开了，上的百货还不少，接了人的活了就得给人送门头去。

问：现在这十几个人都是你组织的？

答：是，今天走了他两个，家里给打电话，栗子都熟了。

问：他们家都是哪里的？

答：沙岭和下港的。

问：你说得很好。

答：不管怎么着，是吧，在泰山上混，离了一伙子人也不行。上了货就得给人送到，送到各个窝的门口，是吧。

问：我觉得收入还行，你像抬这个大架子，两个来小时，一个人能拿到二百来块钱，也不错了。当然，你还有绑架子这个过程，是吧？

答：嗯，过程，还得买这些工具，木头也得现买，铁丝啦，还有拉绳啦……

问：他得先拴两根大的，这叫顺子？

答：嗯，两根大顺。

问：然后再在上面加横的，横的叫么？

答：二由子，把它固定好了以后放在当中间的，这样变压器吧，再放上，再把它放顶上。为什么放顶上，这个顺杠不是长吗，你一么（阵）以后上盘路它搁盘，拉不动它。这么个情况。再说你短了这个大顺，接不上，两根得四米多长。

问：四米多长？

答：这个以后绑起来，才能着（zhao，容得下）开人了。

问：这个由子一共得绑多少？

答：反正大由子顶上二由子，掉不下来。

问：八十个人四十根杠子？

答：两人一根，你么（抬起来）了以后有拉纤的，你没有拉纤的，这人抬了以后走不动。原因就在这窝。

[孙义富补充]

（话外：抬人的事老孙抬过，叫他来再说说。）

问：（孙义富）你干这么大的事也不说说？说说这个经历。

答：不就是抬个人嘛，你像这些游客，头两天抬的那俩，（摔）到了山坡下面，从山上红十字会（抢救），下来以后抢救无效。从山上，特殊呱咱也不该拉，人都死了。景区领导打个电话，看看给抬下去，在这窝下去了俺六个，给找了两块塑料布包了包，用绳子系巴系巴，抬到中天门，120就在底下等着，给他装上车。

问：给钱吗？

答： 有时给点钱，有时也不给，给不给的呗，咱说实在的，是吧，这种钱，看看心里乔不得劲，尽着他们赏个百儿八十的。这种事本来人家主家，陪着上山的，包括来的家属，本来心里就不得劲，钱不钱的，咱也不能，是吧，咱也尽力而为是吧，在山上咱就尽量地做到自己的本分。

问： 最后这一次是什么时间？

答： 四月份？五月份？四月份，我记得是。

问： 哪里的游客？

答： 这个游客嘛，说实在的，咱不能问人家。据说五月二号在白云亭那里出的事，五月五号到了悬崖下边一看……拿去个塑料布包，找了个编织袋装着

他，乔味啊。你寻思，二号死的到五号，天热，也亏了山上凉快点。在山上影响太不好了，走过去这个味也受不了，反正就是这么个事。

问： 这都是好事，积德行善。

答： 是啊，看看，这种事咱抬人，心里反正不大痛快，那么个大活人，上来稀好的，到半路上"腾"的声，拽那里就完了。那一回还有一个，隔了一天，他俩，都在那窝。

问： 不小心摔下去还是故意跳的？

答： 不是跳的，得了急症候，上来以后，正走着路，躺那里就完了。爬那个台，心里一扑腾，一累，是吧，就这些。

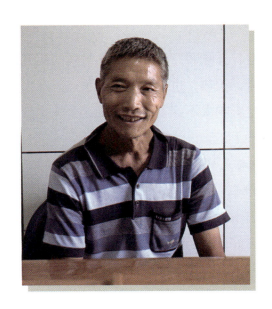

周庆水，男，1957年出生，汉族，农民，初中，泰安市泰山区大津口乡沙岭村。

采访周庆水

采访时间：2016年9月7日

问：你贵姓？

答：我姓周啊，我叫周庆水。

问：哪个庄的？

答：我是沙岭，大津口乡的，沙岭村。

问：多旦上来的？

答：我这次回家上来了五六天了。不大离（差不多，经常）就回家，十来天，二十来天就回家一趟。

问：噢，这一趟上来五六天了？

答：嗯，来了五六天了，经常回家。

问：干了多长时间了？多少年？

答：我干了三十多年了。

问：五十岁了吧？

答：六十了，属鸡的，五七年三月的生人。三月三的生日。

问：家里几口人？

答：四口，儿，儿媳妇。四口人。

问：儿子干吗？

答：儿子在这个泰安的农业银行，总行。在伙房里，在那给做饭，他干的厨师。今年过了年才干，以前干的饭店。就在电视台西边，有百十口子人吃饭，一个总行，农业银行总行，去年结的婚，六月里。

问：孩子哪一年的？

答：他是属马，九〇年的。

问：家里经济条件可以吧？

答：嗯，可以。

问：和周围比算条件比较好的？

答：和他们比比不了，就指着劳动下力混个钱，别的没本事，主要下个力，挑个挑。

问：你算算，你四口人你去年收入能达到多少钱？

答：去年收入也没个正数。

问：你在山上，小孩在外面？

答：反正小孩有数的工资，一个月三千多块钱，猛一算算不出来，随挣着随花。攒不住钱。

问：主要是算你们老两口的收入？

答：俺的收入不多。也就是咱的果木子少点，就指着下点力，在这里干也靠不住工。

问：也得五六万块钱吧？你在这挑山，再加上果木子什么的。

答：混不上。她（老伴）也摊点煎饼，也卖点煎饼。四五万块钱吧也就是。

问：四五万块钱也就不用跟孩子要钱啊，是吧？

答：昂。

问：他挣了自己花？

答：他也帮忙家里，盖屋，结婚。

问：两个宅子？

答：一个宅子。前年才翻盖了屋。

问：你在哪里住？

答：我这窝楞好找，就在大津口乡上北，有一个石料厂，我就在石料厂旁边。在路西。我这窝就是上沙岭拐弯的地方。前面那个院就是我的。

问：你是什么村？

答：归沙岭村。

问：盖的什么样的房子？

答：起脊的，见厦子的，有厦子。盖好的盖不起啊。

问：一共花了多少钱，这个宅子？

答：一共花了十来万吧，连装修十四五万。

问：装修装得好吧？

答：装修也算可以，嗯，装修花了四五万。前年装修的，（儿子）去年结的婚。

问：儿媳妇干吗？

答：儿媳妇她这上班，在保险公司。这也是才干，上班有一两个月吧。

问：就一个儿啊？

答：就一个儿，四口人。

问：现在还能挑多少？

答：现在也就是百十斤吧。多了挑不上。

问：有些百货这个还按斤两吗？

答：昂。反正是这个百货，我是长年不大离地干，家去待个五六天，歇歇，回来再干。家里也有活，得周治（整治）周治家里。

问：我觉得像挑沙子这种很累的活也不多是吧？

答：挑沙子？也不轻快。

问：现在一年下来主要是（挑）百货？

答：嗯，挑百货多。

问：咱要是挑蔬菜还得给咱按斤两（算钱）？

答：也得按斤两，到上面都过称，一斤是一斤。百货麻烦，神憩宾馆里的，菜净乱七八糟的菜。

问：我刚才听说咱一天三顿都在上面吃？一日三餐集体开伙？

答：对，俺集体做饭。

问：一天得花多少钱，生活费？

答：生活费，也没什么，就是熬点这个地蛋（土豆）、茄子什么的，别的没什么好吃的。反正是，喝面条，下点面条喝。

问：一天二十块钱？

答：用不上，有时候二十来块钱，有时候集体上菜，喝点酒。

问：你能喝多少？

答：喝不多，喝二两来酒。

问：祛祛寒就行。

答：嗯，在这里一般受潮湿，一拉（起）雾受潮湿。

问：你什么文化程度？

答：我是初中，初中毕业。现在都这个么了，一些字都忘了，说个话都不会说。呵呵，也是你们原谅点，不会说。

问：不客气。加入他这一伙多长时间了？

答：一直，够十好几年了，不是一个老板干的。原来的老板在这窝不是没了嘛，去世了。现在刚才在这坐着那个，俺跟他干了五六年了。

问：现在就是刚才那个老孙是头是吧？

答：嗯，俺跟他干了五六年了。

问：他在这当头，也提点操心费，是吧？

答：他提点利润、操心费不达（等等、什么）的。我就从望府山一开始修索道开始干。

问：那是八二年？八一年？

答：以前吧，以前就干过，没修索道以前我就干过。

问：从下面往上挑？

答：从红门，从后山，都干过。我从二十多岁就开始干上了。

问：干了三十年了？

答：嗯，可是，三十多年了。

问：你现在挑上百十斤还行吧？都六十岁的人了。

答：还可以。

问：你像你这伙有年龄更大的吗？

答：俺这伙，就是俺这伙年龄没有很大的。

问：还有比你年龄大的吗？

答：也就是我最大了。

问：应该也就是你了，六十了，了不得了。

答：就是我这一伙我是年龄最大的，他们那个别的单位上我知不道。

问：觉得还能干多少年？

答：继续干吧，身体不这不那的就继续干。

问：有没有遇到什么大事，让你记忆比较深刻的事？

答：嗯，都行啊。

问：参加过哪几个大活？抬大盘什么的你都抬来吗？

答：沿着大索道，南天门索道抬大盘我都抬来，都抬过。

问：你拉拉这个经历？

答：你像蓝子（拦住）山、（索道）二号支架、帽沿山，我都抬过。架子，都抬过。都干过。

问：那时候跟陈广武干？

答：嗯，那时候是陈广武。以前一开始在朝阳洞，在通天桥，在那里住着。

问：抬那些大件的时候，当时一个件上百人，好几十人（抬），你负责在里面干么？

答：我也是抻肩抬，有指挥的，有帮忙的，那时候……

问：指挥的怎么指挥？

答：哪窝又不好走了，赶紧地说停就停住不能走了，谁要是不听话，得训他，教训他。

问：他不听话做么呢？他能偷懒吗？

答：要是干这个活都楞听话。一个人一根杠子，都在膀子上，都得使劲，他不敢不使劲，都得使劲。这个活是个危险活。

问：对。他得掌握这个平衡什么的，你觉得

　　　　这个最主要的技术在哪里，抬大架？

答：咱没技术，咱就是下力，什么技术？

问：技术就是组织者，绑大架的那些（会）？

答：他们找那些绑大架的，专门懂得的。

问：你能干这个事吗？

答：也能，那个么。反正这么多人有会绑的。

问：你反正得掌握尺寸。

答：对，绑完了得试试。

问：现在绑的那个绳子用的什么，还是用苘绳？

答：不用那个，都是用钢丝、铁丝。

问：噢，都是用铁丝。

答：大木头，这么粗的槐木，使这个大顺杆，杠子得使那个槐木杠子。

问：我以为是用麻绳苘绳来，都是用钢丝铁丝。

答：嗯，不用那个，那些都不结实。我不会说，多原谅。

问：不客气。这几十年当中，遇到一些事，比如做好事、应急难险的事等，有什么让你记忆比较深刻的吗？

答：想不起来。

问：受过伤吗？

答：也受过伤。

问：严重吗？

答：一开始修索道时崴过脚脖子，有时候脚趾头把脚指甲盖抾（qu，揭掉）了去，挨了好几回葬了，受过小伤倒是没什么大事。干这么也得个人注意，也得精心、小心。

问：你和陈广武是当庄？

答：对啊，俺是一个村，他是五组，俺是三组，嗯。

问：在那个小水库边上。

答：对，你去过？一个水库里面，小水库。

问：两年没见他了，身体还行吧？

答：身体还行，还不孬。

问：上次去的时候，他吃药还是他老伴吃药，熬了一大锅。

答：昂。

问：老周你可以拉拉救人、抬人、做好事，这些事有吗？

答：他们干，我没干。

问：你知道的事，谁干的你说说？

答：这些么我都没干，我找不上。

问：你亲自见到的、听到的、经历到的这些事你说说。

答：听说的我也不会讲，讲不出来，我没干反正是。碰上这种事能干一定得干，只要赶上，你就得干，救人要紧，人都是这样，再怎么治（着）也得干，救人如救火。咱碰到这种事，人家也是救咱。

问：你信教吗？

答：不信教，就是在老奶奶跟前，有空没事磕个头去。

问：什么时候去？

答：待上一段时间，看看没大有事了，有闲空，就去（碧霞祠）。

问：就信老奶奶？

答：嗯，农村人就信这个。

问：你们村姓周的多吗？周是大姓，姓周的，（还有）姓吴的、姓陈的。

答：姓周的、姓陈的，吴、张、孙。俺这窝姓周的就是俺自己，俺哥哥，就两家。

问：你从哪里搬来的？

答：俺老家是麻塔南那窝。

问：老人那时候就过来（落户）了？

答：嗯，老人那时候就过来了，俺父亲那时候。俺那时候小，不记事。

问：到你儿子这一代得过了三四代人了？

答：嗯，对。老爷爷奶奶都在老家，那个林，老林，麻塔南。

问：回去上过坟吗？

答：没介，在这里上坟的工夫一齐数量数量，念叨念叨，给他点（纸钱）。没时间去。十多里路，一般有公事俺就去，红白公事，这里有事，（老家的人）也来。

问：续过谱吗？家谱。

答：再往下从俺这一辈，庆字辈，再往下敏字辈，再往下广字辈。（然后是）周长么了周光么，再很往下得上老家去那个么（查）去。

问：行，说得很好，非常感谢您。

答：俺也不会说，说多说少的。

问：不客气，谢谢。

[周庆水补充]

（话外：老周，拾钱那个事。）

问：这么好的个事怎么不说呢？说说经过。

答：天街装修，在那个牌坊根里，拾了一个黑钱夹子，里面有一沓子钱，俺也没看多少，有老年证，俺就上派出所了，给派出所送去了。

问：这个厚度怎么也得一万块钱，几千块钱？

答：知不道多少，也就几千块钱，多了不准，接着俺就上派出所了。俺们两个，那个不在，我拾起来吧，送派出所去。

问：直接没犹豫，心里也没什么想法是吧？

答：没有，人家掉了证件，急得慌，得
　　找找。

问：派出所怎么处理的？

答：那咱就不知道了。

问：找到这个失主了吗？

答：不知道，交给他俺就不管了。反正交
　　派出所了。

问：还有这种事吗？

答：别的没有。就在天街牌坊根里，看看
　　没人拾，俺拾起来，没大有人，也没
　　寻思里面有钱。

问：这是哪一年的事？

答：前年，这个饭店装修那时候。别的没
　　拾着。

张悟和，男，1975年
出生，汉族，农民，初中，
泰安市泰山区下港村。

采访张悟和

采访时间：2016年9月7日

（话外：来年轻的了。）

问：年轻的也不年轻啊。

答：数着了。

问：够四十了吗？

答：四十一了。

问：干了多少年了？

答：干了五六年了。

问：以前干吗呢？

答：以前干建筑。

问：哪个村的？

答：下港（jiang）的。

问：哪个名？

答：张悟和。

问：四十一岁算年轻的？

答：年轻的人家不干，这活忒累啊。

问：不干的原因主要是太累？

答：主要是忒累啊，咱不是条件不行嘛，没有钱，你不得混点？别的本事咱没有，下个力混点钱。

问：这一趟上来几天了？

答：上来十天了吧。

问：家里几口人？

答：六口。

问：都是什么人啊？

答：我是个养老女婿，入赘，倒插门。上女方家去，岳父岳母，两个孩子。

问：挺好、挺好。上门到的下港？

答：我是下港乡，往北三十里地，基本上到了历城地了。搭界。

问：对象哪的？

答：俺是基本上一个村。

问：岳父岳母对你好吧？

答：不孬。

问：两个孩子一个小子一个姑娘？

答：两个闺女。

问：孩子多大了？

答：大的十五了，小的八岁。

问：大的上初中了？

答：上初三了。

问：当时想要个男孩来？

答：哪？男女都一样，呵呵。咱这本事的，要男孩咱也供养不起啊，来么算么呗。

问：谁养女孩谁有福气。你这个现在干一年能收入多少钱？

答：收入个两万多块钱，也不经常在这里。

问：一个月能干多少天？

答：干也就一二十天，差不多。我家里果木特别多，人口多，地多，靠不住干，家里有活呢就家去忙活，收秋了，光俺和俺对象（干活），岳父和岳母，岳母不能说话，残疾；岳父也是腿脚不灵，没法干活，光俺和俺对象干，忙不过来。

问：主要经济来源是什么？

答：主要来源就是打工（挑山），家里有点核桃、栗子也供不给（过来），白搭。小打小闹吧，闹个万儿八千的在家里。

问：你在这能弄两万来块钱，回家果木弄一万块钱？

答：也就这么个数吧，将够用，够用就不孬。

问：还得赡养两个老人？

答：他自理不了啊，吃饭你喊他，俺岳父

八十多岁了，不能干了，从六十多就关节炎，风湿性的，治不好。

问：你收入还不如那些老同志（挑山工）呢，人家还一年四五万呢。

答：靠不住啊。

问：上次有救人的事你参与了吗？抬人，有摔伤的那个。

答：抬过，反正就是两三个月了吧。

问：你说说这个经历。

答：过程怎么个拉法？就是正干着活，也记不清什么日子，就是人摔伤了，咱就说是去给人家帮帮忙抬过来。就这么点事。

问：给咱钱了吗？

答：多少给点辛苦费。

问：送到医院了吗？

答：抬到索道上咱就不管了。

问：你是发现了从山顶抬到索道上这一段？原来有好多从盘道上直接抬到中天门去的。

答：那个有，现在有索道了，抬到索道人家就拉着走。

问：咱也不管正干着活，撂下挑子就走？

答：嗯，反正这事，救死扶伤，谁遇上都得干。

问：还有比你年轻的吗？你这一伙。

答：没有了，我就属着最年轻的了，他们不大离的都四十八九，五十来岁。

问：年轻的他还有干的吗？

答：年轻的不大离的他干轻快的，谁还干这个，累。再往后这些老的，六十多岁的，也就再干上一两年也就不干了。

问：你最多挑多少？

答：我最多挑一百六七吧，上下去行，上上去也就挑一百二三。上上去力气向上盘使劲，向下去差点。

问：反正一天两百来块钱。

答：嗯，两百来块钱。

问：好了呢？多了有多少钱？

答：多了不大好说，还有平常赶着一天百十块钱，没大有活，停车停得早，干一头晌午活，下午歇着。活多了还有干不完的时候，就多挣点，平均两百来块钱吧。

问：一年干两百来天，四五万块钱。

答：我这情况不行，和他们不一个样。

问：你这个盯不住就是回家照顾老人去？

答：嗯，家里老人小孩子都需要照顾，家里的地也不能舍了它。

问：实际上你弄那地还不如这里挣得多来，就是不能舍了？

答：嗯，不能舍了，等老了也不能干这个了，家里的地管理好了，等六十多岁不能干了，在家管理点地、种点树不就拉倒嘛。

问：种粮食的那些地是吧？

答：山上的栗子、核桃，也有种粮食的地。

问：粮田有多少？

答：粮田就在河边上，不多了，也就亩数地。都栽成树了。

问：你卖过苗子吗？

答：原来卖过，这两年不景气了，也就不捣鼓了。

问：你弄过石头、卖过石头吗？

答：俺那窝没有石头，石头白搭，不值钱。（插话：他那边的石头没有花纹。）嗯，没有奇石，从上港向北，就没有这种石头了。就是上港向下这些河里有奇石，俺那窝没有。

问：业余时间有什么小爱好吗？

答：爱好哪有啊，吃巴饱了，就使得这个样了，就睡觉了，哪有什么爱好？

问：人家都是唱个歌什么的。

答：俺五音不全啊，呵呵。

问：喝点吧？

答：喝点，见（每）顿得喝点，使得慌，山上这潮湿太厉害。

问：中午喝吧？

答：喝，喝一碗，

问：晚上喝两碗？

答：嗯，多了不能喝，在个山上干活，危险。

问：喝酒都是个人买吗？

答：个人买啊。有时候攒个份子，买点菜。

问：过年过节的老板请请咱吧？

答：有时请请，呵呵。

问：行，你说得很好，很实在。

答：咱实话实说，呵呵。

问：谢谢你。

国丰修，男，1932年出生，汉族，农民，小学，泰安市泰山区大津口乡大津口村。

采访国丰修

采访时间：2016年10月12日

问：您老贵姓？

答：我姓国，国家的国。

问：国这个姓，附近多吧？

答：十来户吧，有两支，大津口一支，这个庄一支。我是东关人士。要不是姓朱的（同去采访的朱继亭同志）在这我都害怕，你是个什么架子（指摄像机），没见过？

问：呵呵，这是摄像机，记录咱们的谈话。听说您老人家有很多好听的故事，我们想听听。

答：什么故事？挑山工哪还有故事。

问：你今年多大年纪了？

答： 八十五岁了。

问： 八十五了？你属么的？

答： 八十五了。应该属么，属猴的。

问： 今天找你，是想请你谈谈你干挑山工的经历，你周边的那些人干挑山工的经历，你想到哪里说到哪里。想起多少来说多少。

答： 年龄大了还是净好忘事，说这里就上那去了。

问： 你从哪一年干挑山工？

答： 六四年，给泰庙里，刘建一，刘建一他媳妇她姥娘家是这里，俺俩同岁的，投着他去的，在地委大众桥下挖桥底。他们说挑山工，就投刘建一去的，有个姓安的，姓安，忘了他是安么了。

问： 是不是一根胳膊，一个转业老干部？

答： 对，据传说是中央派来的，也不知道是真是假。

问： 那时候干吗？

答： 泰庙什么也挑，瓦、石灰、砖啊，隔了一段落，有一两个月，不就又修这个么嘛，山顶上修电视台，就给他运，运了一年。挑山工没说法，拉起来就哭给你看。比方挑水泥，来大雨了，不是有席甲帽子吗？给它盖上，把褂子扒下来盖到水泥上，采访这个干吗，拉起来时候多了要哭给你看，

什么好处？扒光脊梁，里面出汗，肤皮淋着，对吧？什么说法，受的罪不少。

问： 那时候，你说的上山是？

答： 就是把（从）泰庙上山，头先在关帝庙附近住的，有个李志盈，在他家里住的。以后吧，挑子，你后晌（晚上）发的货不能给人家没了，上了西铺子，姓李，有个李大爷，去他那里住，他这窝在红门，就是踩踩脚，直接动弹。在他这窝住。三个人二顶席，一棵大槐树，就是古老的那种结槐桩蛋那种槐树，我净拉笨的，不会拉巧话子。在他家住吧，下雨他有个猪栏，他不喂猪，下雨我就上那个猪栏里去。把泰庙里有好货，人家都不叫你装。就得等早晨呵，你给人家湿了，还得有个单子，把这开了单子，上山得交上，你交不上人家不找你嘛。还有个刘殿一，都挺不错的，就在他家住，沾了李大爷的光。以后越拉越近，李大爷他媳妇小沟头的，白天给俺烧点水，回来把中天门山旮旯子里给他拾担柴火。就是到了修电视台这个靠得上。在泰庙里什么也干。后来中天门那个发电机，也是俺们给抬上去的。人家部队迎到俺来叫壶天阁。就是岳王庙，人家抬上去的。

活少吗不是，人家有个头，多了那个姓安的不愿意。什么也干，别的没什么说法。

问：那时候报酬怎么样呢？

答：报酬就是一个月交六十块钱，一天挑一百二十来斤，赶着一百三十来斤，向队里交两块钱。

问：咱个人赚多少钱？

答：个人就这一块钱，一天赚一块钱。

问：一天可以赚三块钱？

答：哎，他没这么些活。

问：交生产队两块，咱自己还可以赚一块钱？

答：担不上啊。他担动了吗？

问：当时分红是这样，三块钱交生产队两块，自己一块？买工分是吧？

答：两块钱买十分。哪有那个门啊，好几年也开不出来。别的没什么说法，挑山工还有什么事？（这几天）朱同志吧见天去，昨儿他又去了，我说这又不是电视台上，电视台上有奖，你们是哪啊，他说泰庙的，我说没有介，你再给我上电视，又这里广播那里广播，我八十多的熊老头子了，合合撒撒（形容老态）的。

问：就是想把你知道的这些经历编成书，让后一代都知道。

答：他说吧，这个姓朱的吧他说不给你上电视。我八十五快死的人了。

问：身体挺好，看你身体棒棒的。

答：我不棒棒的怎么治啊？儿媳妇脑出血，还得给儿媳妇支使。说书唱戏的，你看到过吗？哪个朝代有这个公公给儿媳妇支使的，对吧？孙子在青岛上学，一年两万来块钱学费，这个不虚吧？儿媳妇一天四块钱药费，光这一个儿子混，我光靠这一个儿子，我吃儿子也白搭。

问：几个孩子？

答：一个。

问：几个孙子？

答：一个孙子，一个孙女。别的没什么。

问：孙子混得行吧？

答：孙女行，孙子在青岛上学。

问：孙子还上学没毕业？

答：没介，才二十一。

问：孙女大？

答：孙女三十一了，孙女在泰安买的楼。

问：反正咱现在生活还是比较艰苦啊？

答：当然了，我这把子（年纪）了，我还得上坡呢，种了些苗子，四五万树苗子。

问：地里种的树苗子，收入怎么样？

答：收入好哪去了？搁住药罐子了吗（指儿媳妇吃药）？常年，这忙过来这就又给她再冲血（管）。

问：你儿子干吗？

答：在家种地。

127

问：这样算下来一年收入多少钱？

答：这一年你这样说，咱找不上，苗子要贵了四万来块钱，苗子要贱了，和今年年什的不好说。

问：主要经济来源靠这些树苗子？

答：嗯，树苗子，靠这些果木子，今年果木子不孬，栗子好，价格也好。俺闹着玩的呱，亏了谁？亏了（泰山）老奶奶。

问：对啊。

答：那可是，到了六五年就不行了，毛主席、中央下指示，（泰山）老奶奶保护起来了。

问：你一共干了几年挑山工？

答：哎呀，我从六四年腊月干到七一年，我娘死这才家来的，干么你说不干挑山工？你让我干么？

问：你还算比较早的这个挑山工。

答：对对，俺那泰庙里要不是有刘殿一，俺还上了那泰庙里去吗？干活的人有数。

问：这人干到什么时候？

答：刘殿一啊？早就死了。（插话：不知道那个姓安的还活着吗？我那个参加工作的时候，那个姓安的还干了好几年来。）你认识他啊？我说的这可不是虚的。说是中央派来的，真派来假派来的，不知道。（插话：是个干部

不假，是荣军，级别也不低。）他楞喜欢我，他怎么喜欢我呢？完了事呢他不是一根胳膊吗，完了我给他收拾收拾，水泥给他扫巴扫巴，末了我挑过去，他先给我过称，哪个都捞不着。呵呵，你不勤利利的，在人家眼中，是吧。（插话：那时候你看着是三块，他收入一块，一个月得二三十块钱是吧？）七〇年我全年（干）挑山工赚了七十多块钱，你寻思寻思，这七十块钱送给你们都不要。

问：六四年这时候"四清运动"是吧？

答：是啊，"四清运动"到最后，十月底就不让干了。

问：在岱庙干的时候，他这个"文革"动乱的时候经过了吗？

答：没介，不知道的不能拉。

问：一直干到七一年？

答：嗯，七一年最后电视塔完了，都上了后山来了。

问：除了挑山工的活，在岱庙里其他活也干吧？干过什么其他活吗？

答：没介，那个没介，没介就是没介，你说不上来不能随便拉，对吧？

问：当时能挑多少？六四年。

答：挑一百三十斤，鸡子才一分八呢，还割不舍得吃。那个省里电视塔修起来，南边还有个电视塔吧，咱县里

的，电视台收广播天气预报的，给他
抬下来。

问：那时候怎么抬？也是扎起大架？

答：搭架子，往上去是四五个拴上那个大
绳往上拉。

问：挑一百三十斤，从山下到山上得多长
时间？

答：得五六个小时。那个时候也没有表。

问：那个时候你觉得哪个地方最难走啊？
挑上担子。

答：挑上担子，回马岭一巴棍（那一段），
到开山又一巴棍，到那个，原来叫石
庙子，紧十八慢十八，到那窝，抓着
栏杆子往上去。再说就哭给你看，日
本人跑前面去给俺们照相，邮来的，
照得邪难看啊。

问：照片还有吗？

答：早没了。邪难看啊。

问：你说的是那些游客给你们照的？

答：日本人，一个妇女。咱不懂的，记
者，有好脾气的，有孬脾气的，他不
说给你，他这是干吗呢，两只手拍打
着，他说他那是胜利了，到顶了，咱
不懂啊，和你们这个似的我都明白。
记者也不一样，有的不说给，和丧
（训）二大爷似的。

问：这个路上下大雨怎么办？

答：从东西桥子淋到窝，把褂子扒下来给

水泥盖上，草帽子，过去那种草帽
子，你见过吗？给水泥盖上，那时
候人很惨，生活上没么，（吃）糠渣，
那时候掺上二所（当时泰安行署第二
招待所）里那个糠。

问：咱这一路上你上山带什么吃的？煎
饼？

答：煎饼，地瓜面子煎饼，再掺上，地瓜
秧子磨了，还甜点还好吃，那个糠
渣，二所里弄来的那个糠渣是最难吃
的，喀（霉）味。

问：我记得小时候上山，那时候都拿着煎
饼在河边蘸着水吃。

答：有菜也不愿吃，自己的咸菜，它该
是好吗？蔫悠不达（不新鲜）的，拉
过来咔嚓咔嚓（嚼）。唉，你寻思着
呢，这就哭给你看，你寻思那个时候
（抹泪）。现在享福了，上了天堂了。

问：你想那时候一天一块钱，一个鸡蛋一
分八，也很值钱了。

答：割不舍得吃啊。

问：当时你家几口人？

答：四五口子。

问：这个四五口子人靠这一块钱来维持生
活？

答：嗯，队里再分粮食，赚不上一块钱，
为什么呢？下雨不能干，家来拿干粮
不能干，家里有老的有事不能干，一

129

天赚不上一块钱。我不说，全年赚了七十块钱。干旁的没有介。和这现在的建设，那时候没有。你看现在，家外面那个桥上，妇女一天还八十块钱，整劳力一百四五，混到二百来块的也有。

问：你现在每天都上坡干活吗？都干吗？

答：现在刚刚治完山楂干子，过午再装起来，那苗子地里的草都那么厚。

问：那时候挑山工有一些好的故事，听说你的故事好多啊？

答：什么好故事啊，挑山工挑起来就走，到中天门喝上两碗水，两分钱一碗，给他四分钱。每早晨到窝将（即将）明天儿。挑山工什么故事，又没介有人，那时候有什么故事，见不着人。没有游客。毛主席那时候不兴。

问：累了有什么好方法休息吗？

答：累了跑一盼再歇歇。

问：那天采访的挑山工，他好唱着歌上，你那时候唱歌吗？

答：那时候没有。

问：你那时候人员比较少，因为咱没开放，岱庙里就那十来个人。

答：那时候岱庙里就十来个人，你进不去。

问：一个是挑点建筑材料，生活材料挑吗？

答：人家那个有专门的，俺就是给他运材料，砖、石灰、水泥啊，这些东西。

人家上面吃的那些的没咱的事。专门的。

问：七一年以后再没干？

答：七一年后，生活条件好点了，没再干。

问：你那十来个挑山工还有联系吗？

答：没有，还不可能是有没有了。就是东关的吴建成，他两个儿跟俺挑过，人家在泰庙里比俺熟，人家是当地的。

问：能叫上几个名来吧？城里的。

答：叫不上名来，年岁太多了。

问：看你的身体挺好，记忆也挺好。

答：记忆白搭。还不定想多时介，这样拉拉不出来。这窝一句那窝一句，不信问问朱同志。

问：人家朱同志说，你有很多故事啊！

答：没，没什么故事，挑山工有什么故事？没故事。没有介，不明白不能随便拉。

问：六四年你在山上还见抬轿子的吗？

答：有，很少，那时候咱中国和苏联建交，别的国家没有，很少。

问：都是些什么人？

答：哎，都是些有么的，都是混钱的，钱多的，外国人没有，延着（赶上）有。

问：当时抬轿子的都是哪里的？

答：也都是咱当地的。咱这里也有，可能是，谁混不上就去。愿意下力。

问：咱这附近有抬过山轿的吗？

答：不准有了，俺仨落了（剩下）我自个了，说也白搭了，小青年你找他他也白搭，人家都干活，挖棵树一天混到二百块钱。

问：你儿子多大年纪了？

答：儿子五十多岁了，五十三了。

问：也在外面打工？

答：你不没办法。

问：打工混到多少钱？四五万块钱可以吧？

答：也有事啊，一家子人家，孩生日娘满月的，靠不住干。

问：你这种家庭，在农村里人情事事得多少钱？

答：原来几块钱，现在最低最低的是二百，红白喜事，弄上十符（次），你混这个两三千块钱可不容易。再有亲戚，至亲。喝酒来么个的。

问：你喝点酒吧？

答：不喝了，以前喝，挑山的时候喝四两也行，半斤也行。

问：那时候喝什么牌子的？

答：三斤地瓜干换一斤酒。

问：噢，换的。三斤地瓜干多少钱？

答：二毛七。

问：现在因为什么不喝了？

答：现在你喝你没这个收入。你钱哪来呢？

问：现在连喝酒的钱都没有？酒也喝不上？

答：我问儿要，还有个病号，还有上学的。

问：你们这个老人，国家不是有点补助吗？

答：现在是点么（什么）没有，人家九月九都给点，俺点么没有。

问：国家有给老人的钱啊，超过六十岁。

答：原来五十五、六十五、八十五，现在成了一百了。

问：这个医疗保险、大病保险都给保了是吧？

答：没介。

问：现在这个应该都有啊？

答：咱知道？

问：儿媳妇这种病都可以报一部分？

答：有合作医疗。合作医疗每年都得拿钱。你像我有病秧子，就只允许你用你的身份证。别人，俺儿不大生病，俺孙子不在家，他那个你不能用。你让人家交合作医疗干吗使？按人头交。行了吗？几点了，朱同志？

问：还有个事想问问，那个岱庙到红门这一段，过去和现在变化挺大？

答：从年什到现在没去过，原来俺那闺女在艾洼，她那窝出门坐上19路车到那个岱庙。那当时我有个披布扎腰里，那个门上没人管我，挑挑子没人管我。现在人家有看（门）的，人不让进。南门北门的，人家能让你进吗？你没有事现在不让进啊，就是打年什没去，坐上那个车就去逛逛，红门。

问：你看有什么变化吗？

答：那可是，变化太大了，那个岔路，十字路口一个饭店，这都成楼了。

问：原来上红门那个曹公渠流下来，流到岱庙、双龙池，这个水你见过吗？

答：那时候没有，他就是两边是水瓮，俺住的家里，那个李大爷，大槐树，我说的是红门，他大儿子在这窝住。红门十字路上面路东也是（泰山）老奶奶殿。

问：你有多少年没上过泰山了？

答：可多了。

问：八十年代上了吗？

答：挑山工（时期）天天上，打七一年往后没上过山。挎着小车子得混分。胡捣鼓，发家致富能行吗？

问：现在都能拉拉了？你愿说什么都行。

答：哎呀，那个广播员在电视台上，接着就撤职了。

问：他说么了？

答：哎呀，不是光拉挑山工吗？那些事咱就不能拉了。江山不是毛主席打的嘛，挑山工就是挑山工。人思想不一样。那种思想是封建的思想。现在的人脑袋瓜子活，人也能了。原来的人嘲（傻、楞），你（老人）说一不能玩二，现在人杀他娘老子的（都有），那时候老人跺跺脚，当小的的就老老实实的。

问：你觉得挑山工这个活，早年间是为了养家糊口，还是其他别的？

答：他不就是为了养家糊口，混给老婆孩子吃，要不干那个干吗啊？你现在给我一万块钱，再青年我也不挑。哎呀，我知道，俺那个女婿就在那里，中天门。

问：中天门一伙山顶上一伙。

答：山顶上是小索道。本家的哥在山顶上干的，在小索道，刚家来。中天门是挑，一个人混一天一百五，点化（欺骗）人给一百他赚五十。

问：你这干了七八年没落下什么毛病吧？

答：反正不是这疼就是那疼，两个膀子他让给他他让给他，都压蔫悠糊气了，颈椎。浑身是膏药。

问：年轻时干的活太多？

答：挑山工的内容，再说就哭给你们看，这是什么年代，那是什么年代？

问：那时候苦到什么程度？

答：苦到什么程度，反正是少吃的没烧的。分个二三斤柴火。过春节人家没空，你要是没有你也得上山拾柴火去。

问：柴火也得分配？

答：也得分啊，苦到什么程度，分三斤柴火。

问：你那时候挑山挣的钱，是自己要还是给生产队里？

答：队上一天交两块钱，一个月交六十块钱，刚才说过了，两块钱给十分。（插话：过去很严格，你交上两块钱给你记十分，要是现在，这两块钱自己拿着，我不要你那十分。）行了吧？家里尽事，出来进去不大方便。

问：好好，谢谢你了。

133

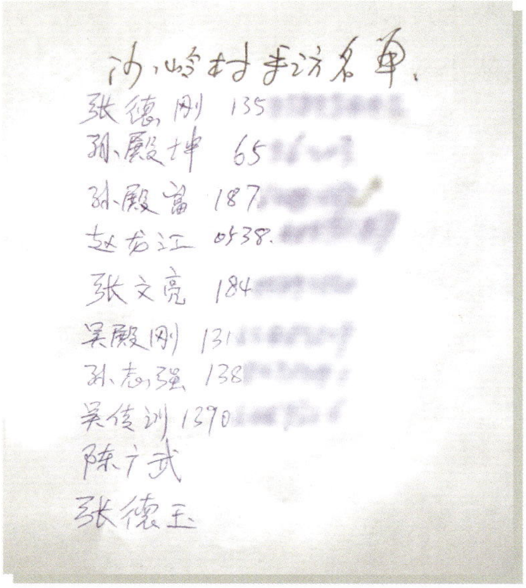

集体采访

采访沙岭村挑山工

采访时间：2014年3月7日

主持人：《挑山工》作者冯骥才先生，建议在泰山搞一个挑
山工博物馆，经过景区党工委研究，准备筹建。这就
需要了解下挑山工的历史，挑山工的历史记录性文字
很少，这就要依靠老人记忆、挑山工记忆来还原，主
要靠挑山工。咱们这个村挑山工历史比较长，今天随
意座谈座谈，再去家里访问一下，可搜集的展品有没
有，工具之类的。这项工作非常有意义，上面也非常
重视。大家随便谈，咱们村挑山工什么时候开始有，
应该说，从山上开始有住的人就开始有这个行业。最
后发展到现在交通现代化，人力用得越来越少，作为

一种时代的载体，能反映社会的某一个方面，所以了解这个对将来历史整理有很大帮助。

问： 目前，我们村子里年龄最大的挑山工有多大年龄？健在的。

村民： 最大的有八十多岁了。从年轻时候就开始担。

问： 咱们村里的挑山工以前就叫挑山工吗？

村民： 以前都叫担山工，泰山挑夫。我是这么理解的，泰山上的很多建筑物，包括宾馆、寺庙，都是咱们运上去的材料，所以说在这个运送材料的过程中呢，泰山相对地丰富了，在老百姓心里是这么理解的。我上学的时候，九一到九二年这块，我上中学，农村相对来说落后一些，状态不好，勤工俭学的，也就十五六岁，现在的仙居宾馆，最早是神憩宾馆，那时候早上三四点钟就起来挑，我挑三四十斤，后来五六十斤，挑了半个月。八几年，泰山建索道，我挑了几个月，我挑一百二三，强的挑一百三四。我们吃了饭，包上煎饼，也不过秤，一头六十来斤，低头往上爬。得三四个小时，多少钱一百斤？三块钱一百斤，前山是一百斤一块五，到中天门。八几年来？

（插话：他说的是望府山建索道，应该是八二年。八三年通的索道。）

村民： 挑山工最盛行应该是八二年底以后，劳动力改造了。一般饭都是煎饼，喝凉水。一般都是到山顶过了秤，回来在蛤蟆腚吃了饭，再到河沿弄上那么两袋子，我有时候还送到固定的地方。这段轻快。

村民： 听老人拉，最早建泰山时没有人工，听说是用羊（一只羊驮两块砖，喂一把黄豆），现在是人工，最开始特别是年龄大的，担建筑材料等，是从红门担。早上三四点钟，三至四个小时到山顶，用化肥袋子（装东西），三块钱一百斤。八二年左右，望府山建索道，包着煎饼、咸菜，在蛤蟆腚吃饭，平时担一百二十至一百三十斤，一天两趟。（插话：有一些东西直接从沙岭村往上担，走玉泉寺上山的路。）

村民： 从咱后山说，那时候我挑山时，还集体混工分，一个工时三毛多钱，咱们村条件好点，三毛五六，一天发十分（工分）。那时候在队里挑粪担子，咱也跟不上趟，人家歇工咱还得补上一趟，还想混十分。真赶不上，就去挑山去了。那时候三块钱一百斤，我得挑多少？挑六七十斤，混二块来钱。一个月能混四十五块

集体采访沙岭村挑山工

钱。那时候还有一个月混百十块钱的。每天记十分工,等于一个月发给三四块钱。那时候工时二三毛钱。最高的能挑到一百六七十斤,小二百斤,那时候(还能)在南天门下面划着拳上,有歇台子。从中天门挑到望府山是二块钱一百斤。有的游客就给拍照片,俺们没有,都带走了。那时候相机很少,游客带相机的也很少。前山后山价格不一样,从中天门往南天门挑一块八,那时候有个女导游,看出那么多汗,给了易拉罐,可口可乐还是么,叫我起开,咱没喝过,一

喝还乔呛来。那时候上山,人家给瓶矿泉水,觉得那个好喝啊!

问:回忆回忆老一代,挑生活用品的挑山工是从什么时候开始的?咱古代有轿夫,不是从那个意义上讲,就是挑生活用品。我看了看文献,大体时间就是民国时,有达官贵人来了以后,有专门背行李的。

村民:大概五几年吧,也不是什么职业,就是往上运东西。

问:你们在挑山过程中,和游客发生的故事都可以拉拉。

村民:50年代就有为糊口挑东西到山上卖

的，扁担家家有，一根两根多得是。两头有尖，扎东西好扎。也可以拾柴火，两用。

问：咱这个担子不是南方的担子，南方的担子往下夯拉，咱这个山比较陡峭，设计这种担子，在盘道上不挡（路）。看看村里谁家还有这种好的担子放到博物馆。断了没事。

村民：一般没了。

村民：才开始担时，抬那些大型机器，上百口子人，一般人弄不了。压在膀子上，一边一个大肉瘤子。一上膀子就上那个肉瘤上。还有顺口溜呢，以前这个挑山工是没本事的：挑山工苦兮兮，冬天穿的夏天衣，没早没晚爬山梯……还有一句乔难听，不说了。还有个顺口溜：一等人住北京，二等人住武汉，三等人一条扁担围着脖子转。这个三等人就是指的咱挑山工。现在的年轻人都不知道怎么回事了。七十岁往前的基本都挑过。这里离山近，有优势。徂徕（镇）挑山工比较多，在徂徕、化马湾等地。

（插话：咱这边是因为泰山需要建设，光当地挑山工干不了，必须要成批的，光老挑山工干不了，所以要到远的地方来动员。）

村民：再就是泰山上面用的豆腐，基本上都是咱给担上去的。俺们村里现在还有送豆腐的，一年不少于三百趟。再早还有个"县长鸡蛋"。县长叫宋某，往山上送鸡蛋。为什么叫他县长，他出名，还有个名叫万折一，常拉无中生有的事，一万句话里面有一句实话。

（插话：北大教授杨辛先生，他现在九十三了，爬泰山时采访过一个挑山工，这个挑山工当时就四十多岁了，挑了二十多年了。）

村民：老的挑山工现在陆续地没了，有的一直是单身汉。有个姓张的挑夫，这人喜欢开玩笑，我遇到过多回，我说：老大哥，老嫂子想你了。他说：唉哟，她想她的，我想我的，咱这些老光棍无处可想。老挑夫生病的也多，遇到风也得挑，雨也得挑。那十八盘前不着村后不着店的，遇到一场大雨你也得受。浑身冒汗的时候，一阵雨一激，怎么会不生病？落下病的很多。一身汗回来洗了个冷水澡，完了，终身残疾，最后死在这个病上了。俺这庄里就有，很壮很壮的人，咱在中天门，咱挑两趟，他挑三趟。他是上南天门北边去拆那个楼去，老早地挑了回来，其他人头一挑

137

采访陈广武（左二）

才上去；中午他不拿煎饼，在上面吃饭；小名叫三棒，大名叫孙继宽，现在不在了。遇到挑山工，游客都抢着试试。

（插话：从咱的角度，咱是为了养家糊口，生活所迫。在游客眼中，在文人眼中，就体现了一种精神。自强不息、努力向上攀登的这种精神。比如说泰山，中华泰山，还是体现的中华民族自强不息的这种精神。）

村民：挑山工遇到游客，有的游客赶紧给帮帮忙，知道下力的不容易，流着汗，担着一百多斤，赶紧地给让路，给水、给吃的都有。我遇到过一次，一个政府官员，陪着一个大官上山，他们两个拉：如果让你担这个担子，你是什么感觉？他回答的什么呢：真到了万般无奈的情况下，我也是能担的。说了这么句话。

（插话：他说的比较实际。因为当初泰山建设咱挑，那时候也没干过，从三四十斤、五六十斤，挑到一百二三十斤，这也是一个锻炼过程。）

村民：原来有个孙殿会，考学没考上，挑两年山不行，还是回来学习，（考上大学）后来成了老师，在南关中学教书。

村民：沙岭村四百余户人，现在固定十余

户做挑山工，五十岁以上基本都做过，或多或少，最早是（集体分配）任务，背砖。

问：除了建设性的大家都拿着当任务，还有拿着当职业的吗？就是光干这个，你们不干时他也干。

村民：有，陈广武他就是专业干这个的，就在咱村里。这个人八几年时也是由泰山管理局管理，是一个组织者，是个工头类人物，那些年就都叫他陈百万，以前是挖厕所的。这边有个陈广武，化马湾有个孙加成，艾洼有个赵平江。（抬大架）别人弄不了。

村民：我那时从小索道站到玉皇顶，主要运建筑材料，生活用品，夏天的雪糕、肉、鱼等。

问：咱村里原来有抬山轿的吗？

村民：也有，九几年的时候。再早就没有了，是家里那种老式椅子，就和八仙桌的扶手椅（相公椅、太师椅）样子差不多，比较简单。绑两根担子，正常情况下一天挣二百多元。

李宝祥，男，1954年出生，汉族，农民，初中，济南市长清区张夏镇东野老村。

采访李宝祥

采访时间：2017年2月8日

问：贵姓啊？

答：姓李，李宝祥。

问：今年多大了？

答：六十三了，五四年的。

问：家是哪里的？

答：济南张夏的。

问：家里有几口人啊？

答：四口。

问：你干这个挑山工干了多少年了？

答：二三十年了。

问：你给我说说十八盘的路线怎么走？

答：路线就是从中天门沿着这个大盘道往上去。

问：一天能挑几趟呢？

答：现在我就一趟，多了挑不了了。原来的时候，高兴了一天可以挑两趟、三趟。

问：最多的时候一天挑三趟。你把东西挑上去还用挑着东西往回来吗？

答：有，也有时候往回捎。

问：现在就是单趟，空着挑子下来？

答：嗯。

问：春节回家了吗？

答：没回去。

问：那春节挑了吗？

答：挑了。

问：初一干了吗？

答：没干，初一下雪了。好滑了。下得不大，到第二天就冻起来了，尽摔倒的，我就摔了好几个倒。

问：你干了二三十年挑山工，总的有什么切身感受？

答：什么感受？就是虽然累点，也为了泰山建设，赚点钱，就这么个意思。

问：别的还有什么事？

答：别的哪有什么事？

问：（指着奖旗）这个是怎么回事？

答：见义勇为的事情，就是有一次小孩在山上跑得太猛了，一不注意就滚下来

了，挑夫队的一些人就挡住了，抱到索道站上，使索道拉下去的，抢救的。抢救以后，就好了。就这么个意思。

问：人家就送了锦旗？

答：对对。这不是好几回。

问：知道这个8·13锦旗的来历吧？

答：那个我不知道怎么回事，可能就是和这相似的这些事情。还有什么想问的吗？

问：哈哈，你还有什么想说的吗？

答：我也没什么要说的。

问：我再问问你，来之前干什么？就是原来在村里干什么？

答：在家里不就是农村社员吗。

问：从哪一年开始干这个挑山工？

答：八几年。

问：八几年那时候建索道搭架子什么的？

答：那时候已经建了索道了吧？

问：咱八三年开始运营，八〇年就开始测量这些线路，规划。

答：那时候这个路刚开始铺地基，那时候来的。

问：噢，那你稍晚点。平时吃饭自己做？

答：老板给（捎带）买菜，自己做。

问：生活还可以吧？

答：可以，全在个人调剂了。

问：一天能花多少钱？用于生活这块。

答：十块钱，一般用不上，又不喝酒，他们都喝酒抽烟的，我又不喝。

问：晚上解解乏用什么方式？不喝个酒抽个烟？

答：喝了受不了。前些年有点事情就戒了。

问：在这个盘道上还有哪些你记忆深刻的事？还有游客什么的？

答：这些游客看到年龄大的，还给帮帮，给挑挑，年轻的给挑挑，有的给几块钱。

问：过去80年代那会儿帮你忙的人多，还是现在帮你忙的人多？

答：现在多，因为现在年纪大了，那时候年轻，也不需要帮，年轻轻的百十斤

压不住。

问：最多挑过多少？

答：最多一百五十斤。

问：那时候一百五十斤挑两趟三趟？

答：昂，那时候我那身体好点。一百二十斤的都给我留着，都嫌沉。成桶的那个涂料啊，一百二十斤。

问：咱帮过人家的忙吗？游客帮咱的忙，咱帮过人家吗？

答：咱想帮也帮不上，呵呵，咱怎么帮人家？讲经济条件吧，都比咱强。

问：有时候人家问个路啊，打听个景点啊？

答：人家问咱就告诉人家，这个是理所当然的。

问：再一个你要碰上天不好，突然刮风下

正在做饭的泰山挑山工

雨的，比较危险的，这种事有吗？

答：那个也有啊，这种事很少。

问：你这个活动的范围就是从中天门到南天门是吧？

答：最早是从山下，山下是一天一趟，你猜是多少钱吧？

问：我印象里一百斤就是三四块钱。

答：从山上到山下五块钱。

问：挑多少？

答：百十来斤。

　　[插话：后来（价格）高了不是，他晚点，最早三块钱，那已经到了80年代末期了。]

问：现在多少钱？

答：现在一百斤能赚到七八十元。

问：一般的咱们这一天能挑几趟呢？从这走的话。

答：也能挑三趟，正常的话是两趟。

问：你感觉凭你的身体还能挑几年？

答：也不行了，晚上都睡不着觉，也就挑一趟。他们觉得挑得太少了，自己觉

得已经满足了。

问：腿、腰的落下什么毛病没有？

答：你看我腰有点驼，但是没有腰疼，这个腿啊，挑重了得疼个两三天。

问：这上到（山）顶得用多长时间？

答：最快得四个小时。我这阵胃疼，走快了它就疼。一疼了一步也不能走。

问：这中间吃饭吗？

答：一般的不吃饭。

问：就是光胃不太好，其他没什么毛病吧？

答：是，唉——

问：唉什么？有什么惆怅事吗？跟我说说。

答：呵呵，惆怅事，再以后就不能干了，再这么干活不行了。

问：真不行咱就回家，在地里干点活。

答：只好这么样了。

问：舍不得离开这是吧？

答：对啊，是。

问：行，没什么事了，你忙你的，谢谢你。

王怀玉，男，1971年
出生，汉族，农民，初中，
济南市长清区张夏镇东野
老村。

采访王怀玉

采访时间：2017年2月18日

问：今天早上挑了吗？

答：今天早上挑了一趟了。

问：贵姓啊？

答：姓王。

问：家是哪里的？

答：家是济南长清，济南长清区。

问：长清哪里？

答：长清区张夏，张夏镇。

问：一早上去挑的什么？

答：送的矿泉水。门头上他要矿泉水，我给送了一趟。

问：挑了多少？

答：挑了四提吧，四提水。

问：四提是多少？

答：四提水是一百一十二斤。

问：你几点上的？

答：早里（早晨）六点起的，吃点饭，六点半上的。

问：六点半上的已经下来了。

答：嗯，下来已经吃完饭，这不起（这不是）上货又准备上了。

问：这样一天能挑多少趟？

答：要是旺时候一天能挑三趟。

问：今天挑多少趟？

答：今天也就两趟，货场货少。

问：这两趟能赚多少钱？

答：这两趟也就赚一百来块钱吧。

问：除了这个还有其他的吗？这两趟下来咱就不干了？

答：有货就得干，没货就玩吧。多旦等着来货。

问：我怎么觉得你这钱还得多呢？

答：并不多。不多。早晨那一趟没挑到山顶，半山腰里，这个价格稍微低点。到山顶价格就高了。

问：没挑到山顶，是挑到哪里了？

答：这一趟是朝阳洞，这里近。这不第二趟准备上气象局。七八十块钱吧这一趟。

问：你多大年纪了？

答：我今年四十七了。

问：家里几口人？

答：家里三口。

问：都有什么人？

答：家里有对象，还有一个小女孩子。

问：孩子多大了？

答：孩子十三。

问：你还种了多少地？

答：这地上这边来了，树全都长起来了。都栽成果树了。

问：有什么果树？

答：核桃、苹果，有几棵桃树，就是这个两三种树。

问：价格好吧？

答：价格不怎么样，不好。价格不好，这个花果收入，还不如出来干两天，打打工，值着那个（果园）来着玩，别让它荒了地就行。

问：你栽了多少棵核桃？

答：栽了八十多棵了。

问：苹果呢？

答：苹果一二十棵吧。

问：都挂果了吧？

答：都挂果了，那个稀松，不值钱。

问：去年这个核桃和苹果收入多少钱？

答：去年这个核桃和苹果收入才一千五六百块钱。这不稀松嘛。

问：你这个挑山的收入成了家庭主要经济收入了是吧？

答：哎。家里那点收入还不够孩子一两个月，不稀松嘛，孩子上学。

问：你去年收入多少钱？光挑山这一块。

答：在这里我去年是三万七千多块钱。

问：这个钱都拿回家了？

答：都拿回家了。

问：你一年开销得多少钱？一家三口。

答：我开销稀松，对半吧，得一万多块钱。

问：你这一万多块钱，人情事事多少钱？

答：要是全部都包括了，得一万七八。

问：你只要顶起个门户来，就得一年一万七八千块钱的人情往来。村里人均收入多少钱？

答：人均收入？人均收入不均匀啊。

问：你是村里边收入最少的吗？

答：嗯，我是最少的了，他们养了些牲口，猪、牛、羊，咱不养这个，咱没工夫。

问：你也在家养不行吗？

答：咱不养这个，不如出来打个工。

问：你的孩子在你的支出里面，学费占多少啊？一年。

答：学费这在小学里，还少，一年一两千块钱，到初中高中就多了。

问：除了学费还有别的花销吗？

答：书费啊、笔墨纸张啊，都得用啊。车费、校费现在都得拿，不拿不行。生活费一天一顿饭，早晨晚上就家来。

问：你来了多少年了？

答：我干了十三年了，2004年来的。

问：最好的年头能赚多少钱？能超过五万块钱了吗？

答：咱干不了，一般都在三万来块钱。

问：2015年收入多少钱？

答：那就是前年了？前年，才弄了，还不到三万来。二万九千来块钱。

问：就是说2016年是比较好的？

答：嗯，比较好，你也得扎扎实实地靠住干。

问：你们这也应该有组织者吧？得有个头吧？

答：头啊，刚才那个就是。他一般不分，一般来了货就喊，谁下来得早就是谁的。

问：但是这批货从车上下来，总的承包就是他的？

答：对，谁下来得早谁干，下来晚的抢不上的就没活干。

问：你们这些锦旗都是怎么来的？

答：这些玩意猛时惊（突然）地让我说我还说不上来。

问：你有参与吗？

答：没有，我没有。他们这些东西这些锦旗得到时，我还没来呢。

问：2016年这个呢？

答：这个是老板得到的。

问：老板得的也是你们干的啊。

答：那倒是。

问：你干了这十几年有什么感受吗？

答：感受？在这里干活，家去休息几天，忙忙家里的地，现在在体力上还倒没觉着有什么毛病，很正常。在这里一个月干二十五天，剩下那几天就回去休息。有时候老板就打电话让回来干活。

问：你觉得在这里干比在家里干养殖什么的强？

答：搞养殖咱没那个头脑，本钱、销路、熟人都没有。

问：就不如出来打个工挑个山是吧？

答：是，在家搞这些东西靠不住，也许赔了也许挣了，不如在这里干两天活，混多混少的吧。

问：你知道咱泰山挑山工多出名？

答：猛的你一说，我还真想不到。

问：冯骥才写的那个《挑山工》，他来的时候你在这里吗？他写了一本书呢！

答：没介。

问：也没给你们两本看看？

答：没介。

问：等拿两本来让你们看看。小学课文上就有。

答：再早我那上学时书本上还有。在八几年那些时候，就有这么个课本。

问：你是怎么想起来跑这来干挑山工的？

答：那个时候有别人介绍，刚才你们采访的那个老李，他干了二三十年了。他把我介绍来的。

问：你们一个村吗？

答：对，我们是一个村。他把我介绍来的，你就是拿个担子啊，拿个绳、铺盖，其他的什么也别带，那里倒是还行。就这样他把我引来了。你在别的单位干，时间咱靠不了，七八个小时，十来个小时，这里没有时间限制。

问：你自己可以控制时间？

答：对，自己可以控制时间，你干就干，不干就散。他说，你去吧？我再去就把你带去。就这样，他把我带来的。

问：你们村还有别人吗？

答：我们村光俺俩。

问：你们周边村有来的吗？

答：有，有两三个。也在这干。现在挑着挑子上去了。

问：都是你们张夏的？

答：都是。济南市张夏。

问：这十几年有什么比较深刻的事吗？

答：深刻的事？就是他们也找过我，我不大愿意跟他们干，给人家打工，钱不大靠时，不如在这里，见月开钱。你给人家干，要不出钱来，现在有的是啊。在这里，见月的能付给，所以我就上这里来了。

问：你一个月能干多少天？

答：能干个二十四五天吧。

问：歇四五天？

答：嗯，歇四五天，一百冒（多）块钱，旺时候到二百来块钱，现在一百四五吧。一天。

问：你说的这个旺时候是什么时候？

答：这个旺时候你像清明节啊，天暖和了，五一了，十一了。

问：游客多的时候你就忙起来了？

答：对。

问：你这个体格最多挑过多少？

答：才来的时候最多挑过一百二十来斤。这现在一百一十斤，百十斤。很多就是一百二十斤。

问：你听说过有挑多的吗？

答：俺这伙没听说，就是一百一十来斤，很正常的，很多了不行。你像将才（刚才）那个老李，他就是一天一趟，百十来斤。六十多了。

问：他罗锅腰不是挑这个挑的吧？

答：也有这个原因。他这个年限在这里，二十多年了。

问：他倒说他没什么毛病，就是腰有点罗锅。

答：嗯。

问：你两个在你们村里经济条件都不算很好是吧？反正都是把这个挑山作为主要的经济收入是吧？

答：那是。

问：想想还有什么事吗？跟我说说。

答：也倒是没什么事，吃点喝点干点活。

问：你说说你这一天怎么过的，早上几点起的？

答：我今天早上六点来钟起来的，起来洗洗脸吃点饭，你就得挑着货上去。给人家交上货，单子给你签上字，下来。下来有货就起上点，再少吃点饭，你不吃饭不行，不吃饭上不去，近了行。山顶一天一趟，挑上去，半山腰里，要是累了放那里休息休息，四五分钟，再走，上去，交了货回来也就晌午了。这个时候倒也无所谓，休息个数小时，起上货再上。上去这么第三趟了，上去这一趟再回来就不能上了。上三趟的时候。下来洗洗起上货，就准备做晚上的饭了，玩玩，看看电视，五点来钟就得吃饭。明天早上就得上了，吃完饭提前把货刹（整理、捆）好了，没事了，跟他们玩玩，拉个闲呱，休息。

问：你喝酒吗？

答：我倒不喝酒。

问：抽根烟？

答：烟也不抽。

问：刚才听那个老同志说晚上闲着没事，就吹个笛子？

答：吹笛子，音乐播放器。

问：你有这些活动吗？

答：我没有。就是看看手机、玩玩手机，有不懂的，他们教教我。现在都是智能手机了吧，头先那个老李，晚上玩手机、音乐播放器，吹个笛，听小说，晚上休息的时候。

问：你不吹笛子？

答：我不会吹。

问：看着你挺乐观，从采访到现在一直笑呵呵的。你就把你从起床睁开眼，一直到天黑，就昨天吧，比较精彩的事说说。拉你一天的活。

答：昨天还早呢，五点半就起来了。因为有货，老板给打的电话，吃了点饭，空着担子上去。

问：吃的么？

答：吃的馒头，馏馏菜，喝了点水。六点走的，一个小时到山顶上。他们有下运的货。他们的箱子都包装着不知道是什么东西。老板打来的电话。光道上就一个来小时，下来快，有一个来小时就下来了。

问：多少斤啊？

答：八十来斤，两个箱子，不知道是什么东西，叫运下来。嗯。老板拉着，去俺七个人，运下来那都九点多了，又吃的饭。

问：又吃的什么？

答：昨天九点多吃的汤圆，呵呵。下上一包吃了，来了货又上去，日为（施为，指挑山的过程）到一点来钟又下来。就干了这么点活。

问：第二趟送的什么？

答：矿泉水啊，一百一十来斤吧。一点多下来，也没货了吧，一直没再上，看看电视，玩玩，三点来钟走。我昨天饭吃得早，四点来钟就吃完了，坐那里看看电视。

问：晚饭又吃的么，伙计？

答：晚饭炒的菜，做的小米粥。

问：一般你们这种饭是一块做还是各做各的？

答：自己做自己的，自己你愿意吃什么

菜，选了让老板捎来，不用下去上城里买了，他有车天天下去，所以说你缺什么东西，油了，菜了，一律老板给你买。咱不下去。

问：你这吃饭也不凑一块，各吃各的？

答：各吃各的，烧煤气。

问：山顶有个好处，他们统一做，白菜炖豆腐什么的。

答：俺是各做各的，有晚的，慢了的。你这个月吃多少钱的生活费，老板都给你记着来，到月底开工资都给你算算，给你座（扣）下。他是这么回事。

问：一般你一个月生活费是多少钱？

答：一个月生活费百十来块钱。

问：太少了吧？

答：行啊，这活还少了，你想想，一天才六个来馒头，昨天我吃了五个，前天也吃了五个。

问：一天五个馒头都多少钱了？六个馒头就三块了。

答：一天炒一回菜，吃两顿。

问：一个月三百来块钱还差不多。你也太节约了，基本上就是以馒头为主。

答：使不了，一天炒一回菜，再小小不言（形容小事）地吃点方便面。

问：应该多买点面条，炝炝锅。

答：嗯，反正百十来块钱吧。顶到天要是旺（季）时候四月份和九月份，奔五一了，奔十一了，那就生活费多点。那就二百来块了。那就旺季了，活也累，跑的趟数又多。

问：你反正觉得干这个活还行是吧？

答：行。就是在这里，一天得四至五顿饭，没四顿饭办不了，饿了就得吃。要不你就上不去。有时候在半道上渴了，游客他拿出水来，饮料了、矿泉水了，他就给这些干活的喝点，挺好的。

问：孩子来过吗？

答：没来过，一个女孩，没来过。她不愿出来，就算放了暑假也不愿出来，她就是有电脑，现在有网线了，在家看网，看个电脑，学习，轻自不大出来，我早就叫她来，她不来呢。

问：你来了十几年了，老婆孩子没来过？

答：没介，十二三年了。都没来过，不来呢。

问：还有什么计划吗？还想干多少年？今年四十七岁了。

答：四十七岁，老头子（指李宝祥）六十四岁了，还得干。

问：农村现在什么保险啊什么的，你办了吗？

答：农村里？我没办。

问：什么大病医保了，这个得办啊？

答：我没办，也有，它一年一年地涨，今年涨一百，明年就一百五，它陆续地涨，这个我没办，我没交。

问：你就是这个不交的话，医疗保险你得办个？

答：我没办，它陆续地涨。

问：你在村里是会过日子的吧？

答：会过么？我不会，咱没办这些玩意。办这玩意年年交，你吃点药吧，又不给你报。

问：你存了多少钱了？

答：钱稀松。

问：你像你去年吧，挣了三万来块钱，支出算两万吧，剩下的你是存起来？

答：存起来啊。以后孩子上学。

问：你现在有多少钱存款了？

答：四五万块钱。还得准备孩子以后上学，现在在小学里，还得初中、高中，看她的本事，她愿学点么就学点么，咱不管了。

问：好，谢谢你啊，该上山你就上山吧。

窦建红，女，1967年出生，汉族，农民，初中，泰安市岱岳区徂徕镇水泉村。

采访窦建红

采访时间：2017年2月18日

（插话：这个女同志不挑山，她在山上给这些挑山的做做服务工作。）

问：贵姓？

答：姓窦。

问：家是哪的？

答：水泉，徂徕水泉。

问：离这里得六七十里地吧？

答：不，有四十多里地吧。

（插话：那个村里到处都是泉子，皇帝都去过。）

问：多大年纪了？

答：五十了。

问：看着你不像五十的，我以为你四十几呢。

答：呵呵，五十了。

问：来这里干这个多少年了？

答：四年了。

问：在这里四五年了，天天跟这些挑山工接触，你感觉他们这些人怎么样呢？

答：他们工作挺辛苦的，这些下力的都楞好处。

问：就是他们的性格怎么样？

答：都很好的性格，下力的都楞好处。没有说是（性子）楞急的，比较有个性的那种。

问：最起码都很直爽，没有动心眼的这些事是吧？

答：没有没有。

问：我觉得他们都很累，但是都很乐观。

答：都觉得挣的辛苦钱，都不大容易。

问：你是给他们烧水，我刚才听说他们做饭还是自己做来是吧？

答：嗯，我给他们烧好水，他们吃自己做，花得多了吧，他们都不舍得。因为这个钱来得不易，吃得很艰苦。

问：炒菜时是他们自己炒？

答：自己炒，我都是给他们烧水，他们忙的时候给他们洗洗衣服。

问：你这样你的工资是多少呢？是他们给你是吧？

答：给我发点工资，顺便拾点瓶子，他们回来也拾点瓶子给我。

问：一个月收入多少钱？

答：他们给我发一个月一千多块钱，我再拾点瓶卖，收个三十五十的，呵呵，瓶子很少。

问：一个月不超过二千块钱？

答：不超过。

问：家里几口人？

答：三口。

问：一个月能在这待多少天？

答：没有事的时候，很少家走，他们天天得喝水、烧水。

问：你在这里时间长了做后勤，他们得觉得离不开你了。

答：对。主要是现在换上气炉子，他们年龄大的不会使，没有人也不放心。

问：你那附近有挑山的吗？

答：没有，就光我对象在这里。

问：哦，你对象也在这里，我说呢，我还在这琢磨呢，你自己在这也不回家。小孩大了是吧？

答：大了，小孩上完高中去学摄影师去了。

问：就是那个婚纱摄影什么的？也挺好。有对象了吗？

答：没有。

问：孩子多大了？

答：二十二了。

问：你能讲讲挑山工的一些事吗？

答：什么事？

问：就是他们挑山过程中遇到的一些事？

答：遇到过一些事。

问：就拉拉这个就行。

答：遇到一些好心人，拉拉，一些老太太都说怎么干这个啊，这么累。说没有其他出入？没有什么手艺，干什么呢？只能凭下力挣钱吧。很多很多，都觉得这个钱来得不易吧。

问：你像锦旗上这些活动，你对象都参与过吗？比如救人啊，什么工程啊。

答：没救过人。就是往上抬过大件。

问：抬过什么大件？

答：气象站那些仪器什么的，都抬过。有时候人不够了，我也上。

问：你也上？哈哈。抬大架可是个技术活，这些技术活你知道点吧？

答：不知道那个，好几十人一起上。我就在前面给他们拉。

问：拉纤。那就是人比较多的时候。你对象姓什么？

答：姓梁。

问：现在回来了吗？

答：还没回来呢。

问：都上山了。这样挺好，你也在这里照顾照顾他。

（插话：他对象在这里干，她也在这里干，队里发着工资，洗洗涮涮的，挺好的。）

问：你对象干了几年了，挑这个山？

答：他先上来在山上卖饭，后来上这里来的，有七八年了吧。

（插话：你这个村，我印象里的水泉，搞旅游的，挺好的个村。泉水可好了。）

问：我看你院子扫那么干净。

答：呵呵，我扫的。（插话：一看就是利索人。你看那里堆了好多瓶子吧，都收拾得利利索索的，你在家里肯定是个利索人。）利索么，也就是个一般人吧。（插话：包括一进这个办公室，就有点女人味，我们上山顶，那个一进去，哎哟，那乱得你都没法看。）平常我就给他们收拾收拾。

问：两口子都在这里，去年收入怎么样啊？

答：收入四万来块钱吧！剩余。

问：不多，人家还三万七，你两口子怎么也得五六万块钱。

答：我在这挣得少，他们光干活。

问：也得四万多块钱。

答：嗯，四万多块钱吧。

问：家里还有地吗？

答：没有了，没种。

问：没种还是没有啊？

答：有，给他们种了。常年不回去，没法种。

问：你们那边收成也不好。在家里面姐妹你是大的还是小的？

答：在他（丈夫）那边我是小的。在娘家我是老二。还有哥哥和弟弟。

问：姐妹有吗？

答：姐妹没有。

问：到这边，到泰山来干活的多吗？

答：我家里没有，他这边也没有。

问：那是怎么过来的呢？

答：先上来在山上卖饭，最后说在这里干吧，他一个人吃饭也不方便，都说，我就过来了。

问：你这四万块钱的话，在你们村里边是算收入好点的，一般的，还是差点的？

答：一般吧。

问：那好的人家还能挣更多是吧？

答：好的他们七八万、十来万有的是。

问：他们主要也是在外面打工是吧？

答：嗯，打工的很多。

问：村里有自己干个什么小企业的，有吗？

答：有，像我弟弟就在家里养猪。

问：噢，搞养殖这一套。你弟弟收入好吧？

答：那可是了，他一年三四十万。

问：咱为什么不在家养猪？

答：养猪一是没有技术，也没有本钱吧。一开始养猪也不少投钱。不像在这里。

（插话：养猪还得要技术啊。技术很重要，还得有防疫这一块。）

问：就是比较单调。

答：嗯，没有什么风险，凭力气挣钱。

问：行，挺好，谢谢，你忙着吧。

万振山，男，1946年出生，汉族，小学，泰安市泰山区泰前居委会。

采访万振山

采访时间：2017年4月25日

问：万大哥你今年多大年纪了？

答：我是属狗的，七十一岁了。

问：今天来找您，是因为我们泰山管委要做一套书，这套书里面有关于挑山工的。挑山工这么多年来对泰山的建设做出了很大的贡献。请您谈谈当年您做挑山工的经历。您是什么时候开始挑山的？

答：七三年以前吧，七三年以后就不大干了。

问：最早挑是什么时候？

答：我从小就挑，我记得小时候七八岁就开始往家挑东西。俺父亲上城，弄不多，就买点粮食，回来在担子上挑着。七八岁以后，山上地不够吃的，就得上大队来领粮食。那时候到十来岁就挑四十来斤。

问：十几岁啊？

答：十一二吧，十一岁不上学了，这不正赶到六〇年、六一年生活困难。

问：那时候上山都挑么呢？

答：我小时挑尽（都是）自己用的东西，随后给生产队。那时候不兴自己干，那时候给生产队里集体（干），主要是给山上两个宾馆，神憩，原来是五所，给五所挑炭，挑一冬炭，夏天就（给）自己生产队里挑粪，担柴火。秋天就收柴火，拾荆条，挑了就下来卖。

问：那时候一天能挣多少钱？

答：那时候（主要）给自己挑，给五所、三所挑的时候一百斤三块钱，得够十五年。三块钱个人捞不着使，生产队去取的，人家要发票，换工分十分。

问：这三块钱咱一分也捞不着要？

答：捞不着，到年底（算）工分价值。

答：俺工值那时候在泰山比起（其他人）来还是高的，重点是搞副业多的。

问：那时候一个工十分多少钱？

答：最少的时候四毛钱，最高一块九毛五。一块九毛五，这就到了七六年。

问：你们泰前那个时候在山上是哪个范围？

答：哎，山上就是，你可能知道，原来山上就是叫花子街。（插话：那是很早很早的了。）解放前后就不行，就指着要（乞讨）钱。谁有心逛着玩，都是拾柴火的，拾柴火的（还有）北新街、岱道庵的。

问：怎么说是叫花子街？

答：泰前这些户都是要饭来的，没有老户泰安人，最早的是张家，再就是关家来得最早，来了以后就在山上石屋子石洞子住着，过年香客多，要点吃头。那时候来的磕头的，好要的给要点饼子，一分半分的，那时候兴五厘钱，一分多钱要个鸡蛋。反正都是要饭来的。山上这个谁来得早谁的辈大。关家和张家（来得早因此）辈最大。同样年纪，来得晚的就得叫个叔，那时候就兴。谁来早谁就辈大。

问：你祖上是哪里？

答：我祖上，那时候叫韩家峪，他那里的庄叫什么来？咱老百姓叫……省庄正北，不远，俺来的是俺老老奶奶，领着俺老爷爷，来要饭，跟的谁呢？跟了关家，那时候是兄弟七个，跟了老四还是谁。这个事就没问。跟了他呢以后有了俺老爷爷。关家脾气都不孬，关家拿出来了几块钱，盖了一间屋，一间草屋。

问：关家不错，也不富裕是吧？

答：那时候他来得早啊，已经盖了堂屋了。不是有个朝阳洞嘛，过了年他有个香火钱。

问：那时候也是承包吗？

答：谁挨得近谁收。增福庙归尹家看。

问：增福庙在哪里？

答：烧死的那棵槐树那里，新修的那个。那个庙呢，归尹家看，尹家老大，一个光棍子。

问：壶天阁也是尹家看着的。

答：对呀。壶天阁原来没神，随后才有的。一开始俺奶奶来，你知道那个河底下，开山里面有个河，有个和桥洞子似的，俺那老奶奶就在底下住。都是，来就住在山洞子，随后垒点屋，石板子排起来的。春天就向香客要个钱，夏天暖和了就拾个柴火，卖个柴火。

问：解放前有管这些人的吗？官府的。

答：有，伪保长。那时候管就是光收租，你得给他拿钱，他管么，别的又不管。

问：种地了吗？

答：山上地很少，都自己开的，俺那时候在这个停车场西边，就是后沟子，河沿里自己开了块地，一块就和当门那么大小，不长么，不好好长，山上也

没肥料。

问：秋天挖点中药，拾点柴火是吧？

答：你看俺叔那时候，就能认三百多种药，他和济南中医院有几个教授（都很熟悉）。

问：那时候的药才是货真价实的。

答：可不，随后只要医学院、中医院上山来采药都找俺叔。

问：你叔是哪个名？

答：万福田。俺爸爸是万福友。我出继。

问：过继给谁？

答：过继给俺大爷。就他老兄弟俩。

问：过去不少这样的。

答：我是从小，我从小月褓里就抱来了。俺老家就在增福庙的下头，路西里。

问：当时也有院子吗？那个家。

答：有个小后院，三间屋，是高低错落的。俺奶奶住的是上面那一间，俺住的当中一间，俺叔住的西头一间。随后都扒了，扒了改成一溜顺的街，那是俺二兄弟的。我呢？这个五七年，就在现在这个停车场第一个盘，现在上面一个小门头，在那窝，在山坡上开平整了，一个狗屎场子（荒地），有四五棵柏树，在那盖了两间小敞棚。泰山管理处张建新，他说，看你这样，冬天怎么住呢，敞哈（开）

着。给了五百斤石灰，把前墙垒起来。垒起来住到五九年。

问：正儿八经挑了几年？

答：你看我十二岁参加集体劳动，十三四岁那时候就开始挑挑子，挑到……你看连给集体挑加自己混钱，挑到七〇年左右，十来年。到七三年，泰前七个生产队，一个副业队，副业队是山上，八大家。俺是七队，中天门是七队，增福庙、回马岭这是一个队。到七三年合队了，六、七、八合的。六队是经石峪口，斗母宫，这是一个队，合起来了。原来在东关当书记的，一个俺村里，姓刘，刘某，犯了点小错误，家来的，家来就在俺合起来的队里当生产队长，随后他不是修的这个水库吗，冲了嘛。

问：你说红门上面那年冲的那个小坝啊？

答：对。

问：那个坝没弄好吗？什么原因？

答：刘某修的，那时候一开始就研究。我从六三年在生产队当会计，熬到退休，熬下去好几十的干部，一开始研究想修和它似的（万振山用手比量出半人高的高度）这么高，蓄上水，饮羊，攒点粪上上地。随后呢，就把头上砸砸那些疙瘩，叫石匠，连挖沟都没挖沟就修起来了。修起来越修越

高，从哪里买来的鱼，养的鱼，修到一米多高，一米半左右，水也清。他看着楞好，又修，动员着男答老少从河里捞沙，沙也不好，就在那就地打的石头。修到四米多高，有多宽呢？有两张桌子宽。正好那一年是越南反击战，是八一年吧。……这个是七月二十九号？白夜（天）那雨也够大的，从万仙楼往上头瞭，骏黑骏黑的，对面都看不着脸，这是黑夜到了十点以后冲的，和发活丧一样，冲去了十三口子人，本街上的十二个，一个走亲戚的。家家（冲得）都剩了屋底子。

问：它能有多少来水面积？

答：它搁不住陡啊，从水库到万仙楼这东边，高差得接近七十米吧。陡。那个水坝上坝深，你说不结实呢？光从东边上山的路，就是检查站那里，冲到东沿上山的路的石头还一个个的，都没撞开。

（插话：俺那时候刚分来泰山管委时间不长，就去了，就跟你说的那样，那坝一段段的，人形容当时水比较大，聚起来，就像倒水一下子鼓了。但是坝一鼓，是一个冲力，一个浪头，这个浪头厉害。）

答：实际上水不多。

问：实际上就是根基不好，一米多深二米多深，越高越危险。根基好了，水再大，就溢着走了。

问：死了多少人呢当时？

答：十三口子，十二个泰前的，一个是边家来走亲戚的表弟。

问：你们挑山工祖辈在山上的房产怎么弄的？

答：再早是县里发的土地证，我土地证还有呢。随后再盖的新的，那时候归城建局，城市建设局批的，山上的房子都是城建局批的，除了老房子。我玉液泉那个房子，堂屋那个房子，是城建局批的。我去领的执照，那时候在老县委前面路西里，在这里批的，去了好几十趟才弄来。批了那个房子，那是六三年，从中天门撺回来没地方住。管理处签字，写了申请签字，我所有盖的房子都是城建局批的。现在都是个人的。除了集体都是个人的。现在都有土地使用证。

问：你中天门那个门头干的什么？

答：我那个门头是干了点小买卖，还是五几年我在那拼的那个小地方，随后集体使了，那是七八年。

问：生产队关于挑山的这一部分有专门的管理吗？

答：没有专门的管理，都是生产队长这个么，派啊。

问：派了以后？生产队使钱吗？

答：人家那个么，那时候挑（东西）大部分都是三所五所的，人家得要发票，个人上哪弄发票去？因为某某在山上赁了个房子，没有发票他要不出钱来，我生产队里的发票在窗台上放着，让他偷去了。要使来，哎，我的发票怎么少一联？就追查这个事，到末了就追查到他了，人都有数。他那个时候上副业队了，随后跟六（生产）队合了，我就给他从工资里扣出来了。查出来以后，他不给钱，得让他给我打条，三百六十块钱得入账。还是我的会计，他混工资我就给他扣下来。

问：那时候挑山工是记工分？

答：三块钱十分。

问：大津口也是三块，但是自己能得一块五。生产队要一块五毛钱给你记十分工。

答：他那边条件差点，十分才给你四毛钱。咱这边工资算高的。还有两毛钱的，八分的，青山村七分。

（插话：我七八年下乡，干一天给我九分。就在粥店曹村。后来涨到十五分。）

答：有数的，男十女八小脚六，男的十分

女的八分，你干得再好也白搭。咱说实话，这个女的下力怎么也跟不上男的，男的担一百斤，女的八十就不孬。

问：泰前这边妇女挑山的多吧？

答：也不少。咱家属那时候就是下力过了。（指着患病老伴说）她那个么，年轻时候在城里跟着她叔，她叔在街道上的豆腐坊做豆腐，她叔没了就回老家了，老家是西埠前？么没干过，来了就挑挑子下力，那时候从竹林寺到山顶上修616台，一个七八十斤的人担七八十斤的挑子，你看，她葬得，路上出汗，放下挑子，山上南天门那边的石头稀凉快人，躺一会，不葬人嘛！

问：也能挑七八十斤？

答：哎哟，一天从竹林寺担两趟，为了混工分啊，咱俩干，加上俺大（爹），最好的那一年，余了一百块钱。年底，呵呵。大队里发工资。

问：一个人一百块钱，三个人就三百块钱，生产队的粮食什么的全都给你扣钱，你还得买？买高价的。

答：分的粮食不够吃，你还得从生产队里借出钱来买去。

问：还不错，还能借出钱来。

答：哎哟，那时候正队长批五块钱，副队长批三块，这是权力。一般就是你找正队长批上五块钱，下去买多少粮食？那时候买几十斤粮食。那时候地瓜干子公家是七分，棒子八分，麦子一毛二，这都是国家正式价格。唉，农村吃点国家供应，最多吃九两，二十七斤粮食，农村户口的就是二十七斤粮食，百分之六十的地瓜干子，百分之二十的棒子，都是原粮，他和居民不一样。居民一个月还半斤油呢，农村的没油，就是吃那点粮食。

（插话：居民那时候反正是一开了工资先买粮食去。）

答：是，开支先买出粮食来，你要不到时候吃什么？那时候面一毛七分八。

问：家里几口人现在？

答：五口，儿三口，俺两口。

问：收入可以吧现在？

答：现在俺俩退休是自己买的保险，俺俩四千来块钱，算将够吃药的吧，一年她得住三回院，三回院报点，自己得拿一万多，我再住回院，又得四五千元。

问：你哪里不好？

答：冠心病。因为她（老伴）病着吧，我撑呼着，还像个人。腿疼腰疼胳膊疼，没有不疼的。我这才寻思起来，怎么疼的呢？冬天没的烧，选了个树，你可知道玉液泉两边的这些槐树，这都是我修的，爬到顶，爬不到顶拴上棒，叮噔着上，冬里，砍刀四斤多，冰凉冰凉的，砍一早晨烧一天，到第二天再砍，现在这些骨头节都疼。

问：孩子花你的钱吧？

答：孩子现在倒花不着我的钱，山上有那点买卖。

问：给你钱吗？

答：我没有了就给我钱。有时候她（老伴）吃的药从当地买不着，要从外地买，原来从上海，一个永春药店。后来从杭州买。一开始是二百五十块钱一盒，吃十盒，现在药量增加到八片。

问：玉液泉的房子得给你点收入？

答：没介，卖给人家了。

问：不卖现在厉害了，挣大钱了。

答：那时候在单位上，我那个吴书记，压着头皮卖的，两万五千块钱。公家的事，那个没法拉了，俺俩（和吴）整天打，因为这个房子，呵呵。

问：孩子在山上做生意？

答：孩子在旅游公司，管水啊，自来水管理，往上抽水。他三口。儿媳妇在村里卫生室里，孩子上学。

问：你这样每年收入多少钱？

答：现在俺俩五万来块钱，退休工资，孩子三万来块钱，山上买卖七八万块钱。你反正年年楞紧。要不是山上的买卖，连要饭的都赶不上。

问：山上租出去了是吧？还自己干？

答：那个谁，她（老伴）一个侄。他那儿呢就糊弄着吧，他又从乡里来，在这里买的房子，咱得让他挣两个。咱少弄两个。

问：你这房子倒不孬，都是自己盖的？

答：这是四间屋的地基，写申请，村里批了地基，交上五百块钱，自己盖。我九六年顶上又弄上了一层，自己盖的。

问：我看净干饭店的。

答：干饭店的也就是个别户，一般没干的。你看，那时候这个房基是批给闺女的，闺女不是到年龄了吗？批给闺女我盖的。那窝修路占那个院呢，村里给了房子，我又给闺女了。

问：闺女也是泰前的？

答：是啊。我才从山上下来，路北是个门头，一个小批发部，修这个路扩了路，占了房子，村里算给了两套房子，一套一百〇五（平方米），一套二百一十（平方米）。还有六十多平方，又给了半套，我要求书记又凑了半套，我盖起一套，这样在后面张某那窝盖起来那一套的。那不尹某的房子，顶上是集体的卖了。

问：光房产一年有多少收入？

答：房产哪有收入，只有山上中天门那点买卖。这泰前人情事事楞多。

问：这个账你算了吗？得多少钱？

答：我要算起来，得八千到一万吧。

问：立起门头过日子，这些事你也得办啊。

答：俺那儿子心脏也不大好，也得吃药。俺两口子光吃药，一天她是一顿就是三四把，我是一顿一把，一天三回。俺俩光吃药，到年底光吃药，俺俩退休金，孩子不要我都拿着。拿一回药两千多块，二十八天的，就两千七百多块钱。

问：你俩这收入一半花这药上了。

答：不够，一多半。你看，连住院呢？她（老伴）住三回，我住一回，自己花小两万，住一回，住半月得花一万五千多，三回四万五千多。要是不报，咱说实在的，给你报的这个钱，你现在出去拿药去也尽够。

问：给你报的是百分之八十还是百分之七十？

答：我报百分之八十，算到最后不到百分之七十，她（老伴）是新农合报百分之六十，到最后算算报五十七八，五十六。她是新农合，我是职工，不

一样。她纯粹自己买的，没有医疗保险。我是在村里自己买的不错，可是报得多点。

问：现在村干部有退休金了是吧？

答：有，我是一个月这是翻了三番了，一百四十八元，干部补贴。怎么定的呢这个事，还是九二年定的，再早定时，是村干部补助一块钱，生产队干部补助五毛钱。

问：挑山这块就是干到七一年？

答：七一年以后有干的，俺这边就没挑山工了。除了在生产队里挑挑担担。

问：你们就算是比较早的那一批了？

答：比较早。

问：我反正知道，七八年那时候。

答：那都是外来的，泰前没挑的了，顶多到七三年。

问：你是四七年生人？

答：我是四六年。

问：十二三就开始挑？

答：十一岁半不上学，饿回来的，泰前回马岭小学，五年级和六年级在泰师附小上的，光受同学的欺负。正好赶到六一年生活困难，升五年级考试，俺娘给我一天一个菜饼，烙了六个菜饼，六月里他不捂吗？三天以后就长（粘）成堆了，菜饼长毛，没法吃了。饿了，说么不上了，书包没要，缸子

没要，都拽学校了，那时候要是好好上学，比这强。

问：你最后毕业是什么文化？

答：算五年级半，初小。

问：那时候小学毕业在村里就算文化人了。

答：呵呵，文化人也有，有上民中的，可是民中的没（选）举上。那时候都投票选举吧，选上以后，当那个会计。那些人难缠，治（惹）得我整天哭，不借给钱他哭。你生产队上哪摸钱去，一年收入一千多块钱，还得买化肥。你看那时候俺和尹某，俺俩，那时候买氨水，一桶氨水三百多斤，雇个地排子也雇不起。俺俩从生资（公司）滚回来的，滚到这个石料厂。那时候玉皇阁是石头路，可难走了，一人拿着块石头，滚一下，垫垫，倚住歇歇，你想从车站生资，滚到石料厂（有多远）。

问：要是从这边往那滚行，这边基本上都是小上坡。

答：小上坡？进了岱宗坊还不光小上坡了。再就是这个桥头上往北，都是高的。你算算吧。

问：那时候也是记忆犹新。雇个地排子也雇不起。

答：那时候，俺生产队上城里看去，就是在县医院，青年路南头县医院后头，

有四五间屋的门头，俺和尹某副队长去看去，五千钱一个院，俺生产队买都买不起，下河桥南边有个茶叶庄，楞好的院，也是五千块钱。寻思寻思没钱啊。你生产队买不起，别说个人了。那时候有钱的佛（买）上十来个院。

（插话：那时候五百块钱就是个大崖头。）

答：你算算，生产队写个条才借给五块钱。

问：你们那段挑山工的经历，干得比较大的就是616台的建设？

答：616台和五所。五所他一冬得烧好几十吨煤啊。五所随后才叫神憩宾馆。

问：有技术含量高的吗？就是修616台时，挑山工这块。

答：没有技术含量高的。

问：你像修616、修索道时那些大架子什么的。

答：那是陈广武抬的，没有一个是机械化的，都是人工。修索道大轮盘都是陈广武抬的。仪器大啊，那些大轮盘，修索道那些大轮盘都是抬上去的。都是陈广武抬的。陈广武可能没了？

问：有，我们刚采访了他。

答：得八十多了。

问：一身的病。

答：干这个活你放心，为什么说不养老，不养小。

（插话：反正我的体会就是你说的那样，挑一身汗，来一场风，来一场雨，一激，反正是葬人。）

问：陈广武这个人是很厉害。

答：抬架子还就是他了。

（插话：扎架子可是个技术活。）

答：扎架子（此处指给死去的人扎架子抬棺材）原来是泰前的活，（泰前）扎架子，上曲阜，大家那个架子抬不出去，你都得趴着，出不去你丢人啊，扎架子都是泰前的。你（指在场的范庆成）二大爷是扎架子头。泰前扎架子可厉害了，随后没人干了。你像泰前的，有几个出去闯荡的？有几个出去混钱的？都在家里。工资少在家死靠，没人下这个力。

问：有门头的行了。

答：就几家，后来不是都归集体了嘛。你像山顶上八大家，不是都那个么了吗？七几年他们不是都扒了？

问：他们山顶上都说的什么十三户八大家，就是说的这个？

答：没有十三户，那是后来的。以前就是八大家。

问：八大家都是谁？还记起了吧？

答：说不了这么全了。

（插话：反正咱说的是什么鹦鹉家、双升家、筐篮家。）

答：进去南天门，是筐篮家、刘光泰家，鹦鹉、笊篱、簸箕、双升、棒槌、匾子，还有香袋家，八大家。这会比较全了。随后上去的这又起的名。南天门是筐篮家。赵发群家、万永成家、万启友家、万光山家、秦代正家，这些户倒是说上来了。

（范庆成插话：张茂启算吧？）

答：算啊，张茂启，他没事在中天门装和尚给人念经，他不会念，又不识字，光哼哼，又是范镇，又是徂徕的。人家香客就说，师傅师傅，俺是莱芜。他说，你莱芜的也归泰安管。哈哈。

问：成了个典故了。

答：光念叨，他不识字。

问：还有个关家常住这窝，上面有个道门还是什么？什么意思？

答：道门。吃斋念佛的。

问：你那时候他们（那地方）还有人吗？

答：有人。我记事时有人，随后没人了，都走了。

问：穿的什么服装啊，道门？

答：穿得和姑姑们似的。没领子，一个绳下来。清修院随后归我们管，算五保户，归生产队管。回东北后，就归生产队了，在那里当仓库。六几年是泰前小学在那里，回马岭小学。有个私塾老师张老师在那教学。他死了有十来年了。

问：水帘洞北面有个小庙，你那时候有吗？

答：原来我不记得那个窝有庙。

问：原来是个元君庙，说那是中庙来。

答：说有庙，我那小时候就没有了，随后泰山管委才盖的。

问：那时候里面有个像对吗？

答：没有，光有个龟，可能那个龟现在利用起来了。

问：你还记得孙真人？

答：你说王母池的那个？

问：不是，玉皇阁的。

答：玉皇阁呢，他是个道士，修玉皇阁用石灰，放了一池子灰，他黑夜起来解手，掉进去了，烧死了。烧死了谁也都不知道，打哪找不着。后来使完了灰，那灰不是把水分都吸没有了，干巴了，随后弄到王母池八仙殿的东头，有间小屋，弄那去了。随后说是弄灵应宫，咱不知道上哪去了。

（插话："文革"期间破四旧，说是给毁了。）

答：那个么毁了也不好。

（插话："文革"前，山东省办了个阶级教育展览馆，就把孙真人那个像作为

"四旧"封建迷信弄去了。弄去了展了几天，进去参观的小孩吓得光哭，上边就说你弄上这个东西中用吗？就在济南烧了。还专门下了个文件。）

（插话：你看他盘起来，盘的那个样，不像栽倒的。）

问：他是掉到石灰池里的。

（插话：掉石灰池里有这个说法，他们说是喝醉了酒上厕所，掉石灰池里了。）

答：反正打哪找不着也没人找，使没了石灰才找出他来。这些事吧，往后下去几年谁也知不道了。

（插话：咱现在采访了，记到书上就是这个事。）

问：出了书我就让老范来给你送书。咱今天你再想想，我再来找你谈一次，泰前周围的这些事。今天就谈到这里，麻烦你一头午（中午）了。

（插话：你现在是泰前的老人了。）

答：现在就尹乐昌比我大一岁，在家里。尹兆源、尹兆晨，尹兆晨拉不出么来，尹兆源能拉点，八十（岁）了，他算老人，在快活三里，出生在增福庙里。

问：说得太好了，今天就到这里了。谢谢您！

166

范英荣，女，1949年出生，汉族，泰安市泰山区泰前居委会。

采访范英荣

采访时间：2017年4月25日

问：今天的采访，就是想请大姐说一说你当挑山工的事。

答：那时候俺才十八呢，把货物挑上山去，把挑子扔下，去了皮称货，人家就说，我的天啊，你挑上来的货比你的体重还重十一斤呢，你是怎么担上来的。那时候是受了罪了，虽然受罪但是还觉得挺幸福，挺高兴。

问：可以赚点钱。

答：俺那时候在队里，记工分，就和在队里干活一个样，就是你在队里干活给你记一天的工，你当挑山工也是给你记一天的工。俺就算是给队里搞副业，担一百斤才三块钱。你说俺能担一百斤吗？俺担不了一百斤，俺担七八十斤，最重的时候担个八九十斤，像俺兄弟这样的记十分工，俺记九分五，够高了吧，不大离儿的这些重活都少不了俺。

问：一天赚三块钱有自己的吗？

答：有提成，一块钱的提给两毛，这是每个生产队的政策，结账是生产队的去结，俺光去干活去。

问：一块提给两毛，一天三块钱提六毛。

答：俺就能挣了三块钱吗？俺担不了一百斤，担一百斤才三块钱呢，但还恣得不得了，你在队里干活一分也没有啊，当时觉得当挑山工还挺高兴。挑长了以后，肩膀头子上的岗子（老茧）就和一层厚皮一样了，你一换肩的时候就不压得慌了，就光麻酥酥的了。买件衣裳不等着变颜色，肩膀头子就烂了，有时候做个褂子，还不等穿多长时间，肩膀头子就烂了，就把袖子截下来补到肩膀头子上。我是泰前的，我是三队，我和我兄弟一个队，这是我娘家兄弟。从小我的兄弟、兄弟媳妇没少帮了我，（对）俺都挺好。我原来是两个孩子，一个闺女，一个儿，家庭不算富裕，两个孩子都上学，我对象是水泵厂的工人，那时候才二十多块钱一个月的工资，生活不是很宽绰。

问：水泵厂是哪里的企业来？

答：它是国有企业，南关那一溜儿的不都垮了嘛。

问：你是老水泵厂的职工吗？

答：我不是，我对象是，我是老泰前的，我是泰前的闺女。我是找了个对象跟着我，原来俺对象是普照寺那边的，以后在这里批了地，俺对象跟着我住。泰前一共是六个队，俺是三队。俺这个队呢，就在红门的第一个盘道下面。

问：正儿八经挑了多少年？

答：挑得年岁不少，我给气象站上抬东西的时候那一年我才十八岁，给气象站抬电缆，二十四人的架子，我在后面给他们担棉衣裳。冬天下的雪挺厚，那个雪化了，淌着淌着就冻住了，脚上缠上草绳往上抬，防滑，他们一休息我就赶快给他们披上衣裳，因为太冷了，有一些抬到十八盘就抬不了了。

问：从哪里往哪里抬呢？

答：从山下万仙楼卖门票的这个地方开始往上抬，抬到山顶气象站，抬上去再往下抬汽油桶。

问：回来的时候抬东西给钱吧？

答：来回都给钱，我抬到神仙庄就不能抬了，腿打哆嗦不能抬了，又给我绑上了个牛头杠子，我们五个抬下来的，那时候一上山就干两个月，不休一天。现在这些孩子不吃苦，下不了这个力。后来给三所挑菜、挑馒头，从二所装上挑子往（山顶）三所挑。挑馒头、菜、面，都是按斤。给二所挑的时候就"文化大革命"了。

问：你是哪一年生人？

答：我四九年，属牛的，今年六十九了，没有文化。我比庆成（指在场的范庆成）大七八岁。俺下大力的时候他还上学呢。他们干时没大吃苦。俺那时候吃苦了。我常记得"文化大革命"搞串联时，俺是很红火的那一派的，给三所挑馒头，也是冬天，也是下着雪。俺三队的是五枝花，五个闺女，那些大男人干什么我们就干什么，出发俺都跟着。甭管是挑山工了，挑柴火了，挑粪了，干么都是俺这一伙子干，拉车也叫着我们，一辆车配一个女的。那时候都是大闺女，娘们有孩子，出不了门，我们没点儿（时间限制），什么时候回来也行。修胜利渠道的时候，我们也跟着去。

问：修胜利渠道是哪一年来？

答：我记得修胜利渠的时候，"文革"还没结束，是七八年。从罗汉崖拉石头，地派车把都得扛着，车上都是石条子，不扛住很危险，回来的时候俺拉空车，拉空车不跟拉沉车（似的），空车往上去可累人了，可得扶住。主要是当挑山工，俺五个就是整盘子，给队里搞副业，俩月也不带歇一个班的。我记得那一年"文化大革命"搞串联的时候，有一伙子人和我们拉得很投机。俺五个他们就替我们挑了一个挑子，他们说俺们不能替你们挑一些，只能替你们挑一个挑子，俺们都是学生多了也挑不了。行啊，你们跟俺捎着一个也行，挑的小刘那个挑子。俺到了开山，他们就到了南天门了，那时候没大有上山的人，除了这些挑挑子的，哪有逛的玩的，很少。我们都到了，她还没到呢。上哪去了呢？挑着馒头，两布袋子馒头一头一袋子，那时候去了都查个（查馒头数），在山下查了个，上山再查个。俺都查完个了，捎上来的那一挑子怎么还没来呢？俺平常天好的时候都走小路，这回上呢，俺走的西神门，因为下了雪了小路不好走啊，她老先生（小刘）人家走的小路上不来了。人家给她担到南天门那伙子学生就走了。她自己担着那一挑子走了小路了。跌倒爬不起来了，哭得了不得，说明天说么也不来了，馒头都给人摔成沫了。人家也没法治啊，因为特殊情况是吧。那时候虽然累，但是也挺好，下来时怂得来嗷嗷地唱。我们都成了习惯了，早上四点多走，下午两点多就回来了，回来再上二所里搁了挑子，洗洗衣裳，准备明天再上。

问：你说的二所是哪里？

答：二所就在盘道上头，关帝庙里就是二所，就从二所里装上挑子上三所里送。三所是老三所，就是仙居宾馆。后来就是打山洞，我们就挑砖、水泥、沙子、搞副业。

问：这是从哪一年到哪一年的事？打哪个山洞？

答：山上，天街后边。俺挑上去以后就给他卸到操场上，我就担着挑子上秤，上过秤，放那里俺就不管了，就回来了。

问：应该是七几年的事了。

答：俺给他们挑砖的时候可会捣了，一个砖上砸一个角去，查个，又不过秤。

问：当时一个砖是五斤。

答：水泥整袋，俩人一袋往上抬。我和訾生兰一架，换肩都觉不出来，就和有感应似的了，配合很默契。这个抬么（抬东西）不能乱抬，不能今天和你抬，明天和她抬。搭档很重要，我一

直和訾生兰一架，和其他人不行，抬不到一块儿去。我们五个闺女是三个属牛的两个属虎的。

问：他们都叫什么名？

答：迎新、常爱玉、张金华、我、訾生兰，三队里的五朵金花，年龄差不多大，很泼辣。俺们都是大闺女，家里没有什么事，出去一天不回来也没事。在广生泉那打撇子（提水的撇斗），就和大男人似的，一男一女搭配起来打撇子。就是两个人用绳子从坑里往上倒水。这些活俺都干过。那时候累，在山上割牛草，就在那里住着，队里都喂的牛，割下牛草冬天喂。

问：咱这个地方也没有多少耕地啊？

答：俺喂的牛不少啊。山下边有地，烈士陵园前边不都是泰前的地吗，岱宗大街以北、烈士陵园、工人文化宫、泰山饭店都是三队的地，还有果园。后来地就越来越少了，那时候地便宜，就给点青苗补偿，挣什么钱呢？那时候麦子很少，种棒子，大部分都是种地瓜。上冻的时候我们都去拔地瓜秧子，手都冻了。那时候十月一种完麦子刨地瓜，都下了霜了，那时候比现在冷。反正俺这伙闺女给泰前也都出了力了。

问：现在她们都过得挺好吧？

答：俺这五个，刘生才的闺女现在是糖尿病，常爱玉早死了，张金华也是病病快快的，血压高，血脂高。

问：我看你身体挺好的？

答：平时也是腿疼胳膊疼的，一身的毛病。那时候下过力了，压得身子都不长了，个不高。现在身体好点的还就是我了。那时候谁注意啊，也知不道冷知不道热。队里养地瓜芽子，我们就上山砍柴火，冬天从河沿里拾块冻冻，用绳子挂到担子上，渴了就当水喝，那时候笨得不知道拿着水壶，拿水壶也是沉啊，冻冻串上眼，用麦秸管喝水，咪溜（小口吸）冻冻。为什么现在的牙都不好了，都是那时候冻的。没享着福，受的罪可不少。

问：你们当时往山上抬电缆，扎二十四人的架子，这是泰前做的吗？

答：是泰前啊。

问：架子都是谁扎呢？

答：架子自己扎，谁抬谁扎。

问：我刚才听老范说你家是祖辈的扎大架子？

答：俺二叔是扎大架子最出名的了。

问：我记事后就不再扎大架子了，有现成的了。

答：那是圆圆的大电缆滚子，里头都是很粗的线，两边都是木头，必须用两个很长的沙（杉）木杆，再横着放上两根，前头四个人后头四个人。搭架子一般人绑不了，有技巧，以前就是訾书记的爹，还有王长顺，这些老人家他们扎。俺就是回来时给他们扛着，还得有两个备用的人，万一有不行的你得接着上。前边有拉纤的，有喊号的，上十八盘的时候得喊号子，休息完了一块起的时候就喊一、二，一块儿用力，要是有一个没插肩膀的就把另一个压倒在地下了。我记得那年我十八岁，在后面给他们担衣裳。死的那个马逢春，个子挺大，挺好脾气，俺们兄妹相称。走的时候他就快点给我绑上担子，把他的棉袄放到底下，怕人家都嫌脏啊，我好歇着的时候坐到棉袄上，把他的棉袄搁底下。你看那时候累点，人和人的关系比现在强，那时候人团结，好脾气，什么都不在乎，那么没钱也不很计较，那时候人直，实在。俺回来的时候嗷嗷地唱，那时候领着我们割草去，他们就喊着我的小名让我起个头唱个歌，我们就嗷嗷地唱。心里很高兴，挺恣。该是吃好的嘛，就是大锅煮上一锅地瓜，那时候也不吃好的也不喝好的，人就是有那个劲头。现在也白搭了，都老了，你在屋里做饭，跑进去就忘了拿么了。那时候我常记得干挑山工的时候，刘某的闺女，没大有文化，走到那个中天门上十二连盘那里她就咋呼（喊），昨天晚上谁听天气预报来，俺说俺都老早地睡了觉了，都没听。她说，我听了，四十四度的风，多云到少云。都笑得抬不起来了，上不去了，一步也迈不动了，放又放不下，都说你这个苦瓜妮子，听的什么天气预报啊。

问：那时候走到盘道上要是下了雨，也没个地方躲，就得淋着吗？

答：就得淋着，又没有雨衣，有时候拿着草帽子，要不就什么也不拿。草帽子也买不起，那个边都烂了也都戴着。十分工才二毛多钱。到秋后座下之后，大部分都不够，连粮食钱都不够。姊妹们多的、没大有劳力的这些还欠着队里钱。

问：你哪一年结的婚？

答：我结得晚，二十七岁才结的婚。那时候也是挑拣。穷嫌富不要，上乡里去我不去，富的人家还不要我。农村人又没有文化，你看在这里挑、担这么累，还是不愿上农村去。上农村去一看那个地一眼看不到边，就愁得慌。泰前的闺女找到当庄的很多，就是找到外地的她也不走。人家都说你泰前

的地，草帽子底下还盖着一块呢，都是瓢一块、碗一块的那样的地，还都不愿走了。

问：当时最多挑多重？

答：我最重挑的比我自己的体重重十一斤。人家问我怎么挑上来的，我也知不道怎么挑上来的。男同志有挑过二百四十多斤。后来回民街上就有一些挑山工了，俺都熟了。最早的挑山工就是俺这里。

问：那时候当挑山工就是来钱快一点。

答：没有其他赚钱的门路，给队里搞副业啊。再就是上林场干活去，上摩天岭上栽树去。

（范庆成插话：我倒没当过挑山工，就是七八年的时候往山上运过砖。）

答：那时候都有任务，学生都去，义务必须得去，没钱。

问：刚才采访老万说，一百斤三块钱，挑山工维持了十几年。

答：从我当挑山工一直到不干了，都是三块钱。一直到八三年，还是三块钱。那时候我找这个对象你看着不怎么样，他是个工人，还都挺羡慕我来，那时候才二十多块钱。

（插话：当时国企工人挺吃香的。）

问：那时候吃喝一个月才八块钱了。

答：那时候一斤肉才七毛钱。那时候我长

得不怎么样，还找了个工人哩。

问：哈哈，命好。

答：水泵厂垮了以后，他们介绍了个轴承厂的活。后来轴承厂也垮了，都不行了，都下了岗了。儿子、闺女、老头子都下了岗，闺女是八年的工龄。

问：闺女现在过得怎么样？

答：一般吧。俺的儿才进厂四年就下了岗了。

问：现在儿子干什么工作？

答：算是跟着人家干，能混上吃就不孬了。闺女、媳妇都不上班，接送孩子。我现在是个大闲人了。

问：你算是退休啊，也得有退休金啊？

答：我有退休金，一个月两千多。俺自己买的工龄，有十年、十五年、二十年，最多买到二十年。我家去和老头一商量，咱不买了吧，咱哪有钱啊，那时候正好两个孩子都上学，一分闲钱也没有。俺老头说不行，咱找庆成兄弟商量商量去。那时候还不大相信这个养老保险，俺兄弟说他觉得是该

买，这是国家的，这个绝对没问题。我说哪有钱买啊？俺兄弟说他这里有钱，用多少拿多少，就在俺兄弟的支持下，我买的养老保险。正好俺兄弟刚卖了楼，分的房子卖了两套，一套十六万。

问：三十二万那时候不就是巨款吗？

答：俺兄弟说不但买，咱还得买个最高的，买个二十年的，你用多少钱从我这里拿多少钱。俺兄弟媳妇说，你现在也别还我，等到孩子都上了班再还。我有困难的时候都是他们帮我，到现在也是，一有事我就给他们打电话。我到现在就说（对象）张怀银一辈子就干了这么件好事。俺老头说那也是咱兄弟先给咱垫上的钱，要不是咱兄弟咱也买不上。

问：除了这两千多，村里现在还给点吧？

答：九月九给两桶油，过六十岁的。平常什么都没有。我退了这就十九年了，才拿两千二百多块钱。

范庆成，男，1957年出生，汉族，高中，泰安市泰山区泰前居委会。

采访范庆成、范英荣

采访时间：2017年4月25日

问：庆成你从什么时候开始挑山？

答：我没大干过挑山工，我记得小的时候第一次担十一斤，担沙，一边一个小书包。

问：从山下到山顶你走了多长时间？

答：记不清了，那时太小的，有十来岁吧。

问：能挣三四毛钱，是假期里干的吗？

答：应该是假期，跟着我母亲一起上山挑。母亲也挑，老爷子也挑。

问：父母亲都挑啊？

答：他们也挑，不过没挑这么多的趟数。俺三叔抬大架子的时候都有他，还有訾某他爹。我父亲是后师毕业，关帝庙师范毕业（中华人民共和国成立初期成立的泰安联立师范）。我父亲原来在厨房里挑水，他边挑水就边跟着学，就考上了。毕业以后上了农村，五几年的时候兴回乡（就回乡了），后来自己不干了，我父亲写的字可漂亮了。那一年栓住（脑血栓）了，躺在床上六个月不能动。那时候我没时间，都是我媳妇照顾，两小时翻一次身，每天擦身子，拉尿都在床上。

（范英荣插话：人家同病房的都夸奖，这个媳妇不孬。俺这个兄弟媳妇就是心眼好，对谁都不坏。俺那两个孩子小的时候穿的面包服都是她买的，还没结婚就给买衣裳。）

问（范英荣）：现在儿子、闺女过得都挺好吧？

答（范英荣）：还可以吧，比好的是不行，能吃上饭就行了。

（范庆成插话：现在，我姐姐他们几个老人没事就坐公交车上山、赶集玩去。）

答（范英荣）：反正坐车不要钱，水牛铺、卧牛石、大津口到处地玩去，国家有这个照顾，一个月六十趟坐不了，不干活还给钱，我们很知足。在烈士陵园打牌的那些离退休的人，一个月都六七千的工资还在那里骂这骂那，俺那时候才一千来块钱，他们还不知足了？我说你现在多少钱的工资？他们说六千来块钱。我说你顶俺六个人了。俺也想拿这么多，俺可得捞着了，你拿到六千块钱你还嗷嗷地骂呢，俺这千数块钱俺也挺高兴，又不干活，那时候俺干活的时候还混不了这一些钱呢。你们都是机关事业单位，俺是农村，觉得有这个退休金就很不错了，挺好的，挺知足。他们都不知道俺拿这么少的工资，我说你知道俺下了多少力啊？

问：上边（政府）也知道这个差距了，正在缩小这个差距。

答：实际上你别看钱这么少，俺可是挺知足。现在有点花项的话，和人家借两个我也有指项还，因为我下个月就又发钱了。

问：现在农村老太太一个月给她八十块钱也挺知足。是国家照顾老年人的，有的好几个儿女没人管，吃饭是没有问题，都给她粮食，但是你给她这个钱，她就很高兴，当个零花钱，买个油盐日用品。这就是共产党办的好事情。

答：我现在不大离儿地就跟俺兄弟说，俺这有钱了，你不用这么挂着俺了，俺有退休金了，要不是挂着这些孩子，俺和你哥这些钱够花的。

问：最起码生活没有问题，月月有钱。

答：其实光俺俩花根本就花不了，就是顾着这些孩子，都下了岗了，也有上学的。

问：对，有的拿着成千上万的工资他不知足，有的很普通的职工拿很少的钱他很知足，高兴开心就可以。

答：人啊，知足才常乐。

问：我们在大津口采访的时候，有一个挑山工跟我说，他拉着多少斤柴火上南关卖了，买了几斤烤鱼子，花了几十块钱买了个收音机，他说我把收音机放到地排车上让它响了一路子，那个高兴啊！

答：那时候回民街上打锅饼，咱这里也没少卖了柴火，锅炉厂也送过。那时候没大有混钱的门路，除了挑山工就是卖点柴火，知不道找点什么单位混点钱。

问：那时候大环境就是这样。还有专门给人家上西河里去挑水的，一挑子多少钱，就是靠力气挣点钱。不是和现在似的找个工作，干什么都挣钱。

答：那时候给人家当丫鬟（保姆）管吃就行。

问：那时候的体制结构就是这样，把农民死死地固定在土地上，你出去半天也得跟生产队里请假。

答：对，不请假给你，你上哪里赚钱去啊，你做点小买卖门也没有。

问：到以后乡镇企业起来了，农民有一些自由了，在乡镇企业上赚点钱。你（范英荣）这个性格好，能说能拉，心情好。

答：我就是好说说，你哥（指她的老伴）就说我是话匣子。俺兄弟、兄弟媳妇不大离儿地就叫我过来吃个饭，俺姊妹们的关系算是比较好的吧。

（范庆成插话：俺姐是个热心肠，邻居百舍、红白喜事都帮忙。）

（插话：你这属于行善积德啊。）

答：我光给那些死了的穿衣裳穿了七八个了，有一个好处是我不害怕，谁家有事，他们说了我就快一点儿去。

问：你（范英荣）家的老爷子是老大，庆成他家老爷子是老三。

答：我还有个二叔。是个光棍，好喝酒。

（范庆成插话：俺这个二大爷当年也是个人物，当时明的是国民党的人，暗的是共产党的人。四八年，道朗的鬼子来大扫荡，他们这一伙就在十八崖设伏打鬼子。）

问：范大姐，光你队里的这五朵金花就很有代表性，女同志当挑山工的不多啊。

答：实话实说，这都是咱亲身经历过的，原来回民街上也有几个女的当挑山工。

问：大姐你非常质朴，现在和孩子一块儿住的吗？

答：和儿一块儿住，在泰前办事处前边住，靠山吃山啊，就是俺那边的地多。

问：就是烈士陵园那边。

（范庆成插话：红门景区那边原来就是土地庙，村的正中间是关帝庙，随后改成国民小学。）

问：闺女对你好还是儿媳妇好啊？

答：俺这些孩子还都算是不孬，闺女挺懂事，儿好不如媳妇好，闺女好不如女婿好，儿媳妇是两好搁一好。

问：聪明的婆婆出去都夸儿媳妇好，这样一鼓励，儿媳妇表现就更好了。

答：俺儿媳妇进大门不喊妈不说话，就和亲闺女似的，吃饭不挑食，孩子开学后他们自己做饭吃，放了假就是我管了。

问：接孩子你管吧？

答：我不管，他们自己接送。我干活不好指使人。

问：庆成是当舅舅的。姑夫、姨夫都是两横一撇一捺那个"夫"，只有舅父是父亲的"父"。治不了的事，分家了把他舅叫来。

（范庆成插话：这个我知道，结婚的时候，舅舅贺喜的帐子得挂到中间。）

答：对啊。这些红白事有好多讲究，丧事上戴袖章、系草绳都有说法，死了女的戴右胳膊上，死了男的戴左胳膊上，人家一看袖章就知道死的是男的还是女的。

问：没结婚的新女婿来吊唁有什么说法吗？

答：没结婚的新女婿系腰绳得给他系上个红毛线，斜着系，死的是女的系的花在右边，男的系在左边。

（范庆成插话：你别看俺二姐没文化，村里这些白公事都找她去。）

问：你这边住的房子都是泰前的吗？

答（范庆成）：不是，是自己买的。（一平方米）八千多。这边停车、供暖、买东西都挺方便。（你们刚才采访的）老万这个人是个好人，原来生产队的时候一直干会计，从来不忽悠人。

问：关家、尹家在泰前都算大户啊。泰前有姓郭的吗？

答（范庆成）：郭家就是郭明启这一家。

问：康有为当年在这里买了个房子，临走就交给郭家来管理了。在罗汉崖那个地方。

177

答（范庆成）：小罗汉崖最顶上有郭家的房子，经石峪上边不是两个岔路吗，一边是上泮河岭的，这边是上摩天岭的，里边有郭家的老宅子。

问：康有为买完了这个房子上的青岛，当时属于斗母宫的地产，斗母宫以很低廉的价格让给他的。

答（范庆成）：就是从罗汉崖这个路一直走，走到头往左拐，这边这一家就是郭家，过河不就上斗母宫嘛。关家父亲这一辈人口碑很好，关家老爷子有一个郭沫若喝过水的茶壶，因为当时关家是上山的必经之路。有一年，关家（那个老爷子）得了吊旋风（面瘫），在八十八医院住的，不想活了，跳了虎山水库。这么高，有十好几米，跳下来一点儿事也没有，就是让沙粒硌破了点皮，到医院一检查一点儿事都没有。这个人一辈子行好，干了一辈子好事。

老爷子也是个老挑山工。后来挑不动了，谁到他的门口，甭管是挑山工也好，游客、香客也好，他都给水喝、给饭吃。那时候我上山刨药去，我就在那儿吃过饭。北屋是他住，一边是饭店，一边是住宿，老爷子谁去他也是盛情招待。他没有看不起的人，你就是个要饭的，到那里去，他

也给你口水喝，整天点的炉子。

问：你们这个家族很有意思。

范庆成：是，我问过俺爹，我爷爷那时候在红门庙里是大厨。后来我们一家上了青岛，我大爷是青岛银行的行长，是个人物，我母亲给我拉的一件事我记忆很深刻。俺大爷说过，去找他的老乡，不管谁给他送什么东西来，喜欢还是不喜欢他都很高兴地接纳。而且我大爷对饮食上很有研究。

范英荣：我是青岛生人，没见过青岛什么样，出了满月就回来了。

问：前两天青岛围绕民国时期的青岛银行还拍了个片子叫《青岛往事》。

范英荣：俺爸爸三点钟死的，我六点钟出生的，很苦啊，出生就没有爹了。俺娘的呱（说）的，从青岛到这儿来坐船，把我抱到船边上三回，想把我扔到海里，没那个人了，再抱的孩子回去干么去呢？（到底）没舍得。我说那时候你还不如把我扔了呢，省得我后来受这么多罪。

范庆成：我大爷在青岛就是泰安的靠山，就是泰安帮的头，都靠着他去了，我大爷一死这个靠山就塌了，就都回来了。

范英荣：我爸爸一共没弄回来，盖楼就盖那里了，后来再取去就取不回来。

问：你可以到青岛旅游旅游去，那毕竟是

你的出生地。

范英荣：刚满月就回来了，把我抱到船边上三回，想把我扔到海里。我对青岛一点儿印象都没有。

问：你那叫大命的，大难不死必有后福啊。

范英荣：年轻的时候受了罪了，老了还行，挺知足，看电视喝个茶，就挺惬了。

问：现在还能记得老爷子这些事吗？

范英荣：据说他很少打孩子，我记得（哥哥）范文杰给我拉，俺爸爸就揍了他一回，他去打豆腐脑都洒了，拿的空碗回来了，揍了他一巴掌。

范庆成：我听说那时候泰安去的人都投靠我大爷。

问：范大姐，老爷子哪个名？

范英荣：俺爸爸叫范锦文。

问：你是什么学历？

范英荣：我没学历，没上过学。那时候穷啊，俺母亲拉扯的俺姊妹三个，没了俺爸爸了，回到泰安来，还上学呢，没饿死就不孬了。我还有一个哥，一个姐。俺原来有个二哥来，活到十一岁的时候死了。

范庆成：范锦文、范锦章、范锦芳，这是他老兄弟仨，我父亲是老二。我们和洼子街这边、下河桥这边姓范的近，我父亲还活着的时候，在洼子街头上

有一个脖子上长了瘤子的爷爷经常来。我听他们说，我也不大相信，他们说我祖上是开镖局的，被杀了的（慈禧太后的）太监安德海，就是从南关俺家的镖局里绑走的。

问：安德海就住在洼子街，据说当时他知道有人要办他了，他就把东西都扔到他住的那个地方的井里。逮了安德海之后，这家子人家把东西都捞出来，暴富。你姐姐还能记起以前你爹的事吗？

范英荣：俺姐比我大四岁，也不大记事。

问：就是老爷子在青岛突然去世了，那时候家境应该很好，该有点积蓄。

答：有积蓄回来也都分了，我记得那时候拉过，回来之后有点积蓄分到三下了，二叔、奶奶，还有俺，三下的。

范庆成：我的老家就是一天门下来东南角上第一家，有一间草屋我记得很清楚。

范英荣：我在家里的时候就和你大娘住在那一间里。

范庆成：我父亲给我讲了很多我大爷的事，但是我都忘了，我记得父亲说我大爷做菜的时候，这一桌子菜可以不用肉就能全部都做出来。

（张玉胜插话：我父亲也给我拉过，20世纪60年代穷的时候，什么也没

有，鸡啊，鱼啊，都是用地瓜做出来，很逼真。）

范英荣：我听说生我的时候，我爸爸病得很厉害了，我奶奶照顾他，他就对奶奶说，你去照顾她（指她母亲）去，她生了，生了个小妮。那时候我还没出生呢，他就知道我是个小妮。

范庆成：我大娘是东关的娄家，应该是东关那边的大族。

范英荣：俺娘呢，倒是挺漂亮，就是个子矮，黑。

范庆成：（我大娘）精明强干，很爱干净。死了二十多年了。在我记忆里她的头发从来就是梳得溜光溜光的，一根乱头发都没有。这就是贵族习惯下来的。我就从来没见她慢走过，没见她低着头走过，走路很快。

范英荣：最后（家里）穷，没有发油，她就用梳子蘸水梳头，小放脚，裹了脚以后又放开的。

（张玉胜插话：我母亲九十岁了，就是小放脚。裹脚的时候她嫌疼，偷偷地放开了。民国的时候就不让裹脚了。我母亲四个兄弟们，三个姊妹们，我大姨裹的脚就溜尖溜尖的，我母亲那时候也让裹脚，后来就不让裹了，放开了，就成了小放脚。那时候用一种软化骨头的中药泡脚，泡了以后就用白布缠住再缝住，实际上就是硬裹啊，把骨头都裹断了，可受罪了。）

范英荣：我这个长相，白里下随俺爸爸，矮里下随俺娘。俺姐高个子随俺爸爸，皮肤随俺娘黑。

（插话：过去你说是中农也好，富农也好，地主也好，他们富，当然剥削是一个方面，还有一个方面，因为他们是一些勤劳、有思想的人，要他富不起来。）

范庆成：改革开放以后，不论成分了，大部分地主、富农都发起来了。有一些贫下中农为什么不行呢？他不会过日子，不会盘算，吃喝不愁就满足了，他上坝沿底下晒太阳去，他也不动那个脑子……

林文明，男，1933年出生，回族，高小，泰安市泰山区市场街居委会。

采访林文明

采访时间：2016年9月22日

问：林大爷，怎么称呼您哪？

答：我的名字是我的一个大爷起的，他是当时泰安衙门的师爷，算是有点墨水的，我叫林文明。

问：老人家叫林文明？

答：双木林，我这个林跟林彪的林不是一个林，我是回民的林，林彪死在温都尔汗，他和叶群。一些旧社会的事咱也没法说。我以前好看点儿书和一些小材料，过去说西凉，戏台上鞭子一打就到了，就是现在甘肃宁夏。我就常常说：说书的嘴，唱戏的腿，马鞭子一摇就到西凉了。哎，就是这么回事。

问：你上过几年学啊？

答：我上过高小，旧社会在徐州跟着叔叔念过《三字经》，上过私塾，跟着婶子在车站卖过面条，卖过水什么的，净些跑买卖的。

问：在徐州时多大啊？

答：解放前，够十岁了。我现在小脑萎缩，心脏也不太好，有些事别攀比，一攀比就生气。我五六年也当过几年兵，五六年第一批义务兵，在荣成，警七团是回民团，归山东军区管。我是六〇年复员，我这人不怕吃苦，我在部队上是挺进步的，三年内就提成班长了。我和你打听一个人，你港上（村）有个叫金春城的吗？我和他一块当的兵，当时我领队，想培养成军官，我自己这样想啊，铁打的营盘流水的兵。当时当战士六块钱，副班长九块钱，班长十二块钱，现在一个士官当个班长就三千多块，现在你打工也挣不了这么多。可这么说，邓小平上了台搞改革开放呢，毛泽东那时候穷干部，他都穷了，其他的更穷。我看过一个材料，江青去大寨视察，经费从毛主席稿费拿出来的。大寨陈永贵，那时候是工业学大庆，农业学大寨。

问：当时在哪里上的高小啊？

答：就在河西的清真小学，解放前后都在那上过。

问：今年整八十吗？

答：我八十四了，虚岁，属鸡的，阴历十月的鸡。

问：哦，三三年的。

答：我往往和他们说，按之前说法，我这个年龄，就该走了。孔子才活了七十三岁，孟子活了八十四岁，他们都是名人。七十三、八十四，阎王不叫自己去，我自己都这么消极。为什么这么消极呢，咱这个一些事也不懂得，现在医学这么发达了，以前人活七十古来稀，现在活百八岁的人也有啊。

问：现在联合国有个新标准，六十五岁以下都算青年人。

答：街上有个嫂子活到九十八岁，没什么条件，九个儿子，没有闺女，光说九个孩子办弄着吃吧。以前吃小豆腐、胡萝卜、地瓜，那时候便宜，地瓜四分钱一斤，穷人吃的饭不值钱，拾了白菜帮子来自己做小豆腐，现在地瓜、胡萝卜都成贵的了。

问：做挑山工的历史是从什么时候开始的？

答：是六〇年，当兵以后，干的挑山工，那时候是地委啊，一辆公共汽车，一个交警……

问：当兵回来是六〇年，那时候回来怎么没安排（工作）？是六〇年开始干的吧？

答：那是六〇年回来干的。

问：那时候您年龄多大？

答：二十七。我光知道公元大、民国小，民国加十一年就等于公元多少年，民国的年号。

问：干挑山工的时候咱这边人多吧？

答：河东水西。河东是北新街，河西是清真寺街，那时候没有活啊，卖点东西就算是投机倒把，你自己弄点花生、棉花要卖，必须得有队里的证明信，所以只能干点力气活，拾柴火、挑山工、拉大车。那时候酒厂需要柴火，我们把柴火送到酒厂，酒厂给三斤酒票，地瓜干酒，地瓜不值钱，地瓜干也不值钱。我们再把酒票换成酒，然后卖了。自己喝酒才九毛钱，论斤九毛。

问：现在还喝酒吧？

答：现在我还喝，一天喝二两来酒，从那下了力我就有这个嗜好，不光喝酒也抽烟，我出来的时候拿上一盒子烟，在家抽烟袋，抽旱烟，烟酒都没戒，不过是减少了。我说话就说良心话，我不怕别的，我就怕出了毛病，半死

不活上医院不好办，现在离钱不行，光进去这套检查就是几百块，又是磁共振啊这个那个。每逢街上来了检查身体的，我就查查。喝酒一天喝两顿，用的玻璃杯子盛，二两来酒，现在不大能喝了，年轻的时候一顿能喝七两来的。

问：挑山工干了多少年啊？

答：干了够二十来年，从六〇年，后来上厂，可年龄大了人家不愿意要了，所以一直没工作。现在呢，我街道上给办了低保，从一百元长到三百元多一点，我不断地吃药，我觉得吃药就比去医院强，去医院要有费用。我现在有医保，年年上街道上交钱，俺有低保证的交的钱比较少，没低保证的交二百元，俺交七十，也交过四十，按这个规定。

问：干挑山工主要是走哪个路？

答：多数是走中路。从岱庙一直到山顶，都有定价。六〇年从岱庙一百斤沙子挑到红门是四毛五，规定到斗母宫九毛，到山顶三块钱一百斤。那会儿想干个壮工也不容易，没有多少建筑工程，那时候。

问：一般都是挑什么？

答：沙子、水泥、殿上的东西，脊瓦、筒瓦、屋脊上的（兽）吻、打底砖（八

砖），哈巴狗子，轻的就挑，沉的就抬，比如说张嘴兽不够一百斤，九十斤找个人和你抬再配上些么，岱庙里、山顶上有些琉璃瓦，人家都嘱咐，你挑这个得注意，坏一个比你那工资都贵，琉璃瓦是从曲阜那边订来的。

问：到中天门多少钱？

答：到中天门算是一半的钱，一块五，从中天门挑到十八盘下边那一块斜盘（调支盘）还不能算整个的钱，给两块八。到玉皇顶还是三块钱。有的给建筑工人挑干粮，不是整一百斤，九十斤也给你算个工。

[此时，北新街居委会书记陈广义也进来加入采访。]

问：都是自己带干粮吗？

答：对，都是自己带，有的比较困难的也是舍不得吃。俺街上家里孩子多，省给孩子们吃，还有老人，那时候力气不值钱，可是我要是在山后割一百斤黄草来能换三斤地瓜干。

问：黄草是什么？

陈（插话）：黄草是盖草屋用的，草屋分好几种，一种是谷子的杆草，一种是麦秸，再一种是黄草。黄草最撑时候，其次是杆草，最差是麦秸。黄草能撑十年，杆草五六年，麦秸也就是两年。

问：都是在哪里割黄草啊？

答：在山后，过去龙角山，后边三岔那边，那里有林场，俺在这边干活和界首那边过来的还对个对头，那时候力气不值钱，和现在不（一样）了，一个妇女在海里坐在船上，手里捞点在水里飘着的东西就得七八十（块），一个男人就得百八块，界首那边过来也是割黄草啊、拾柴火，最远到过瓦屋脊。

问：现在叫桃花源。

答：对，那时候还跟界首的打过架，因为割黄草、拾柴火。那时候力气不值钱，东西值钱。

问：像你这样的老挑山工，河西谁还健在？

答：对，那边都没了。

问：还有一个智力有点问题。

陈（插话）：就是那个五保户，小时候跟着他父亲。得七十岁了。咱这边的土话挑山工就叫"南北道（倒，倒腾？）"。

问：为什么叫南北道？

陈（插话）：从南到北啊，从岱宗坊到南天门一条道。

答：从岱庙到南天门。以前他们讲泰安有四咬（别扭），南天门在北边，北集坡在南边，东油（牛）在西边，西张店在东边。九阁四咬八大井。

问：东油（牛）是哪里？

陈（插话）：东油在夏张那边。

问：九阁四咬指什么？

答：玉皇阁（阁，牌坊阁子的统称）是，电影院（双龙池）那边还有个贞节牌坊。现在都去（拆除，没有）了，原来进去好几个牌坊。解放前升平街还分两个，东升平和西升平。

问：八大井是说的水井？

答：对，就是水井。

陈（插话）：我们这边还分圣泉街、北新街、登云街，现在都叫北新街。登云街就是现在一中、天主教堂那个地方。南边叫登云街，北边叫北新街。

问：我听说，"文革"前后，北新街改称东胜街，清真寺街改称中胜街，校场街改称西胜街。听马英书记说挑山工后来有领工资的是怎么回事啊？

答：那是后来转正了的。

问：转正属于哪个单位？

陈（插话）：领工资是怎么回事呢，你像我文明叔是供的气象站，老黑叔也供的是气象站。

答：是616台。

陈（插话）：对，616台，杨少鲁是五所，就是神憩宾馆。杨是后来成了五所的采购了，转正了。老黑叔（许善纯）也转正了。

答：到街上领工资是说的到街上副业上领工资。挑到最后的就是文明叔，不过气象台对转正认识不够，没给转正。

问：那时候索道开了吗？

陈（插话）：八〇年以后修泰山西路，八三年索道开通，那时候有个日本技术员黑山。

问：具体干到哪一年？

答：搬迁回来，拾柴火。

陈（插话）：九三年搬迁回来的。

答：拾柴火回来寄放到电子管厂，有个熟人，现在没了，东平电缆厂买了。

问：你说的是新泰电缆厂？

陈（插话）：挑了一辈子山，也不腰疼也不腿疼。人品好，冻死迎风站，饿死不低头的骨气。没傲气，有骨气。

答：气象站很和平，我那时候通过军代表，本来有个指标要给我转正的，结果后来事不遂愿，劳动局当时有七个女的想去气象站落落脚，然后再调走，气象站没同意就得罪劳动局了，连累着我也没有转正。但是他们都知道我认真，一些仪器挑之前我都要看看。后来局长叫刘涛，他媳妇在北新街入的党，张胖子。站长说，文明啊，你把你的指标让给局长太太，我说行啊。气象局也不分一个派，分两派，内部有矛盾，结果当时去劳动局办正式手续也没办了。

问：你说的是什么时期？

陈（插话）："文化大革命"后期。

问：林家在河东不少吧？

答：不少，大姓。

问：你兄弟几个，行几？

答：兄弟四个，我是老大。就是二兄弟没当过兵，老三老四都当过兵，都还在。要是走的话，我得先走哎。

陈（插话）：一个妹妹。

问：你父亲那一代兄弟几个？

答：兄弟俩。我父亲叫林凤杰，那时候也在泰山抬轿子，老百姓叫拉拉兜子，末了他就碰到军阀黄世新，裹（胁迫）着他上南了，他和北关里的乡长杨富臣他们认识，人家在半路上就回来了。我父亲到上海有熟人给找了个活，在共和祥码头杨树浦路有限公司看门。

问：什么时候回来的？

答：没回来，年轻喝大酒，一瓶子酒，那会儿说是心口疼，实际上是胃疼，就死在上海，在那里就埋了。

问：什么时候的事？

陈（插话）：解放前。

问：那时候你才十来岁？

答：不对，解放后还去过一回，我记着给他送饭去，坐8路电车，我胆子大骑自行车抓住电车就省两步，那个人停下车下来，过来打了我一顿：小孩你不要命了！

陈（插话）：你去的时候是哪一年？

答：和我奶奶去的。

陈（插话）：你那时候多大？

答：我那时候有二十多了。

问：那得是五三年往后了。

答：我记得那时候有个运动，叫肃反？

问：那时候"肃反"是五五年，二十多了？

答：那时候公司里有个有问题的，还从楼上跳下来死了。

问：什么原因？

答：咱也不知道。

问：你家这几代生活水平算什么个水平？

答：吃糠咽菜，地瓜、胡萝卜、野菜，窝窝头里还得掺上菜，在毛主席那时代还吃过无粮饼，没粮食的饼子叫无粮饼。

问：无粮饼是么？

答：就是没粮食的饼，光菜，一点儿粮食也没有，叫无粮饼，苦隐隐的。

问：九三年之后就不干了？

答：气象站给我说过，10月份，老林你上来登登记，来个住客么的，我们开旅店。我寻思我一个回民，他给我两个钱，吃饭不方便，我说你们一片好意我领情了。又说家里有个小孩给你安排下，我倒是有个小儿，还舍不得叫他去气象站。就回到家里和他们刨土方、拾柴火、干粗拉活。

问：就是一直干到六十岁？

答：我记得五八年的时候还上了趟山，我挑得稍多。

问：那时候都是挑什么？

答：什么都挑，他们在山上挺苦，我现在家里还有一个挑子，俺那张站长给照了张相，我给他挑的洗澡盆子。他们和现在不一样，在山上得有皮袄、皮裤什么的，所以我挑到西神门下边老奶奶殿，他说：老林你回过头来我给你照张相，他就这么给我照了张相，现在照片还在。我还有那样的照片，和北京新闻司的闫永腾，那时候气象站是先进单位，有个技术摄影的太太，还有几个老头子实验农业都得上气象站，都和他们照过相，都在家里。人家不给我底版，可我也不要，我琢磨着那帮老头子是死了，比我年龄大，那些年轻的也得七十好几了。

问：在挑山过程中遇到过什么大事、大人物吗？

答：那年赵丹来过。那时候还是挑着架杆，歇歇。咱这电线杆子这么长，在两边墙子上就放在那里啦，管委领上人来啦，我说咱把这杆子拿到这下边，别碍着走，挑山工也不行啊，这里是路，不能让人家钻啊。

问：你怎么知道是赵丹？

答：我以前都看过这些老片子。

问：你看见赵丹了吗？

答：看见了，比以前老，他和片子上不大一样，不是演过《马路天使》吗？最喜欢看影片、戏剧，黑夜有十一点的我也去，我也挺爱好音乐。

问：都是会什么乐器，会唱什么戏啊？

答：乐器都让虫子 jiang（蛀）了，拉二胡也是二把刀，京戏能唱一段，评剧也能唱一段，吕剧都能唱一段，我对吕剧不感兴趣。刘兰芳专门说的是杨家将，我最好听单田芳的，单田芳说得准，各个方面说得挺好，我这两年才不听了。我以前光收音机七八个，坏了我也不修了，再买新的。

问：赵丹是哪一年来的？我记得八〇年去世了，至少是七九年，应该是"文革"后。

陈（插话）：郭沫若来你碰上了吗？

答：我听他们拉过。大桥上那几个字（泰

山大桥）是郭沫若写的。我和四槐树的（那家人家）挺好，我就和他们拉，三叔啊，郭沫若来相中了他们的一把泥子壶，他那泥子壶上面细、下边粗，也是锔了的，叫孟臣壶。他家里有燕子石，就是那个三叶虫化石。那时候泰前村的书记吴开富跟着上的，还有刘安德。

陈（插话）：刘安德说郭老给写个字吧，给写了个"少说多做"，我爷爷是瓦匠，山顶上没活儿了，就抬山轿子。

问：现在抬山轿的还有健在的吗？

答：没了，最小的两个大头白安琪和河西的小蛋儿。

陈（插话）：抬到最后是黑蛋和大头。

问：叫什么名？

陈（插话）：（黑蛋）王洪友，大头叫白安琪。七三年、七四年还见过轿子。山轿子就和个圈椅一样，一边一个和杵杠一样的木杠，来回从大门上走，走的时候抬着，回来的时候扛着。

问：其他街上抬山轿的还有健在的吗？

答：没有了，（原来）咱城里（人手）不够了，上枣行也好，干么也好，叫了人家来打补丁，一般的咱那活少了，不用他们。这轿子它本身，我听老一辈的拉，叫"拉拉兜子"，一个轿窝子四根轿杠，都能卸下来；两根皮

条，由铁箍纫进去，挺简单。他们现在有的抬的不是轿子，是南方南霸天坐的那个，是"竹嘎嘎"，那不是轿子，轿子在咱泰安叫"爬山虎"，"爬山虎"就是轿子，老百姓叫"拉拉兜子"。那两根袢值钱，都是皮的，没有假的，连那栓皮条的扣都是皮条的。这个东西可是规矩，你抬着抬着断了，伤了人，了不得啊！

问：现在抬轿子的是没有了？

陈（插话）：没了，俺街上这些是抬到最后的，抬轿子、泥瓦匠是俺街上唯独，河西是摸刀宰羊的宰牛的是主业，他们抬轿子、挑山的少。俺这条街上出泥瓦匠，出抬轿子的，出挑山工，因那时候岱庙一些活儿以咱这街上为主，和组长一样，挑石灰、砂子、水泥等。

问：你给气象站也是挑那些建筑材料？

答：主要是仪器，后来他们弄了个食堂，又开了个快餐部，我又给他们找个人采购，那个人不太规矩，本来一毛钱的东西他多报，后来就辞了他，也是乡下的，他比我年轻。他还说：老林你也别和事一样，以后我把你这些活都给你顶了。我说：你也别吹，你要是顶下我去，我就从现在连姓都改了。我在这里待了多年了，我

要拿出这些资料来，我说我要和他打官司，我还能赢了，我不喜欢官司这两个字。这孩子长得粗拉煞（粗拉得很），给他起了外号"秃头"。卧龙峪、上峪、下峪、唐庄，我都熟，那时候缺人了，就从这些地方找，那时候城里人不够用的就在乡里找。乡里的他们倒是愿意出来，可他们要往（生产队）里交费用，咱那一霎里（那段时间）交得少。末了马红德去领钱，准是一块钱扣俺三分钱。马洪德是俺那街上的干部，是街长，街长就是主任，相当于村主任。

问： 居委会什么时候有的？

陈（插话）： 居委会是"文化大革命"后期，在此之前是马洪德、杨洪文，马洪德开过饭店，他那大闺女就是你港上（村的）。

林： 噢，对，名叫大凤啊，她哥叫大海，俺俩是同学，现在死了。

问： 平时爱听个戏，听个评书？

答： 得七八年前了，从老太太走了，这一套听戏听这个的基本不动了一样，没事看个报，电视报，不是为了看节目，主要是看艺人的动向啊。我注重看那个葛存壮，《神秘大佛》是他们演的嘛，他也走了。我还注意一个演员，《冰山上的来客》里的叫梁音，

我寻思着他的年龄没这么大，弄了半天他比我还大，九十多（岁），他是东北的，他也走了，我看电视报就是看他们动向。

问： 按说你高小毕业找个工作不困难。

陈（插话）： 你回来不是在泰汽参加过工作吗？

答： 我当时（当兵）走的时候不属于武装部，属于兵役局。我回来这个兵役局就不存在了，一些事啊是武装部。我还跟武装部部长抬过杠，为什么和他抬过杠呢，他让我去开会，开会倒是行，得几天？他说不是一天两天，开一个星期。我说你这就官僚了，我说饿了上哪里吃饭去，我上家里去，上食堂里去，饿了上家里去吃我那二十四斤，我干活才给我稍微补一点。噢，他说你有困难吗？我说对啊，我自己都没吃的，我家里老婆孩子怎么办？当时我是街上的民兵连长，接的是白茂富，他想交给我枪，我说，我不要，你该交给谁交给谁。我背的最孬的枪就是冲锋枪，一梭子三十来发。我说我不要。你不要枪行？我也不害怕，后来我自己辞的职。

问： 你干民兵连长干了多少年？

答： 干了好几年，领着他们站站岗，黑夜

巡巡逻，我干一段落。对"文化大革命"吧，我记着一开会就在这院里，我就记得打倒这几个人，吴晗、邓拓、廖沫沙，咱根本知不道他们是么，我心里猜疑他们是些作家或是土匪头子，这是些动笔杆子的，这么些人，那一霎里开会咱不能问。

问： 那时候民兵作用挺大的。

陈（插话）：那是，有枪，比公安都厉害，那时候一集合，晚上十二点之后就得问你干么的。现在没有民兵连长了，那时候民兵连长都是义务的，现在村里还有兼的，街上没有了。

问： "文革"期间那时候你就不干了？

答： 我干了几天，那时候连马明书都是"（文化）革命委员会"里的成员嘛，李荣英也是。我因为一个什么事呢，那时候驻"革委会"的人外号叫金秃子——金玉美，后来南关派出所小尹，有法院里的姓汪的他好几个。人家都发红（卫兵）袖章了，没给我，我说是造反派都有红袖章了，是不够了还是怎么了，怎么没给我？说是考验你一段儿，我说考验我除了入党哎。不是，你有问题。说我有问题你和我说明白，说是林文明家有金子。我说金子得分怎么说，老太太有个金耳环金戒指也是金子，金条金砖

也是金子，都是金子。后来他们落实了，又跟我说老林你没问题了，发给你红袖章吧，你那些事不存在，你家里没有金子。我说我要是真有金子就好了，那时候金子不值钱，卖给公家一块钱一两。我怎么着呢，有老妈妈子、有俺奶奶从上海临走时，俺父亲给她两块大洋，我上银行去卖，一块大洋给你一元钱的人民币，我卖过那个么。

问： 红袖章给你了吗？

答： 给我了，我这人也是个好脾气，也有个坏脾气，我说我不戴了。我家里一个座钟，许善才给我从委托店里买来的，我就放到顶上，从那再没戴，我说你发给我的晚了，我不戴了。他说文明，你当了这些年兵才亏呢，我说亏么，有碗饭吃就行。我有些事心理平衡，不大攀比，不在乎这个，我就粗粗拉拉的，有碗饭吃、有袋烟抽着就行。所以，按照我这个病我早该走了，心率过速、房颤、冠心病，这个十来样子病，我血糖不高，血压高，我吃着这个药，半年六个月不用检查，我就知道我血压一高最少一百九，所以自己都有感受，自己调节。

陈（插话）：泰山挑夫不光是挑建筑材料，

你像雷达站那些机械设备什么的都是人工挑上去的。四五十口子抬一两吨这么重的东西，那么大那么沉，人员的调剂，在盘道这么狭窄陡峭路上，怎么协调地把它抬上去，还得机器不能损坏，这是泰山挑夫的一种精神和一种智慧，协调能力、统一能力。所以，这个泰山挑夫不单纯是挑袋子水泥这么简单，大型设备得协调一致。

问： 你抬过最大的设备是什么？

答： 最小的两个人抬，有四个人抬的，有八个人抬的，有十六个人抬的，最大的三十二个人抬。三十二个人抬的一般我不参加，他们有累了的，我上去替换替换他们。不过沿道呢，这些事我有数，回马岭牌坊那边最窄，往往都是我在那边给他们扎扎架子，也给我算个工，就给我三块钱。后来我说你们也学着扎，以后我不扎了，你也省我的心。部队他们上来设备，弄到中天门，也请了我去给他们扎扎架子，给我三元钱。我知道从回马岭那个牌坊过来，别的牌坊南天门啊都能行了，最陡的盘就是云步桥下头那个盘，叫三瞪眼，最陡了。那不是有一年，没有人了，找了两个抬轿子的，河西的，一个叫沙牛子，一个叫火炉子，他俩都不高，他俩抬到三瞪眼这里就上不去，他俩个子都矮就回来了，搁住了，忒陡，他们挑不起来，如果个儿高点就好了。有些小小不言的台，稍微托一托，喊着号子，掌腰掌腰！掌腰掌腰就稍微跷跷脚，就是叫你高一点，下力的有下力的口号。趋绊，这是行话，趋绊就是台阶不平。有的咬牙台，这一个这么窄，那一个这么宽。王恩田他是承包头，他大那时候是轿夫头，管着抬轿子的，叫王振安，已去世，解放前的轿夫头。

问： 掌腰就是高点的意思？

答： 对，都有喊号子的。

问： 咱这里挑山工有头吗？

答： 没有头，有承包的。东乡里的吴金胜，山上的陈广武，我们都叫他"粪头"，在五所里住着，在山上挖粪。他比我小，叫我老金哥，后来他的儿，在索道上弄了个窝（地方），上去的货下来的货（归他们运送），他们（晚上煤气）中了毒死了，死了公家赔了他个钱。

问： 你说的是这几年的事？

答： 对了。我和这些人没事闲拉，我关心山上上来下去，谁还有谁没有，陈广武还有。

问： 你最近见过他吗？

答：最近没见过，这个人挺聪明，他会装孙。没文化，挺能。看电影去，不让进，他说进去找个人去就进去了，他承包活。

问：你和他在一块干过活吗？

答：俺得找人啊，俺承包活不要钱，你看王恩田承包活了，给俺算账的工夫，俺另外给他出个工，今天耽误你了，给俺算账没出去，给你算个工，三元钱，俺自己出的钱，俺不从挑夫工里面收一分钱。

问：陈广武他们可是收钱，他怎么收钱？

答：对，陈光武和吴金胜，他收多少钱咱就不知道了，咱也不过问，他们年龄都比我小，叫我哥，王恩田他不多拿钱，他给俺算账的工夫，这一天给河东、河西这两个街那些人算哪些账，算完账的，我们大家伙给他算个工，这些钱我们一起凑。

陈（插话）：什么形式呢，就是王恩田弄活来，咱大家干去，都得有回单。就是一段时间不能所有人都去结账去，就安排一个人在家算账结账，耽误一个工，给他算个工，但是不从中间抽钱。

问：赵平江认识吧，他管着不少挑山工。

答：有的叫不上名来。修调支盘的时候我认识一个人，叫史玉环，家是山后的。他们承包一个活，就是升仙坊下

头，东边写着：仰不愧于天，俯不怍于人。路上的名人题词，我能记个百分之九十八吧。原来有个叫陈玉静的写了一笔佛，一笔写了个佛（"文化大革命"运动初期，被毁）。

问：在哪个地方？

答：就在逍遥游的上边东边墙上，朝阳洞下边。

问：朝阳洞"文革"时换成毛泽东诗词这个地方？

答：不是，那些地方都有。哪个地方有錾了去的，又换上的么我都知道，原来朝阳洞两个屋之间是写的"胜寿万年"四个大字。盘道东墙上换成毛主席诗词："暮色苍茫看劲松，乱云飞渡仍从容，天生一个仙人洞，无限风光在险峰。"这是"文革"时候换的。"文革"以前那里还有个龟，在当天井，刨出来没处弄，后来扒了扒，埋了那个窝了，一个石头小龟，还是埋在当天井。红门上边有个"风月无边"，那是历下刘廷桂写的，是济南的。我虽然没文化，但我特别注意这些，我喜欢这些事。云步桥那个斜崖上，有那个袁克文，是袁世凯的儿子题的，似哭不哭，似笑不笑。他大那年死，他写的。因为么呢，放了假有些老师上山来玩，我就放下挑子请教

他们，红沙岭后边有些石片子，上面写的"万笏朝天"，我不懂得呀，我就请一个老师给我讲讲，他说你看顶上那些石条条好像是群臣们，拿着笏板朝见天子一样，叫万笏朝天。噢，明白了，我就记在心里。后来在对松亭上边有个开山子，有个石刻，还在上边，写着"青未了"，站在这里看南天门的三个盘清清楚楚的。我就站在这里，看看问问。来了个看着像有学问的，我说我是挑夫不明白，麻烦你给我讲讲这个"青未了"（还有笔架山）。他说，好像看着南天门上，和皇上那个龙书案的架子一样，放笔的。南天门墙上题的那个词是摩空阁，上联是"仰不愧于天"，下联是"俯不怍于人"，横批是"摩空阁"。

就和咱这边九女寨一样。原来说是九个女的占山为王，那是胡扯。是绿林赤眉军刘盆子留下的，过去不是有个话吗，叫号令山吹号（号令山即蒿里山），擂鼓石擂鼓，九女寨发兵。

陈（插话）：篡改历史了，这是劫皇纲，就是给皇上进贡的，信号过去下来人就截了，赤眉军。

答：叫绿林赤眉军。我在顶上割过柴火，

上头有椿芽树，还有砸蒜的石臼（应该就是捣臼），还有屋磋子。我拾柴火的时候，那里料峭（险要）我也去看看。哪个地方有个人死了，让鹰吃了光剩下骨头架子了，我非得去看看，我好奇，看了，就明白了。

问：青未了，红门这地方有一个，三官庙下边。

答：对，那个石头上，红门不是因为门是红的，红门西边（山上）有个石光梁，发红，为此而得名。所以有些事，我不到黄河不死心，我非得去看看。

陈（插话）：这个山上的一些事，这些老人起着一个承上启下的作用，有需要就常来交流。

问：有许多东西是属于抢救性的，我们现在做的就是。

答：有一些人年龄比我大，人家不注意这个。我呢，喜欢玩，一边干着活吧，一边对一些东西想了解了解，你像三仙庙是怎么来的……

［陈有事离开］

问：现在抽烟一天抽多少啊？

答：一天最多四根烟，在家里抽烟袋，抽上一袋旱烟比抽两根烟卷都过瘾。以

193

挑山工林文明（右）、杨少鲁

前下力的时候喝七两，现在晚上就喝一茶盅二两。当兵的时候一晚上值过两班岗。

问：现在住着几室的房子？

答：现在住着三十三平方米的房子。

问：你几个孩子啊？

答：四个孩子，两个儿，两个闺女。

问：两个儿干么？

答：两个儿打工，小儿在以色列（劳务输出）。大闺女在大河棉纺厂退休了，小闺女在针织厂，住廉租房（经济适用房）。

问：老伴娘家是哪里？

答：老伴娘家是河西的，姓杨。我比老伴儿大七岁，（老伴）糖尿病并发症（发作），无常（去世）了五年了。

问：你这算是从60年代干到90年代？

答：干到五十八岁吧。那时候没处安排、没活，也没工厂。只有一辆公共汽车到地革委。我拾柴火也是好手，当兵前在东北打过工，松江肥皂厂，干了一年多，那时候是五四年。

问：在哪个地方？

答：在太平桥，哈尔滨。那时候还有苏联

"老毛子"的公司，我还去看过，道里道外我都去看，不坐车，走着。

问： 那时候在哈尔滨一个月挣多少钱？

答： 挣得不多，比学徒挣得多。我在那里买着吃，这些年也没存下钱，临来我还不够花的，济南的一个叔伯哥给我寄了五块钱买票回来的，回来就在家里干点粗活，在军分区干刨土方什么的。

问： 你说你的名是你大爷起的？

答： 俺大大爷起的，我们不近，他就是在泰安衙门做的师爷，给县长抱笔杆子，家里也穷得叮当响。二大爷在家宰羊，叫林凤友，大大爷叫林凤梧，三大爷叫林凤安。三大爷在上海看班房，看守，也就是狱警，后来得了尿毒症就回来了。那时候上海的保镖叫包打听，我六爷爷在上海给人家保过镖，干过包打听。那时候混上海的好多了，河西里王子庆他大也在上海，外号"六爷"，还有西界的，都不少。

问： 你六爷爷给谁干的保镖？

答： 那个咱就不知道了，他家来的时候，我才和桌子一样高。

问： 你这个经历很丰富啊。

答： 咱就是愿意学，还买了本四角号码字典，就是"横一垂二三点捺，叉四插

五方块六，七角八八九是小，点下有横变零头"，后来让家里撕了烧了。再后来孩子上学，买了本新华字典，汉语拼音也学过，在徐州学过三字经，"人之初、性本善……"那时候，俺这里有个张二大爷，他念过《上论语》《下论语》，我好请教他。我好学，可惜学问小。

问： 我再问你个事，马洪德和马伯声他们近吧？

答： 他们不近，马伯声是德州人，他父亲马仁德在门楼子底下打煎包卖供他上学，那时候不是南门北门东门西门吗。马伯声后来给洋人，不知道是法国人还是什么人（英国人）当买办，就是干采购。人很忠实，后来人家送给了他一处买卖，后来在济南建了仁丰纱厂，凡是咱这里回民去，不管什么人，他都很好，给饭吃，给活干……

问： 他不是后来还建了个仁德小学吗？

答： 是，盖了个二层楼，我还在仁德小学念过书。

问： 仁德小学在现在的什么位置？

答： 在电业局的后面，原来是个刘家园，一个闲园子。那个时候地不值钱，解放后刘玉贤他奶奶无常了，没钱办丧事，借了马伯声二百块钱，还有个歌

谣，（唱）……刘玉贤贫穷汉，他奶奶死了犯了难，借了他二百钱……呀呼咿嗨，你看他可怜不可怜……

问：原来上山的时候也唱歌唱戏吧？

答：不大唱，我就是在意路上的石刻，最注重看两边的石刻。我打小就喜欢和那些老头子拉呱，他们年龄大，知道得多，这样我就长见识。所以，我知道得比较广阔，就是这个样来的。我回到家，好从收音机里听广播剧，有个剧叫《三家福》，现在不播了。

问：你现在还能唱段京剧吧？

答：（唱《红灯记》李奶奶唱段）十七年……（后又唱《打龙袍》一段）当兵的时候，也演戏。荣成各个村都有剧团，戏迷很多。

问：城里各个街上还有七十岁左右的挑山工吧？

答：有，河西里有我的个表弟干过挑山工，叫王学荣。这个街上还有个杨少鲁，今年七十八了，后来干了五所的采购，转正了。那个时候俺俩三九的天扒光脊梁，山上的人知道他，问：那个光脊梁过去了吧。人家就说：过去了，刚过去。不怕冷。没事了，俺俩在粮局净（好）拉个呱，拉山上的事。现在山上比俺年纪大的老人都死没了人了。你像关

家老大关立志也死了，人家家里厚，不缺钱。一进天门里叫簸篮家，叫刘广太，死了。上去那里，香蛋家、笊篱家、鹦鹉家，最后是奶奶殿前边金钟家，老人都没了。

关家老头子，俺爷俩处的关系不孬，他原来有个媳妇不能说话，生了俩闺女，二闺女在历城教学，大闺女嫁给泰前老牛了。后来进来的第二个媳妇比他小不少，家是徂徕刘村的，生了后边这几个孩子。你别看我是个穷挑山的，但咱做事不寒碜。一个是后来这个媳妇年轻，再就是人家钱多，我就不上人家屋里去。有时候，我给他捎东西，有一次老太太捧给我一捧毛个（硬币），说回去给孩子买冰糕吃去，我回来查了查，二十二块钱，咱心里好有个数。因此（捎东西）有时候也不要她的钱。老头子好吃北关里的豆腐皮、大河的花叉（鱼），我对老头子的生活习性都知道。我叫他二叔，有时候他给我用盛韭花的碗倒上二两酒，就着花生米喝了。老太太就苛刻点儿，咱也明白，娘们家过日子。山上来的客人寻死，老头子就劝他：可不能走这个道，我给你盘缠回去。也有后来回来看他的。老头子好行善，他说的那个

话对，他说啊，咱洞里（朝阳洞）这个钱，是天赐给的，这个钱得有来，也得有去，光有进，不往外淌，你就招灾。

问：抽个空，咱再聊，再拉拉。你要是说一天，也太累，你回去好好休息休息。

答：对，我回去也得吃药去。

[林文明、杨少鲁采访补充]

问：上次说郭沫若来没见是吧，但是赵丹来见了？

答：对，郭沫若来没见，我是听道上的人他们说的，赵丹来碰见了。哪年来不记得是什么时候了，都挑着架杆，架杆挺长啊，我说咱把杆子平放到地上，让客人过去，那时候我说话也不是说有什么分量吧，不过兄弟爷们他们还都听我的。当时上山一般都是泰前的吴书记陪着上去。那时候泰山门票只有三分钱。他叫吴开福。吴开福也八十多了，比我小一点，他老伴可能去世了。解放前后咱这边和泰前是一个乡，叫泰前乡，有些人称红门那边叫盘路街。泰前他们那些人来到这里，有个香客什么的，他们主要是要个小钱，维持生活，时间长了就在这里落下户来了，泰前的人主要是些要

小钱的人。后院里万福友（小名叫宝玉）他家里（老伴）原来就是在路上要小钱的，末末了就跟了万福友，一直没孩子，万福友是那边卧龙峪的，那边不是有上峪、下峪、箭杆峪好几个峪。我知道那边挑挑子的多，连三合、唐庄、三里庄啊拾柴火的多，一天就二百来挑子。

问：那时候城里的人也上山拾柴火去？

答：对，你像金兰英说上山拾过柴火这我相信，不过她说她挑过山这我不相信，因为挑山工都是俺街上的人，离了俺街上的人都进不了这个门，你让别人把东西挑了走了，俺还不放心呢，俺是因人而异发给他们货。你像煎饼什么的特别是吃的东西，都是让熟人挑。

问：（泰城）北新街就是抬山轿子的、挑山工多是吧？

答：对，过去抬山轿子多，后来管委里修路搞建筑，挑山工就多了。熟人、亲戚也来找点活，都是随着这边，他们是中胜街的。

问：那次陈书记说70年代还有山轿子。

答：有，斗母宫下边有，徐家就有一顶。有时庙里的尼姑年纪大了、和尚病了，就把他们抬下来看病。

问：哪个徐家？

答：山上路东，"风月无边"上边，徐老
　　大叫徐继孔，徐老二在济南，我不认
　　识，老三徐挺中，他和我不错，他好
　　摸个鸟，俺俩是鸟友，其实他不如我
　　年纪大。

问：山轿子到什么时候没有的？

答：不兴了，解放初期，有个段落还有，
　　我的一个叔叫林丰征，他们也抬那
　　些香客。那一年在路上就在万仙楼

碰见了个八路军（解放军），八路军
说，你这坐轿子的这不是剥削吗，然
后就让那人下来了。我那个叔拦住那
个八路军说，我刚揽了个活，你就让
人家走了，我们还想赚点钱吃饭来，
你这样我们晌午饭都没得吃了，他
不剥削俺，俺怎么挣他的钱呢？那
个八路军一听也挺同情，说得有理。
说我这还有几毛钱（那时候该是北海

虎跳峡的山轿

银行的货币），给你吧，中午你们吃饭吧。然后他们又撵上那个客人，又把那个人抬上去了。他和抬老妈妈子不一样，老妈妈子说出话来不好听，她在轿子上不下来，一步也不走，抬着年轻的呢，到了平整的地方，你像快活三啊，他们能下来走走，能给他介绍介绍这里的景点，这样抬轿子的也能歇歇。

问： 你干挑山工的时候还有抬山轿子的吗？

答： 那时候还有。有是有，后来都放在家里不用了，人家扔在那里当废品了。河西有一顶轿子，他人叫金茂来，俺俩弟兄相称。他说：兄弟啊，我有一台轿子，你看你用吧？我说这个谁还抬，没人要了，给管委里以后当

个纪念品，要了去，展览什么的（还行），后来不兴抬了。

问： 什么时候不兴抬了，上次陈书记说70年代还有？

答： 七几年还有，很少了，有些客（人）也不敢坐了，从修上公路和索道之后就基本没有了，轿子就退化了，人家汽车拉到中天门，坐索道到南天门，所以轿子（这个活儿）就散了。

问： 我觉得是不是索道之前山轿子就没有了？

答： 一般都坐不起，在山顶上住大通铺两毛钱，舍不得花，她们舍得到庙里给老奶奶磕了头，多拽钱。南方那个竹嘎嘎，那不叫轿子，那个轻。

问： 那个南方人叫滑竿。

杨少鲁，男，1938年出生，回族，泰安市泰山区市场街居委会。

采访杨少鲁

采访时间：2016年10月26日

问：老人家多大年纪了？

杨：七十八岁。

问：属什么啊？

杨：属虎，三八年的。

林（林文明）：那是三八年的？他耳朵（有点背了）。

杨：耳朵聋了，老了，白搭了。

问：在哪里退休的啊？

杨：现在的神憩宾馆。

问：你是哪一年干的挑山工啊？

杨：六二年。

问：转正是哪一年啊？

杨：七一年。

问：那时候叫五所吗？

杨：最早叫岱顶宾馆。

问：因为什么转的正？

杨：当时有个文件，够十年的临时合同工就可以转正，不够十年的，差一天也不行。

问：后来我听河西的他们说，还有上街（道）上领工资的是怎么回事？

杨：这个我就不知道了，在街道上领工资的不大多，基本上没有。

问：你那批转正的有几个？

杨：我和老徐，中胜街徐善纯，他在616台。

林：我是气象台。

问：你那时候和五所签合同了吗？

杨：我那时候长期合同是跟文物管理局、岱庙，唐槐园办公室签的合同。

问：怎么转到五所去了？

杨：那时候没开放，挑着两个筐子，中天门外宾吃中午饭，吃完了再住到岱顶宾馆，第五招待所。

问：主要是挑么？

杨：吃的用的。蔬菜面粉，烟酒糖茶，有个小卖部。

问：为什么没转到文物管理局？

杨：文物局那边不要，找了四五次不给办。那时候，有个姓聂的，都喊他聂主任，戴着个眼镜子。交通局里拉地排车的，那时候"文化大革命"叫"两万九"，都转了，俺怎么就不能办呢？

问：因为你给神憩宾馆挑东西就转过去了？

杨：当时文物局不要，神憩宾馆所长叫李树贵，他说，够了十年了，甭管是干么的，应该转了，人家老杨拉的有道理。他们就把我的手续从岱庙里转到（泰安行署）行管局，那时候管着五大招待所。

问：现在拿多少钱啊？

杨：三四年前两千多块、两千三百多块，一直涨到两千六百多块，现在发工资三千一百多了。

问：那时候都见过哪些人？

杨：国际大使团，十个国家的大使团。

问：还见过谁？

杨：陈永贵，那时候是劳模，包着头，羊肚子手巾。

问：哪一年来的？

杨：那时候还没"文化大革命"哩，"文革"以前，登过泰山，从东路爬着上去的。

问：你二十四岁那年干的挑山工啊？

杨：二十五岁干的。

问：二十五之前干的么？

杨：考上了泰汽，那时候要小学毕业生，我小学没毕业，就找了那个校长，给开了个证明，交上去了。那时候叫泰安机床厂，也叫铁工厂，后来又改成起重机械厂。

林：老杨认识（泰山）管委的那些领导不少，常（常云）会计啊还是文物上的啊，那时候领导不点头，什么事也办不成。有事或有困难，他去和领导谈谈，说说街上这个情况，就能给体谅和照顾。特别是俺不干活，没活儿干，快到过年了，没钱过年这怎么办？老杨去找领导谈谈，领导就先预借给我们钱，你们先过年，过了年有钱再还。那时候咱就靠这个，讲信誉，讲信用，有活挣了钱先还上，领导很放心。

问：中央领导还见过谁？

杨：一个司令员，住在御座宾馆，那时候是三所，俺是五所，住了两天。上泰山第二天回来的。挺黑，楞大的个子，一米八多。

问：这是哪一年，是杨成武吗？

杨：不是。

林：那时候来干部一般都是奔着农业学大寨、工业学大庆（来的）。

问：郭沫若你没见是吗？

杨：没有。

林：因为郭沫若是六一年来的，你六二年干的挑山工。后来你考上泰汽了吗？怎么不干了？

杨：考上了，正赶上大炼钢铁，五八年在炼铁炉上干了几年，后来一个县抽来五十人，共三百来人去修泰肥线，泰安至肥城的铁路，在这里待了几年，在这线上归济南铁路局，以后就直接安排这条线工作，结果后来也没工作。我们泰城的吧，就叫回去吧，把户口、粮食关系都迁回来了。修完铁路后就想让下井，那时候，煤矿经常地出事故，我不愿意去。档案也没给我，我去找，说是煤矿三个月不上班就除名，这么的我就被除名了。最后没办法，这才干的挑山工、拾柴火。

问：那时候挑山工收入也高。

杨：回来以后安排到林场，连饭都没有。年初三扛着担子拿着镰、拿着笆子就去拾柴火。上那个龙角前边有个打虎峪，初三都放假了，林场也没人，就留了一个看家的。竹林寺林场，林场有个叫李长武的，和他认识，经常打交道，盖神憩宾馆时候，我带着车往上拉货。拾柴火的时候在打虎峪，小西关的有个五十七八岁的老头，和我隔着个山头，也是拾柴火的，我过去跟他拉呱，那时候我连棉袄都没穿，就穿着个破单褂子，他在那边坐着抽烟。那时候，我还不会抽烟，饭都吃不上。拉了一会儿，我就回了我那边。隔了二十多分钟，他那边着火了，我想就是他的事，就俺俩人，因为年初三，谁出来拾柴火？过去看了看，火越着越大，就是泰山打虎峪，龙角前边，后边就是三岔。

问：那时候还没干挑山工？

杨：没有。

问：干挑山工是怎么干上的？

杨：那时候吃不上饭啊，有时候你像初一、初二下雪，到岱庙去扫雪，有年纪的也去啊。我父亲，还有林文明都在岱庙里扫，干得好就留下了，有个薛其润主任。

林：山上有神憩宾馆，成了个点了，吃的喝的这些东西（都得从红门往上运）。那时候他力气比我大，冬里九里的天还光着脊梁，我撺不上他，他比我魁梧点儿。干了几年，他山顶上也有人，山下也有人，他又有点儿文化，他就干大了，又在那边干采购

员。买了菜来，他就给他们开单子发货。那时候跟红门派出所的都挺熟，中天门、南天门都没有派出所，后来改革开放了，中天门、南天门才有的。那时候，有个姓国的，姓景的，姓邱的，姓朱的，一共五个人。

杨：那时候红门所长是朱绍兵。派出所是"文化大革命"（期间）成立的，"文化大革命"后期搬到红门关帝庙。

问：岱顶派出所所长是谁啊？

杨：老邱的吗，不是。上边（山顶上）有事吧，那时候山顶上就是气象台和五所有电话。上边有自杀的、上吊的、跳崖的，都打电话给红门这边。

问：挑山工那时候谁管啊？

杨：那时候是我的头，当的队长，那时候归神憩宾馆管，原来归岱庙，俺们好几个头，还一个王恩全，去世了。

问：派出所和你们什么关系啊？

杨：没关系。派出所的，有时候那些民警找我去，说你找几个挑工的，哪里有个死尸，抽个时间你找两个挑工，把他们放下来给埋了，没办法。因为林场里没干活的，到了冬季。夏天有两个，不多，让我们埋那些自杀的人。

林：那时候自杀的人多吧？

杨：也有。

林：派出所得先说了，他们得落（立）案，他们得看。

问：自杀的人都是些干么的？

杨：有些受贿的贪污犯，"三反""五反"一有运动，觉得过不下去了，也有跳舍身崖的。大都是烧香磕头的，有些香客许的愿，河北的、禹城的逛个泰山，给老奶奶磕个头烧个香，许了愿，俺的孩子好了，那我就下去吧。

问：那就是说，跳舍身崖的主要是香客。

杨：那时候都太迷信了。

问："文革"期间香客多吧？

杨：不少啊，那时候有些老妈妈子，有河北的哪里的，红门派出所让我安排几个挑挑子的把他们组织到关帝庙东院，在那里给他们开会，不让他们来烧香，告诉他们别再来烧香了，把香放下，空着身儿上去，一路都不让烧，泰前那些卖香的偷偷地卖给他们点儿。

问：那时候破除迷信，斗私批修。

林、杨：对，破四旧。

问：那时候烧香的人应该比现在的人都少。

林：那时候的人都穷，就是烧香许愿。

问：山后的挑山工主要是挑么？

林：他们主要是挑建筑材料。陈广武他们承包了活。

问：他们没有定点的是吧？

林：对，他们都是季节性的，一般过了三月二十八（庙）会，（山）顶上不上冻了，才干点活。

问：现在（你们这一辈）挑山工其他街上还有认识的吗？

杨：像我们这个年纪的基本没有了，有的话，五十岁以上的还有。

问：五十岁以下就没干的了，应该都六十以上了。

杨：对，都六十多了，沙岭子不是有个挖粪的，叫陈广武。他下来以后，挑着柴火到市场十二连桥卖了，卖了以后……

问：岱庙那边据说还有个姓周的吗？现在在三友住。

林、杨：挑山工？再有个叫武金胜，是三合的，他还是党员，他还在，他现在拄着棍子，双拐，比我大一岁，今年七十九，他是包了活再往外包拿提成。有的乡里的、城里的，有的年纪大了，可能是出不来了，要么是瘫了，当不住也有，不一定死。反正干这活儿的，腿疼腰疼么的（很正常），有时正好好挑着，来了阵雨一击，腿上身上筋骨就有损伤。

问：抬山轿子是没有了？

杨：一运动都没有了，先没的（客）人后来没的轿子，都砸巴了。没说不让抬山轿子，主要是没活儿了。没坐轿子的了，那时候抬山轿子得上火车站抢去。坐轿子吧？还可以给你做向导。

问：什么时候没有了的？

杨：得二十多年了。

问：就是说通了路、修了索道就没买卖了？

林：少多了，最年轻的两个哥，一个是俺街上白安起，一个是河西的小蛋哥，他俩是最后的抬轿子的。武金胜挑的很少，要说他有劲吧，有，挑三袋子面，他也挑上去了，是个承包头，在里面抽个提成，和陈广武一样。人家合不着下这个力了。

问：咱水东河西的还有挑山工吗？

林：那个都比我们年轻，没几个人了，那个都年轻，俺那表弟王学勇、老矬、狗子、他们有建筑就挑，没有就不干，和俺不一样。

杨：对，我们都是常年供几个点，常年干。

问：还有个事，你们这个年纪应该有印象，河西好像有个女土匪，知道这个人吧，叫忙妮儿。

林：喔，忙妮儿啊，她不是土匪，她的儿还有。

问：解放初期枪毙了？

林、杨：对，枪毙那三十二个人里面就有她，她小名叫忙妮儿，前日我还上她（女儿）那里去买面条去了，她的儿现在不到九十岁，他儿子叫魏某，是龙山官庄的。忙妮儿那时候干什么呢，日本人在这里的时候卖"一毛八一阿达西"（日语？），就是地瓜什么的。另外呢，她还给他们拉个皮条，给特务，从中介绍，使个钱儿，就是干些不正干的买卖儿。忙妮儿好像是姓王，可能是王丰实家门里的。王丰实他弟兄俩，一个国民党，一个共产党，有一个他叔伯兄弟干地下工作者。枪毙这三十二个人的时候，当时县长是刘端，后来调到上海去了。

问：刘端是解放后的第一任县长。那时候枪毙忙妮儿什么原因啊？

林：也不知道什么罪，那时候镇压反革命的时候就有她。她就是做个小买卖，卖给日本人愿意吃的东西。

问：看样子是定了汉奸了。

林：具体的罪名还得看县里的档案。

问：咱这边叫担山工、挑山工。

林：现在统称为挑夫，那不是马夫、伙夫嘛。

问：唯有泰山叫挑山工好，只有泰山叫挑山工，你们是怎么理解这个词的。

林：咱这边叫挑山工、担山工，泰山就是看古，几千年的历史，名人题的诗、词。看风景还是黄山，要到黄山，他们是不是背啊，不一定是挑。

问：只要有山，就有挑夫，黄山也是挑。会挑的，轻快。

杨：背东西，越背越沉。

问：挑还是比背轻快，挑东西能颤起来，能换肩。

林：我估计，别的山，路没有泰山宽。有的路窄就只能挑，我记着李占祥有一根杵棍，有些地方路窄换肩不好换，用杵棍杵着，杵平衡了，把头钻过来换肩。原来抬轿子的有个叫沙牛子的和火炉子的，个不高，到了三瞪眼就抬不上去了。咱这抬的人最多的三十二个人，八个人抬，十六个人抬。

问：抬的人最多时候，那时候你这些人就不干了，是六十四个人抬。

林：噢，六十四个人抬他是分两班啊还是一班，分两班他就换肩还是三十二个人。他那架子不好加宽，盘道最窄的是回马岭那个地方，扎架子得以最窄的地方（的宽度）扎，盘道最陡的盘是马蹄盘、云步桥拐过去，那个盘名叫三瞪眼。有个抬轿子的是河西的沙家门上，大号叫沙有富，因为他个子

矮，末了给他起了个（外号）沙牛子，又有一个也和他一样高，外号叫火炉子，抬轿子到三瞪眼这儿就搁了轿子了，上不去了，抬轿子有比他高的帮他接上去的。

问：挑山过程中跟关家和尹家反正不少打交道。

林：对，俺去了，很客气，关系不孬。四槐树这边尹家很多，尹某基就是尹家门儿里的一霸，有时尹家送给俺瓶子蜂蜜，俺送给他点大米，那时大米是稀罕的，再就是开斋节送个油香，油香我送过五十四个，有关系的不错的（才送）。后弯尹家尹兆远，中天门下来平台，那叫后弯。那一片尹兆昌、尹兆华家不少哩。

问：八里沟在什么位置？

林：在西路，忘了具体位置了，放牛的地方。八里沟那边姓贾的人多，都不务正业。（绑架）把人架到空空坟里去，用石板盖住，回来和你索票。关麻子就被架到空空坟里去了，他年轻有力气，听着晚上没动静了，把盖石用肩膀顶开跑了，摸着黑跑回去了，也没敢家走，朝阳洞东边有个母猪窝，下边有个洞叫聚仙洞，藏到那里，隔了一天才悄悄地回家。他家不是有的是

钱嘛。

问：您两个的父辈都抬过山轿子？

杨：对。

问：河西那边还有谁是挑山工？

林：我表弟年龄不如俺俩大，挑山工还有年轻的，很上年纪的不多了，表弟叫王学勇，那时他爷俩都挑，他大、他、俺那个三舅他爷仨。

问：好，咱今天就到这里，年纪大了，别太累了。谢谢！

徽杭古道上的挑山工

赵平江，男，1951年出生，汉族，农民，高小，泰安市泰山区大津口乡艾洼村。

采访赵平江

采访时间：2017年5月8日

（按：目前赵平江是泰山中天门挑山工队的队长、挑山工的管理者）

问：老赵，你的营业执照挂的都是经营哪些东西？
答：包括什么东西可以运，什么东西不可以运，运输范围、运输职责，包括货物、游客的运输都可以。咱还注册了泰山山轿、泰山挑夫、天烛神泉（矿泉水）。我的家不就是天烛峰那个地方的嘛。

问：你是哪个庄了？
答：我是艾洼，归泰山天烛峰景区管。我是八三年从事泰山挑夫，原来六四年那时个小，在学校上学的时候，背五十斤，还背不动，哥哥姐姐帮助运上去。那时候生活困难，勤工俭学，挣了钱买个本子。

问： 你哪一年的？

答： 我是五一年的。八三年我从卫生室下来的，原来我是行医的，现在也没忘了，还学着呢。从卫生室下来后我就上山上来了。原来咱这里属于村里的一个副业队，安排剩余劳动力的，比较有办法的村就想办法给队里搞副业，就让我们当挑山工，从这里开始担，（一百斤）才一块二毛钱。最早在电力宾馆门口，那时候刮大风下大雨帐篷全扯了，后来通过协调就安排在这了。这个地方原来是尹兆昌的土豆地，给人家了一定的补偿，盖上的棚子就在这里经营。最早经营的是董凯和纪焕忠在这里，八四年，在山顶上盖"白云居"的时候我来负责给他收点料，记记工。随后他们回去当选了（村）干部，我就接替了会计，有一个队长叫纪应田，和他合伙干了十一年，后来纪应田回去当总经理去了，把我撇这里了，我就连队长加会计一肩挑了，这就到了八九年了。从八九年我正式在这里当队长，在这里

负责这个事。运输队最旺盛的时候是2000年。2000年的时候大盘（中路登山盘道）调整，需要运输的很多，因为咱山顶上盘蹬子，压顶石，通信管道，还有山顶上的步游路都从这里往上运，那时候索道单纯运垃圾，不运货。那时候组织了五六个小组，一个小组二三十口子，全队到了二百多人，那时候是最盛的时候。随后货运索道建起来了开始运货，它机械运输快，承载力强，百儿八十斤的觉不着，咱一斤一两是在肉上放的，多了受不了，相比咱这运输费用也高点。那时李经理有点霸道，想把前山的运输队全部都消灭掉，都走后山。都走后山呢，不切实际，因为从中天门到南天门以下，山前摊点群的货物需要运输。你虽然有货索，但是前山你不可能建上蜘蛛网似的索道，山顶上一些单位，汽车运输比较困难，咱有车所以就给他们往山上拉货，所以山上一些单位还得依靠咱。从那时候开始活少点，后来管委制定了政策，不让前山上建筑材料，人就更养不住了，因为不上建筑材料了，光运点日用百货，饮料、水果，不就很少了吗，所以打那以后日渐衰退，现在剩了十五六个人了。我看这情况有点不

中天门工队的准营证

妙，抓紧时间搞了个申遗，申遗从咱管委报呢还不行，说不是政府部门，又通过岱岳区往上报的，又找了个传承人——我这个女婿。现在生存条件很艰难，住的条件有点差，吃得还可以。饭、青菜啊，肉啊什么的都给他们买上来，到月底扣出去算完。住宿条件太差，后来和中天门景区商量，上他们卫生队租了个一楼，他们嫌远，因为这个货取来再放这里，再上那里睡觉去，干一天活很累。有些人来问问这个住宿条件就走，又加上挑运费有货索道治（制约）得涨不上去，现在涨到这个程度，方台子就从上边运了，不从下边运了。

问：现在（你管理的挑山价格）多少钱？

答：平路五十一块钱，到南天门六十来块钱，现在开始涨了，到气象站是一百块钱一挑子，按距离，按重量计算。远的远价钱，近的近价钱，再根据重量。你像咱这些近的地方才二十块钱一挑，虽然近但是麻烦，过完秤再绑上挑子，去了再解下来再回来挑，有的同志愿意挑长途不愿挑近途，因为它麻烦啊。不过泰山挑夫这种精神非常可贵，从我干了这二三十年，我和泰山挑夫有了深厚的感情，与泰山也有了深厚的感情，看到这里的一草一木心里就很舒畅，就很痛快。泰山挑夫有敢挑重担、知难而进、勇往直前、坚忍不拔、奋发向上、绝不后退的登天精神，这种精神很可贵。他没有走回头路的时候，他一斤一两都在肉上放的，只要放在肩上就往前走，绝不后退。我想把这种精神传承下去，我认为泰山越兴旺，越发达，越繁荣，越离不开泰山挑夫，越繁荣越得有货物周转才行。古人一句"无才不成诗经"。没有东西就成诗经了吗？游客来得越多，消费得越多，需要的东西越多，运输量越多，所以泰山挑夫是不可缺少的。你不可能家家户户都和蜘蛛网似的建上索道去，这不符合现实啊，泰山景区的地理环境在那里，也相当于城市快递的方式，快递用车，咱用人，这种工作很辛苦，很原始。我想着努力改善他们的住宿条件，我年年打报告写申请要求改善住宿条件，年年批不下来，因为泰山得统一规划。

问：申遗这个事你抓得很好，要继续做好这个事。

答：我主要是想把这种精神传承下去，以后下去多少代，下去多少年，知道泰山有这么一伙人。

问：你刚才说你注册了三个？

答：泰山挑夫，泰山山轿，天烛神泉。

问：你这个思想还是比较前卫的，不是一般人物。

答：我就是一般社员，我就想在我有生之年把这些事办好。我跟冯骥才老先生打了招呼了，说好了，近日去一趟，他主要抓申遗这事，他已经答应了，他说你先报上去再说。

问：你去准备找他干什么事呢？

答：就是申遗的事，把这些视频、资料全部报给他，他先阅阅看看哪里不合适，咱就该补的补，该添的添，和他的秘书联系了。他原来也嘱咐过我这个事，他的意思是让我把这个事办好，他来过几趟，就在前年冬天。这个事得慢慢来吧，有些事不是咱想得那么容易，我现在就是想办法先把挑夫的住宿条件改善了，改善了住宿条件，生活也改善一些，给他们建个伙房。

问：现在挑夫年轻的后备力量是不是跟不上？

答：后备力量还真有，现在又来了几个年轻点的。都是在三十来岁的，咱这个挑夫都来自泰山周围，比较偏远的，离城市较远的比较贫困的农村，弱势群体。虽然说是弱势群体，但是他还有一技之长，就是肩膀有功夫，平常的人还干不了，咱的工人有长清的、历城的、下港的、麻塔的、化马湾的。

问：他们一开始来了，也是得慢慢地锻炼？

答：得锻炼，有一个河北东光县文启镇

的，叫董玉峰，他那时候来爬山玩，看到挑夫就很感兴趣。他一开始来时一头挑五斤，后来挑一百四十五斤，最后挑战温州的吉尼斯纪录，从泰安挑着四提（捆，每捆九瓶，总重四十多公斤）啤酒到白马山，创了个纪录（路程五十多公里）。他单身，后来我给他找了个对象，大津口乡沙岭村的，现在年纪大了也不干了。

问：你说的就是他看到挑山工之后，比较崇拜挑山工，就来从事这个职业？

答：对。还有一个原因就是他那时候条件也差点，干挑山工收入还可以，比原来干壮工强，干壮工发不出钱来，让人家骗了。挑山工月月开，甚至是你家庭有困难的我可以提前预支给你一点，你像你家盖房子，三千五千的，我先提前预支给你点儿，你先盖着。你要想让人家尊重你，你必须先尊重人家，他们也是真不容易，本身这个活是好汉子不干，赖汉子干不了的活。好汉子人家不如骑着嘉陵带上秤去贩卖青菜去了，但是赖汉子还确实干不了，他没那个韧劲和力气。

问：有一个女挑山工当时出嫁的时候说过，就是穷嫌富不要，我觉得比喻得还挺好呢。

答：大津口徐广印两口子在这里挑，为了供孩子上学，供得孩子上了大学都当了老师了。因为咱这个钱及时，从不克扣。

问：我采访的挑山工都对你这一点（很佩服），你威信比较高。

答：咱该挣的地方也要挣，咱该给你的地方一定给你，绝对不克扣你的。

问：你说的供出来了两个大学生么？

答：对，就是陆长祥的闺女陆红，闺女大学毕业上英雄山中学教学去了。

问：这个人还干得了吗？

答：今天还干的呢，上气象站刚走了，陆长祥是退伍军人，咱全队唯一的一个共产党员，头几天抬碧霞祠的供桌磕了一下子，休息了几天。

问：咱给碧霞祠干活，受伤了，给咱点（医疗费用）吧？

答：与人家无关，咱单位上给工人买了意外保险了，从保险里边给他报，咱队上适当地给他点补贴。人家给咱干的活，咱有脱不了的关系。凭良心，人家不负责安全事故，你有责任你就干，你承担不了就不干。和人家没有关系，是咱本单位的事。通过买医疗保险然后加补贴，人家来就是咱单位的人，咱就像一家人一样对待，要不也拢不住人心。将心比心，你不想着人家，人家想着你吗？得互相关心，互相爱护。

问：你这里的人都比较能吃苦，上次来采访的那个小伙子，一个月生活费才一百来块钱。又吃苦，又下力，生活上索取得还很少。

答：他们的生活费都不到二百块钱，生活上不讲究孬好，吃饱就行。都是来自比较偏远的贫困山区，干壮工他没那个时间，得从日出干到日落，日出而作，日落而息。挑山工就不这样，这一趟有近的有远的，最远的不才两个半小时吗？放下挑子钱就到手了，一个工作方面自由，一个是钱比较实在。咱给他揽活，负责结账，负责供水，提供住宿，他没有后顾之忧，干活、吃饭、睡觉，到月底完活就拿钱。原来那些干建筑的干一年还拿不了钱来。关键是干管理你得管住人心，管不住人心就不行了。领导和家长一样，必须把孩子爱护好，领导必须把你的职工爱护好，他才能一心替你干活。平常和他们拉呱谈心的时候也进行教育，教他走正道啊，不能干别的事啊，要拾金不昧啊，这些事都得教育。

问：拾金不昧的事多吗？

答：这几年不多，那几年多，经常拾来就送到派出所里去。那一年是德州的一

个人，身份证、加油卡加包都掉了，放那儿以后给他打的电话，他过来拿的。有一些是路上的小偷偷了以后给他扔到路上去的，钱拿走了，没用的扔了。咱工人看的有包就给他捡回来了。

问：实际钱不重要，他那些证件重要。

答：我这些工人比较听话。

问：你这个队伍最壮大的时候大概有多少人？

答：最多的时候就是2000年的时候，有三百多人吧，那时候大盘调整，山顶步游道全部都是铺的石板子，都是咱一块一块地挑上去的，大盘调整就是修盘道的时候，那些盘蹬子石都是咱挑上去的，那时候人多。咱抬的最大的东西是神憩宾馆的锅炉，从英国进口的锅炉，有二三米高。

问：哪一年？

答：八几年，比较早了。那是干的一个比较大的活。

问：用的什么技术手段吗？怎么上去的？

答：请来的616的老师给绑的架子抬上去的，那个人也死了，有六十四个人下肩，连拉纤的加扶驾的一百四五十口子人。

问：扎架子是请人来扎的？

答：是，咱那时候还不会扎，现在会了，

抬大架的关隘——云步桥三瞪眼

那些架子不都是自己扎的。气象站上的发电机、616转播台的仪器不都是咱抬的嘛。

问：你知道陈广武吗？他扎架子是吧？

答：陈广武就光抬了个索道站上的转盘，其他没大抬东西，214转播站上的仪器，岱顶变电所的高低压开关柜，变压器都咱抬的。

问：你组织抬大架子这些大活的时候，你也留下点影像资料了吗？

答：都有啊，我都专门请的摄影的，跟踪摄影，我说你必须拍出工人的艰辛来，架子的大来，（道路的）凶险来，拍出指挥的才干来，还得和泰山的景融为一体，叫人一看这个东西抬到什么位置了。

问：咱这本书里，你的资料都可以用上，申遗的材料你准备好了吗？

答：都准备好了，资料都在他那里。冯骥才我最近去找他一趟。

问：他比较关心这个事，我们和他座谈过，他四十年如一日地关注挑山工。他七几年来写生就注意这个事。

答：小学课本上的文章《挑山工》就是他写的，他很关注这个事。

问：咱这一回写的泰山的一系列的书里，专门有一卷就是写你们。咱写的这本书叫《泰山挑山工》，音像、文字资料全都有。泰山越发展越离不开挑山工，我觉得你说的是对的，你好比咱616台运东西，你用机械化的东西，你用飞机是不现实的。

答：不现实，直升机运了一次柱子都把飞机摔到沟里去了。咱刚才运的箱子是咱民航导航站的。

问：有些东西是机械化根本解决不了的。

答：泰山的特殊的地理环境它没法解决。你别看的它原始、简陋，但是必须走这个工序。

问：不可能大规模发展，但是泰山挑夫这一行业没有了也是不可能的。

答：泰山挑山工的历史，就是泰山文化的验（见）证，为什么这样说呢，泰山文人刻字，那钻头，那食品、那些行李、架子怎么上去的？

问：咱现在推测，真有历史记载的，泰山挑山工这个行业到底是从什么时候开始的，咱还缺资料。

答：咱那个文化中心有个最早清朝挑山工的照片，穿的大褂子，挑着两个篓子。

问：《宋史》上有记载就是宋真宗封禅的时候坐山轿，那时候肯定就有挑山工，挑山工是冯先生用了以后延续下来了，我就考虑他为什么叫挑山工，可能是因为咱泰山附近有个杨二郎挑山压太阳的故事。

答：北京大学教授杨辛写泰山挑夫颂："挑山工，挑山工。性实在，不谈空。步步稳，担担重。汗如泉，劲如松。顶烈日，迎寒风。春到夏，秋到冬。青春献泰山，风光留大众。有此一精神，何事不成功！"

　　辽宁本溪《青年日报》社记者写泰山挑夫："身比泰山矮，志比泰山高。肩挑泰山重，足下众山小。"后来又有人给加了两句："双肩挑走了日和月，双足踏遍了万重山。"

问：你可以撬起地球来，但需要一个支点，现代化的东西（机械设备）在泰山上不可能有支点。

答：有大点的东西索道装不下，必须得人抬，不过现在抬也来困难了，现在人找不到，原来一百元，现在三百元也找不到。前几年抬气象站那个发电机的时候，根本找不到人，比较困难，一般人干不了，一个是体力，一个是技术，得协同作战，总指挥也很重要，必须得有技巧。

问： 你年轻时挑的时间长吗？

答： 我担过，六四年的时候勤工俭学背过沙。泰山这个特殊位置，你就算是再兴旺，再繁荣，越发达，越离不开挑山工，你不可能家家户户都安上索道。

问： 索道（运货）你得需要有人挑到索道上装，你得需要有人从索道上送到人家里去。

答： 有些易碎品根本没法装索道。那时候李某说把前山（的挑山工）取消了，我不同意。

问： 头两天《泰山晚报》写了篇文章叫《最后的挑山工》，我一看这个题目我说你得改，绝对不会是最后的挑山工。

答： 不过我现在一个观点，原来咱是挑，随着发展可能要实行背，但是背五十斤相当于现在挑一百斤的代价，人体力不行了，他愿意背五十斤，他不愿意挑一百斤了，以后运输费得逐步上升啊。

问： 挑山工也没什么再简便的装备了？

答： 石家庄搞了个磕头车，不实用，咱的台阶不是规整的，它不像楼梯要么二十乘二十或者是十五乘二十那样规整。他磕打磕打上去，有时候爬着爬着它往后张（倒），货物又下垂，不现实。

问： 挑山工一条扁担两根绳子，包括山轿，它的设计就没法再精细，没法再改革，无以复加。就和自行车这个设计似的，一出来就非常到位，不能再改进。

答： 你像挑山工吧，他就是扁担、绳子、尼龙袋子。最早的时候没有尼龙袋子用背篓子，现在有尼龙袋子了，很方便，很轻快，装上东西绑好就走，又好看，又省劲。

问： 也没法再改革了，就是这个方式了。

答： 再说就是背了，再就是稍微挑得轻一点。

问： 背能背一百斤吧？

答： 背不了一百斤，（背）四五十斤吧，再多了往后张。挑子前后是平衡的，他都横过来走，为什么挑山工走之字步呢？他就是找平衡啊。背就不行了，你始终得有那个坡度才行，没有那个坡度它就张回来了。

问： 你把你这些资料都给准备准备，我们都给你录到书里。

答： 有些抬东西的光盘，照片在这里。

问： 把这些资料放进去以后，还能把申遗的事给你往前推一推，让你办得快一点。

答：现在是从岱岳区报到市里。

问：你这个省级的非物质文化遗产没问题。如果冯骥才先生过问，肯定是国家级的。

答：我就是想报国家级的，不想报省级的。现在一步步地往上报挺难的。

问：黄山的挑山工和咱不大一样，咱是一根扁担两根绳子，他们还有一根棍子，棍子的名字叫打杵，一个是撑到地上可以休息，一个是能把木棍伸到挑子底下，把它撬起，减轻膀子的重量，一个肩的重量分到两下去了。就是黄山用，其他的地方你像衡山、华山这些地方都和咱们泰山挑山工一样。

答：对，我看电视上黄山的女挑山工就是这样挑的。

问：黄山更陡，走累了他可以架到一个地方休息。他们都是统一着装，咱这里也可以给他们统一做个马甲，一看就是泰山挑夫。

答：咱现在有，是绿马甲黄字。台湾来拍片的时候做的。

问：申遗的事我们可以帮忙做。再找找冯先生，他是评委之一，还是国务院参事，并且还是中国文联副主席。

答：冯骥才先生很客气，和蔼可亲。

问：你把资料找找，我们抽个时间上来拿。

答：现在照片就有。我最心焦的是咱开（中共）十八大的时候抬那个大件，我已经找了摄像的了，结果来了个学生叫某某，他说他给拍，结果拍了没给。

问：你墙上挂的锦旗都有故事，你说一下都是什么故事？

答：这面锦旗是咱的挑夫救了个小姑娘，她给送的锦旗。

问：是上山的游客吗？

答：是。

问：是把她从山上背下来的吗？

答：是从南天门背下来的，是九八年的事。这一面是九七年救的孩子叫小韩松，是在调十八盘上滚盘了，一直滚到方台子。那时候挑夫张正海正好赶到那个地方，他还挑着一百二十来斤东西，他把腿岔开，右手扶着挑子，左手就准备好抓这个孩子，这时候他知道滚下来的是孩子，因为上边也哭下边也咋呼，一看就是孩子，过来就抓住了。抓住以后也不怕挑子歪，也不怕挑子压，死死地抓住孩子不放手。正好咱的挑夫吴广东和范卫华赶到跟前了，他两个就把孩子抱起来了，抱起来就往上跑去坐索道，因为索道往下来快嘛，这时候和他爸爸妈妈赶到一块儿了，他们就问干么干么？吴广东说我们要救人。他说你要多少钱？我们挑夫就说不要钱，救命。……咱那时候在泰山上救了人，弘扬了正气，那了不得了，区里也开会，办事处的也开会，也表彰，也请客，请客的时候就叫我签字……

问：这个锦旗呢？

答：这个是和《大众日报》社的孙义涛一块儿救的孩子（送的），上面写着"爱心搭起胜利桥"。这张照片是前年下的雪，从擂鼓石路上一直抬到山顶的大台线，五六十个人抬一根台线，下着雪抬上去的，因为它着急发射，中央召开一个什么会议需要发射，咱给他抬上去的。录像的这个孩子太不诚实了，后来我又打了多少回电话他就是不给我，我那时候都花二百块钱找好了摄影师了，他说他拍，不用找人了，他说完事刻个光盘给我，结果没给，那是十八大以前的事，着急发射智能发射器。

问：这张照片抬的大箱子是什么？

答：这是从英国进口的那个锅炉吧。

问：是哪一年的事？

答：八几年的事。这一张是九六年发大水的时候咱挑山工在河里义务抢险。这些照片里边还有山顶搞绿化的时候抬松树的照片，还有冯骥才来时拍的照片。

问：这些资料用到书上，得写上资料是你提供的。

答：无所谓，咱保留资料就是为将来以后服务的，别忘了泰山上存有过这么伙人。

问：我觉得你是为挑山工做了很大贡献的，以后要注意保留这些资料。这一张是抬的什么？我看也是个大件。

答：抬的柴油发电机。

问：刚才回来的那一个挑山工呢？让他进来说说。

答：又上了，他一天四五顿饭，挑一挑就过来吃个饭。

问：吃什么？

答：买馒头、烧饼。

问：吃什么菜？

答：他愿意买什么菜，就给他捎上来自己做。白菜啊、土豆啊、肉啊、豆腐皮、豆芽，他好吃豆腐皮和豆芽，它省事。

问：老板有时候请客吧？

答：咱每逢过节的时候就聚聚，你像端午节、中秋节、春节都聚聚，弄个大锅菜，买上饭来，发瓶子酒，发月饼。因为在这里辛辛苦苦的，捞不着回家过节，在这里体现出节日的味道来。

我常对挑夫们说，你们别忘了这里是你们发家致富的家，从这里挣了钱才养活了你自己的家。

问：现在挑山工年龄最大的多大了？

答：六十四岁了。

问：家庭状况好吗？

答：不好，我劝他回去，叫他退休，他不退。

问：年龄太大了有风险，你叫他少挑点。

答：有风险，备不住哪一霎歪倒了怎么治，你凭良心你也得给人家点补偿，他自己存了点钱，回去时候花。

问：这张照片抬的箱子是什么？

答：这是给616抬的，这不是过那个阁子嘛。

问：将来你再回忆回忆你这些照片，哪一年哪一月干的么才好呢。

答：老了，不行了，在这里辛辛苦苦三十多年了。

问：我很挂念这个李老头。上次采访他来，过年也在这里过。

答：这个老头比我在这待的时间还长呢，陈广武在这干的时候他就在这干。

问：大津口那边的挑山工你还有组织的吗？

答：没有，货不及时，现在都抢货，有的时候一天抢着就混个三百二百（元）的，有的时候半天弄不着活，碰巧了就干。

问：老赵你什么文化程度？

答：高小。

问：家里几口人？

答：四口。两个孩子，都是闺女。

问：非常感谢，采访这个事还得麻烦你。

答：你要这样采访，我可能有的想不起来，你平时没事来拉拉，喝个茶，我想起来得更多，我倒不大拘束采访，因为我经历得比较多，这电视台，那电视台经常来采访的。

问：冯骥才先生这次来的时候，主要和你谈了什么？

答：他主要最关心的是申遗这个事，他希望把申遗这个事办下来，让抓紧时间上报。我主要是想把挑山工的这种精神和这份事业传承下去。让世世代代知道在某某年代泰山上曾经有这么一伙人，为泰山的建设和发展做出了不朽的贡献。

马洪生，男，1933年出生，汉族，党员，泰安市泰山区泰前居委会，1951年入伍，1970年转业到泰安针织厂，1993年退休。

采访马洪生

采访时间：2018年1月16日上午

主持人问：老爷子身体挺好啊。

马洪生答：嗯，不行了，不行了。八十六了，八十六。

问：老爷子，我们是泰山管委会的，对，泰山管委的。泰山管委啊，最近要编一套大书，一共一百二十本，其中有一本书就是专门谈泰山的挑山工和泰山抬山轿子的。我们听常（跃）老师说，你的父辈是抬山轿的，曾经给冯玉祥抬山轿，在这方面了解一些早年间的情况，我们今天请你来谈谈这个事。你想到哪里说到哪里，想到什么说什么。慢慢拉。

答：主要是那什么啊。抬山轿的啊？

问：抬山轿的、挑山工，包括冯玉祥、范明枢，这些事都可以谈谈。

答：范明枢这个从来没见过，也不认识。

问：不认识，嗯。

答：挑山工？没有挑山，我父亲我大爷那个时候光抬山轿。还有我叔也抬山轿。抬山轿的时候，不就是抬着往山上走吗，他倒不是挑山工，（是）抬山轿的。

问：抬山轿的和挑山工是一个行业。抬山轿的哪里的最多啊？城里啊，城里这一片里。

答：嗯，就是外边来的客人啊，到泰山上来这个给老奶奶磕头的，都住到下头旅馆里。他们就从旅馆里，抬着他们上山。

问：嗯，上山。

答：一到这个春天和这个冬天，这个，这个农民不忙了，他不是没活干了，是吧？他们都抬山轿子混钱啊。

问：季节性的。

答：那时候穷啊。

问：对，对，它是季节性的，这种。

答：我大爷啊，我父亲冬天都干这个。冯玉祥在这儿的时候，就靠住了他俩，就俺大爷和俺叔，不是和俺叔，和俺父亲，俺叔那时候小。那个山轿就在

门口放着。这个黑夜睡觉也不敢脱衣裳。啊，这个冯玉祥，他说走就走，说上哪里去上哪里去，抬起来，抬着他就走。哎，和冯玉祥，俺一家住，俺家住在东院，他住到西院。

问：冯玉祥吗？

答：对啊。俺老一辈是看五贤祠的。

问：哦，五贤祠。

答：我老家是魏家庄的。城南魏家庄。嗯，我那个老爷爷，就来到这里来给看五贤祠，就住到五贤祠的东院。那时候，俺自己家，五贤祠都住着，给他看五贤祠啊。这个冯玉祥来了。冯玉祥第一次来啊，这个三几年我就不知道了，不是那时候的。

问：三一年，嗯。

答：头一次来住了两年。

问：住两年，嗯。

答：住到普照寺，和尚那里。这个，两年以后他回到张家口，住了一年不大到两年，又回来，不住普照寺了，住到五贤祠。五贤祠呢，就给他把西院腾出来了，住到西院，俺住到东院。哎，他这个人啊，这个怎么样啊，吃饭也好睡觉也好，给他摆上饭了，他不吃了，在那里想事。他坐着想，不能在家吃，嗯，我得上那窝

里，有个讲书台啊，五贤祠后边有个讲书台，我上讲书台上吃去，赶快给他端着饭，都得给他端上，上那里吃去。反正，他（吃饭）没有个正地方。咱这都听着老人说，这些我不知道。（冯）第一次来说，还没有我呢，他住在五贤祠才生的我呢。冯玉祥睡觉也这样，这个脱袜子脱了鞋，睡觉了洗了脚，但是他在这儿搓揉着脚，抠着个脚摸着个脚，他说不行，我不在家睡觉，今天晚上上哪睡去啊，上三阳观。俺父亲和俺大爷那个轿子就在那支着停着，那个，上边铺着那些东西（褥子或毯子），在山轿上往上铺的那个放着。俺大爷和俺叔呢，睡觉，夜里睡觉不敢脱衣服。他那个勤务兵过去一喊，起来，抬着就走。呃，上哪里睡去呢？有时候说，我上三阳观睡去，那个弄着上三阳观睡去，有时候说我上王母池睡去，就抬着上王母池，再不就是王家庄子。

问：嗯，王家庄。

答：就是现在的泰疗（泰山疗养院）。泰疗那房子原来不就是，整个那一片都是冯玉祥的嘛。冯玉祥那里有个旅部啊，他有个手枪旅啊，住到王家庄子。

问：就是现在的泰疗，现在的泰疗这个地方。

答：哎，他就搬着上那里住去啦，再或者王母池住去。他每个地方说走就走，黑天半夜里，说走就走，嗯，马上抬着就走啊，俺大爷和俺父亲晚上睡觉不敢脱衣服。

问：哈哈，随时准备着。

答：他说走，都是急的，马上就得走。

（插话：他是不是也有点防备……）

问：对啊，有那个意思。

答：走就得起来，那个轿子在那放着，都铺好了的。哎，他出来坐上，抬起来就走。再这上，吃饭上讲书台上吃起，睡觉他不上那里去，光一个大山崖，您知道那个地方不？

问：知道，知道。

答：现在部队上有个八角楼，山崖这个石头，就是讲书台。

问：老爷子，你哪年生人啊？

答：啊，三三年！

问：三三年生人，三三年。

答：他（冯玉祥）第一次来的时候还没有我来，第二次住到五贤祠。才生的我，生我的时候是李德全接生的。

问：李德全，冯玉祥的夫人。

答：李德全是干医的。

问：对啊。

222

答：后来解放后，她不是中央卫生部部长嘛。

问：卫生部部长，对啊。

答：她那个时候没有工作，就是个冯玉祥的家属，她三十二岁才和冯玉祥结婚，她是日本留学的，她这个医务啊，医道啊，是从日本留学（学来的）。那时候俺妈怀着孕啊，怀着我的时候，她告诉俺妈，你生孩子别找别人啊，你告诉我，我给你接生！

问：这个非常幸运啊，老爷子很幸运啊！

答：啊？

问：卫生部部长给你接生，是吧？

答：她接生的。泰安人不是，这个女同志生孩子不是兴吃面嘛。

问：哈哈，吃面？

答：到了吃面的时候，他送的礼还不轻嘞。

（马洪生儿子插话）：别说，别说。别说这些……

问：不，这个得说。

答：啊，使那个老百姓那个大提盒。

问：大提盒？

答：两人抬着那样的，好几屉，就像笼屉似的那样的。

问：对，我知道。

答：这个是他送的礼物，两袋子洋面。现在就是面啊，面粉，两袋子面粉。都使这个红纸包起来搁到这个大提盒里。

问：哎，很讲究啊。

答：这是一个大提盒。第二个大提盒呢，就是，反正什么东西都使红纸包着，嗯，这个脑子现在不大好使。

问：没事，慢慢说，慢慢想。

答：这个，嗯，十斤红糖，都是五斤一包，都使红纸包的。

问：嗯。

答：嗯，有一匹白布，白布就是一匹，咱不知道呃，听说一匹就是一百〇六尺，也是使红纸包起来的。这个面和这个一匹白布，同时包了都是一个提盒。第二个提盒的是十斤红糖，五斤一包，包起来，使红纸，嗯，最后一个提盒里，十二块现大洋。

问：十二块现大洋。

答：十二块现大洋。还有么，我就不太清楚了，反正，这个，那个时候俺娘经常说过，主要的这个十二块现洋，

值钱。

问：对啊！

答：那个时候的一块现洋呢，能买三百斤小米子。

问：三百斤小米子。

答：十二，十二块钱啊，这个别的一些小东西，我就不大清楚了，啊，这是主要的地方。那十二块现大洋专门搁到一个大提盒里，也是抬的，东院和西院。他都是使那个大提盒和他那个勤务兵给抬过来，很规矩。

问：很规矩很讲排场，是吧？

答：啊？

问：很规矩啊！

答：最后起名，我的小名是他给我起的。这个，这现在不有个冯玉祥革命烈士祠吗？在革命烈士祠一修起来的时候，不叫革命烈士祠，叫"六贤祠"。

问：叫六贤祠？

答：这边不有个五贤祠吗？那边给它起了个六贤祠。从什么时候改成这个革命烈士祠，是辛亥革命以后，那些老革命、牺牲的老同志，他的名字啊，什么这个功劳啊，都打成石碑，搁到那里，现在恐怕都没有了，以后都破坏了，可能这个也很少了。

问：有，还有一部分。

答：我这个人呀不识字，一天学没上过，咱没进过学校门，咱也没同学。

问：记忆力很好。我发现您这个记忆啊，非常好！

答：啊，改成了革命烈士祠了。为什么给我起了个小名呢？因为正好这个六贤祠，庆祝六贤祠（建成）那一天，生的我。啊，这个时候，这个冯玉祥给我起了个（小名）"六生"。根据这个六贤祠，他庆祝，生的我，就给起了个六生。

（插话：六生，你的小名是吧。）

答：小名，小名，哎，哎。

问：老爷子小名啊。

答：其他的都是冯玉祥的一些小故事，乱七八糟的？别……

问：这个你都得讲讲。

答：反正我没大有文化，没大有素质，不会讲话。讲出话来比较粗。

问：你想什么说什么就行，你说的这个都非常好，啊，你说的这个，都非常珍贵啊，现在来说，都是非常珍贵的一些历史资料啊。

答：聋啊，还没听清楚。

（插话：你说得非常好，非常好啊。就是说，说得很好啊！）

问：据说当时六贤祠供着冯玉祥呢，他的生祠，活人。

答：冯玉祥的一些小故事，经常地说，老人。反正我那时候不记事，小啊，他走的时候，嗯，我三岁还是四岁啊，反正那会儿。可能有的地方，主要的地方有点记得，有的印象深的地方，记住的就是庆祝。这个，这里，这个革命纪念碑（辛亥革命滦州起义）修好了以后，庆祝纪念碑我记得挺清楚。其他的东西，再就是，他那时候接见来看他的一些老同志，也不能说老同志，那时候来看他的人都是些国民党的大官，是吧？这个地方，三笑处，东门这个大房子，大的和小礼堂一样，是他修的，这边，进去那个小门，北边儿。这边有三间屋，这个三间屋是他修的。这个是传达室啊。

问：传达，嗯。

答：哎，反正到五贤祠还不近呢，还得二里多路，可是不管什么人来看他，在这儿打电话，请示他，接见不接见。

问：先到这个地方来。

答：经过他同意接见才能接见，不接见就叫他回去了。啊对。这个，我印象最深的一个就是一个老头，和后来见过的越南胡志明主席似的，来看他，这个我印象深。这个要说，他比胡志明主席穿得漂亮，人家那时候穿的西服啊，漂白的一身礼服，一打电话，请示他。说来吧，接见。上去了。这个时候，上的那个时候就叫他那个勤务兵，到五贤祠洗心亭啊，洗心亭北面，你们去过对吧，它北面不是有个大闲空吗？

问：嗯，大空地。

答：就叫那个兵啊，把三抽桌放洗心亭北边，放了两把椅子，一个茶壶俩茶碗，来了就让他坐到那里啦。那时候三伏的天哎，就是中伏的天，太阳最毒最热的时候了，在那里晒着。接下来呢，冯玉祥坐着，他俩就在那喝水。喝了那么一个多钟头了，老头子晒得那个脸，啊，那个汗，人家穿的漂白的礼服，晒到最什么的时候，我，我反正在那里玩呐，哎，什么，他也不管，我和他（冯玉祥）那个儿，那个小儿在那里玩疯。这个，吃饭在那吃的。端上去的一盘子是玉米面窝窝头，一盘是，嗯，咱现在的馒头。这个老头上去就摸那个窝窝头去，冯玉祥过去就说，呵，你可不能吃这东西。你吃这东西还了得吗？这东西卡人啊。在那吃完饭就打发走了。晒得个老头受不了。到了以

后，我爷爷就说，那时候不管谁都称先生，他说（冯）先生你怎么今天来客人在外边候客也不到家来候客？冯玉祥说，马先生，你知道这个老头他是干吗的吧？俺爷爷说我就知道他是干什么的吗？是吧？他说这个老头啊是南京银行的行长啊，这个从他娘生他那天起，到今天，他知不道这个日头是凉的还是热。我今天晒晒他，他知道这个日头是热的，这个饭来之不易，啊老百姓种的这个粮食来这个饭它不易啊！唉，你看他摸窝窝头吃去啊，我不能叫他吃，他从他娘生了他没吃过窝窝头。唉，他光吃这个好的，我害怕卡住他了。

问：当时把持国民政府"中央银行"的是宋子文、张嘉璈、陈光甫这些人。

答：南京"中央银行"的行长啊。我就看着那个老头啊，就好像那个胡志明主席那个老头差不多。后来就是胡志明主席来泰安，咱见过他那个照片，咱没见过他真人哦，那个时候咱能见到真人了吗，是吧？差不多的那么一个模样。

问：对对对。喝点水。

答：那时候见过谁啊，其他人，这个，叫韩，韩什么来。

问：韩复榘。

答：对，就是他。就是韩复榘。他那个时候他那一整个的手枪旅花钱也好，吃饭也好，连冯玉祥这些花钱都是他供。他每个月来一趟啊。

（插话：他当时是手枪营啊还是手枪旅啊？你想想，它是不是手枪营啊？一个营的编制。）

答：它那个时候叫手枪旅，实际上人不多，就是三个连，三个连啊，也不是一个连的百十个人，一个连才七十个人。

（插话：就是保护他的，警卫他的。）

问：那时候泰安的县长是谁啊？泰安的县长。

答：不记得，不知道！

问：周百锽，知道这个人吧。

答：谁？

问：周百锽，知道不，县长，县长姓周。

答：哦，啊。

（插话：冯玉祥来了以后办学校、植树、修桥啊，这个知道不？啊，就他这个冯玉祥办学校，办学、修校、修路，这些事知道不！）

答：我听不着。

（插话：说说那个修大众桥，知道不？大众桥啊，怎么修的。）

答：修大众桥，咱不记得，也是光听说，那时候咱小，还没生我呢，我光知道他修那个大众桥啊，那个栏杆，上面不是接上了一块吗，啊原来是那个栏杆，这么高，整个上面是平的。

（插话：讲得对。）

答：装修完了以后，叫他赶紧看一看，看看，来回得走两趟看了看。他说，哎呦，我修了这个桥，是叫大众来回地走方便，那时候没这个桥，过河要发水不好过，啊，他叫群众走方便，他说我这不又丧良心了嘛，跟他们那老头那修大众桥的还是干什么的也好，干完了以后我这不是又丧良心了吗？怎么又丧良心了呢？他说这个（两边栏杆）是平的，又不高。这小孩来了，一下子爬上去了，不注意掉下去，摔坏了，我那不是丧良心吗？后来，又加高了栏杆，你们看到那个上面有平的，上面又加上一块，加那一块上面是带尖的是吧？哎，这是他的话，这不也是听老人家说的，那时候咱不记得的。

（插话：冯玉祥修路来吗？）

答：没大修路，反正，又不给他钱。环山路这块是他修的。这又不是他的正业。还建了十四个学校嘛，十四个学校，往西到王庄、界首那边。往东到黄山头这块。

问：对，是，建了十四个学校。

答：这普照寺前面那个部队，礼堂那个地方。是这个，是第一学校。嗯，韩复榘，那时候韩复榘，每一个月都来看他。嗯，来了以后也得打电话请示，请示他接见不接见。有一次听俺老人家说，韩复榘来了。这个他基本回回儿都接见，因为他整个的供应都是他的，是不是？

问：对，对。

答：传达一说，冯玉祥就说叫他上来吧。说完就到俺家里去。俺们不是邻居吗？冯玉祥来了以后，就让俺爷爷把两个院相通的门垒上了，垒上了那个门，这样和他的兵啊，不大接触。哎，这个他（冯玉祥）到俺家来扛了个大镢头，上北面八角楼，刨柴火去了。韩复榘上去找先生啊，他那个兵说先生上北山了。哎？他刚才让上来怎么上北山了，韩复榘又爬到北山上去，爬到北山上去冯玉祥在那光着脊梁，在那里刨柴火呢。他一看说先生你怎么在这里刨柴火呢？冯玉祥说，我不刨柴火干吗，我现在也没有吃的也没有烧的。

问：哈哈，这是和他要钱啊。

答：这个韩复榘接过他那个镢头，这边扛着镢头那边架着他就下山了。就这么一句也没吃的，也没烧的，其余什么话他没说。下一个月到第二个月，回去以后发那个月的饷啊，第二个月的饷啊，嗯，全部所有他的兵，不管干部和兵什么东西，都发的双工资，有吃的，也有喝的了。

问：双薪啊。

（插话：就是要钱啊，冯玉祥讽刺性地和韩复榘要钱啊。）

答：这个，每个月上济南，和他领钱去啊。领钱，他有一个大提包，每次他派干部也好手枪旅也好，每次领的钱就那一大提包。有一回，提着提包回来了，处（打）开一看，里边全是破纸烂砖头，叫他们小偷给他倒腾了，把他那个包拿走，换包了，接着这个冯玉祥下通缉令了，当天晚上就下通缉令了，往南下到徐州往北下到德州。当天晚上泰安大小的旅馆，他手枪旅挨着查，查住旅馆的。还徐州到德州呢，就在泰安查到他了，从哪里呢？哦，现在的，现在不是银行了，原来老银行啊，就是这个小西关，叫什么街来，这个，这个……校场街西边。

（插话：财西街。财西小桥子，反正那一片里。）

答： 就这个小街上，（小偷）他提溜着（钱袋子）就住这个宾馆了，在泰安下车，就住这个旅馆里了。一住旅馆，他就给这个旅店的（老板）说，给我个单间，大一点的，给我放上两张八仙桌子。我得要个单间。给他弄了个单间，你要多少钱给多少钱。反正他这么有钱了，要了两张八仙桌子，刚来了就完了，他把钱全部摆这两张八仙桌上查钱，接着（手枪旅）把钱弄起来，绑起来就送这里（烈士祠）来了。送这里来，把钱留下，冯玉祥说毙了他。接着弄着人，就是现在的那个烈士陵园西边那个沟子里。那里是冯玉祥毙人的个地方。当天晚上那个就给打死了。他在那里毙的人不少。一般那个时候，这个附近百八十几里的没有大麻风。有大麻风知道了，到那里逮来就毙了。

问： 呵呵，哦。

答： 传的他最厉害了。再就是他这个管理员啊，那个就是吃喝拉撒睡这一套的这个管着。他贪污，现在叫贪污。

问： 嗯。

答： 贪污的什么钱呢？贪污的煤炭钱。那时候都得烧煤啊是吧？啊，贪污的这个。也是上来查好了，上来就毙了。唉，绑起来，牵着往那走。冯玉祥说，我叫你"倒煤"。这不叫你倒霉了。毙了。

他那笑话倒是挺多。有一回喝酒，这个让他酒那个让他酒，就他那些兵让他。他说，我喝倒能喝，喝两盅酒倒行。我喝了恐怕够你们架的，当兵的心里话，猛叫他喝啊，让他喝他就喝啊，够咱架的，咱看看够谁架的。末了，咱也不知道他喝醉没喝醉啊，他说你们得架着我，我不能走啊，我喝酒多了不能走啊，你们得架着我啊，这时候，那个兵才领会到，够咱架的，还真的够咱架的。哈哈，一喝酒就说喝行，够你们架的。还真够架的，他身子大啊，两米多高。

问： 你家里还有没有冯玉祥的遗物？

答： 我家里那些冯玉祥的大大小小的东西，是冯玉祥的，现在的冯玉祥纪念馆都弄去了，弄了去他们说，以旧换新吧，拿你旧的给你换成新的。后来我说拉倒，你这个做展览，做宣传。你也别给我新的，我说我贡献了。

常老师： 你记得都有什么，给你比较好的东西？

（插话：贡献啦？）

答：什么东西我都贡献啦！

（插话：都有些什么东西啊？）

答：啊，三抽桌，书架子，还有一个药架子。嗯，什么壶啊，钟表啊，书什么的。

（马洪生的儿子插话）：很多用具是铜的，过去的都是铜品，铜壶、铜盆。

（插话：这都是冯玉祥送给你的啊，你都捐啦？）

答：送的不是给我的，给俺爷爷的。俺爷爷不是原来就给他看烈士祠嘛。没修完，我爷爷，不是俺亲爷爷。俺这个爷爷是个光棍，俺就是俩老人。我爷爷是老大他是老二，嗯，那时候俺这个爷爷，嗯，有点病不能干活，也不能什么的。

问：就养着他。

答：也就没找媳妇，那时候他才二十几岁

马洪生兄弟与父母姑姑的合影

了，修完了烈士祠就叫他看烈士祠去了，一直看到五八年啊，五八年死的。那个时候他给他看烈士祠的时候，是给了一个上等兵的饷。上等兵就是个班长啊，给他班长的钱，是一袋子洋面，一块多钱两块钱，原先那样。后来冯玉祥一走，这个，这个给他买了三亩六分地啊。这个三亩六分地是哪里呢？就是这个，现在的泰前办事处，这边不是过去就是环山路啊，路南路北，反正丘陵地啊，都是这个。也觉不着，也不大长东西。唉，这个三亩六分地，这个到了土地改革，我爷爷是四几年的党员，和县上这个县长，这些老同志都很熟，就换成现在的这个环山马路南边，就是200师司令部那边，200师司令部西边那块，就是现在泰前盖楼了。换了这边的三亩六分大地，把那里给改出去了，换了这里的三亩六分地，这个三亩六分地，比底下的好一点，能浇上龙潭水库的水咯。把那个改出去就换这里来了。俺爷爷俺父亲和那些县上的同事都是老党员。哎，那个时候，我小的时候，俺家里就和唱《红灯记》一样，我家的表叔数不清，天天晚上就来人，让我站岗。就说叫我出

去玩去。夏天叫我出去玩也行，冬天出去玩啥去，乔冷是吧？

问：嗯，对，实际上就是站岗。

答：在外头不行就上屋里去，就是后来他跟我说，都是老同志，在山上的老同志来联系事儿的。俺父亲那个时候，泰安不是城墙有西门吗？上那里贴小报（传单）去，有一次挨了三枪，没打住他，他的命大，打不着他。

问：你说这个时候，什么时候，日伪时期？

答：就解放前啊。

（插话：有点地下党的意思。）

答：他那挨枪的时候，打那三枪我就记事了。我都七八岁了。

（插话：抗日战争时期。）

答：四几年以后了。

问：这个抬山轿的，回民街上多吗？

答：回民街上多，不过那些老人都没了，哎，反正都和俺父亲这个岁数似的，和俺大爷这个岁数现在都一百多岁了，都是一百多岁了，我都八十五六了，你看看，是吧？

问：您的前辈跟着冯玉祥抬山轿，我们还想听听冯玉祥的故事。

答：冯玉祥啊，还有一个，在那个时候啊，谁家吃不上饭啊，穷啊，他就救济救济。再就是这个二百师中间的地

方，原来的138，三七疗养院。呃，姓孙的。他那时候穷，几个孩子？五六个孩子。经常，那个冯玉祥啊救济救济他。他那个房子呢没有院墙。都是两间小东屋，其他也没有墙，也没院，都在当院里做饭。冯玉祥吃完了饭，没事，他和李德全两口子啊，到处地出来玩儿散步，老远就看见孙家水饺下锅里去了。一般他不大到老百姓家里去，他不大去。哎，他看着水饺下锅里去了，（冯玉祥）两口子就家去了，家去看看，就是老孙吃着他家的救济饭。他去了，（老孙家）对他也得很客气点哦，反正上屋里去没地方坐，就搬两个凳子给他两口子坐这个地方，锅就在那里不远。他两口子说话拉呱坐起来没完了，水饺下锅里啦，他也不敢往外捞了。坐了快一个小时啦，冯玉祥说走啊咱走啊，这个时候老孙说再坐一会儿啊先生。冯玉祥说坐的时间不短了，你那个锅里的水饺别使笊篱捞了，使勺子舀着当糊粥喝去吧。下上快一个小时了，那个水饺在锅里不得当糊粥喝去啊？冯玉祥出来以后说，不实在，这个人太不实在啊，再穷也得吃个水饺哎，啊，是吧？你怕啥！

那时候老百姓吃水饺，也就是那面哎，白面哎，那个馅知不道是什么的，主要贵，贵在那个馅上，是吧，老百姓吃个水饺，也就是那个北瓜是吧？北瓜南瓜也就这样的，还有吧也不是有肉，哎，你说他就不敢捞了，不敢捞了我还不走了呢，嗯是不是？可不得捞着喝，他找勺子舀着喝呗，片儿汤。

（插话：我来的时候就说，给冯玉祥当个轿夫很累，啊，他那个体格太大了，很壮很胖，你家老人当时那个身体应该很壮，要不抬不动他啊。）

答： 嗯，可不，二百来斤。冯玉祥从来没有穿过军装，我就见他穿过一次军装，都是庆祝这个（滦州起义）纪念碑（建成）的时候，辛亥革命，这个纪念碑修好以后庆祝这个纪念碑（建成）。那时候，这个我记得可清楚了。这个为什么记得这么清，俺奶奶那个时候领着我来庆祝这个纪念碑（建成），只要是去的，一个人发两个小饼子啊，就和现在回民过节，炸的那个油香差不多，啊，可是比那个油香要好吃，那里边带馅儿的。只要去的一个人俩，那个去的给俩，吃着那个饼在边上看。冯玉祥穿着那个

（将军服），咱现在颜色那种衣服，大马金刀，明晃晃的。那种衣服就见他穿了一回。别的时候，穿带扣的、普通的对襟褂子，老百姓那个衣服。

（插话：纪念碑上都是他的战友的名字，他死的那些战友，必须穿戎装。）

答：我就见那一回儿穿那衣服，那个衣服穿上是真威武啊，就见那回儿庆祝纪念碑（建成）的时候，穿了那一回，从来我没见过。他都穿别的衣服（便装）……

（插话：喝点水，啊，喝点水。）

答：哎，不行了，脑子不行了。

（插话：行，讲得很好了。）

问：冯玉祥在这儿的时候，啊。泰安县的县长叫周百锽，这人你应该知道，周百锽。知道吧？冯玉祥是西北军的，他是冯玉祥的旧部，是他的部下，韩复榘做了山东省主席以后，就叫这个人来干泰安县长。想起来了吧？

答：不记得。那是在冯玉祥以前，以前有个县长姓毛，毛县长。

问：毛官啊，都叫他毛官，他叫毛澄，四川人，毛蜀云。在泰安声誉很好。

答：嗯，他的一个闺女、一个儿子叫那个刘黑七（注：鲁地巨匪）给他杀了的。

问：哦，这个事不知道。

答：他（毛县长）那个儿和他那个闺女（被刘黑七杀了之后）就在，就在这个普照寺后面，厝（厝，停放待葬）着，在那里厝着啊。后来就地埋了。这个五八年以后，成立人民公社，叫生产队里把坟子给它扒掉了，扒掉了那个砖都使了，那个棺材板都打了地排车车厢了。他那个闺女的棺材很好，人在里面都干巴了。刘黑七把他们砍了头，又把头缝上的。里面都是楦的那个……

问：石灰？木炭？

答：嗯，这个，这个，这个什么草，灯草。

问：灯草，吸水的，吸潮。

答：楦了一棺材，让她在里面干巴了，这个，就给她破坏了。那时候刘黑七给他（毛县长）要钱啊。

问：嗯，要钱？

答：他（带领土匪的队伍来到泰安）给泰安县衙门里要钱，毛县长不给他啊，刘黑七说不给钱，杀你那个孩子，可能就是这样。毛县长说啊，杀俺孩子，你杀得了吗？就不给他钱啊。到最后，还是让他绑票，把他孩子给杀了。他（毛县长）就不给他（刘黑七）钱。

问：噢，这个事以前从来没听说过。你们以前在哪里住啊？

（马洪生的儿子插话）：去年才搬下来，以前在烈士祠后面住着。

问：哦，在山上住。

（马洪生的儿子插话）：哎，在山上住来。去年才搬的。

问：老爷子现在主要经济来源是什么？

（马洪生的儿子插话）：有退休金。

问：退休金多少钱？

（马洪生的儿子插话）：五千来块钱。差两毛五分钱不到五千！

问：平时没什么大毛病是吧。

（马洪生的儿子插话）：没毛病，身体好着嘞。当兵当了好几十年。

问：在哪个部队？

（马洪生的儿子插话）：138医院（现解放军88医院），三七疗养院，家门口。

问：在家门口当兵，当兵的时候什么职务啊？

答：当兵就是当兵哎，后来提了个营房助理员。

问：营房助理员，排级干部？

答：我不识字，你说能提个什么干部，是吧？我这个干部是实干苦干，这个提的，你要指着我文化程度，啥都不是，提干部啊？我能干活能吃苦，这干别的没文化，能当干部啊。

问：五一年入伍的。那时候还不是义务兵呢，是吧？

答：那时候不是义务兵，是志愿兵啊。从五五年，才第一批义务兵，我是志愿兵。

问：就是兵役法公布了以后，依法当兵，兵役法规定了以后才有义务兵。

（插话：哦，138，138医院原来在泰疗啊。）

（马洪生的儿子插话）：以前在这边，后来搬泰疗去了。

答：那是谁捣鼓的呢？国恕连（注："文革"时期泰安地区"造反派"头头、"革命委员会"副主任），国恕连叫138上了泰疗，叫泰疗搬这里来了，搬这里来不是落实山东红十条吗？后来泰疗又搬回去，138再搬回来不行了。138不是建了那个八十八医院了吗，也建完了，这个八十八医院不是在徐州嘛，把徐州呢划到江苏去了。江苏去了，部队也得划出去啊。八十八医院这个医疗水平，这个技术很高啊，济南军区又舍不得给南京军区。调回来，调回来没地方放啊，八十八医院很庞大啊，没地方搁，这么大的一个医院，就叫138上了昌乐。有个部队的仓库，放仓库里了。就把八十八搬过来放这里了。这个138，后来就上了济南。在枣庄那块呢，可能是，改成济南公安厅医院，都穿了公安服了。那时候我就转业了，我七〇年转业的。转了泰安针织厂。

（插话：就在现在的南湖西邻。）

（马洪生的儿子插话）：织袜子的。和劳改队挨着。不拆不扒的时候就在青年路南头。

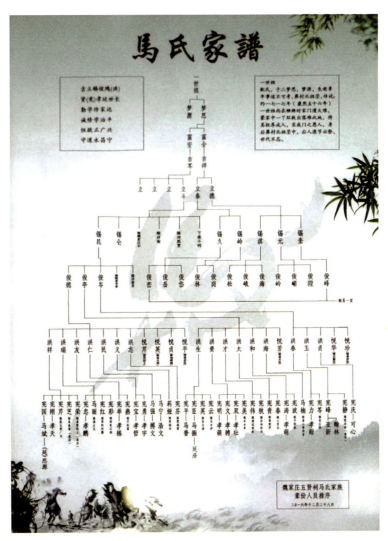

马氏家谱

问：老爷子，你印象里抬山轿子的，泰山上从什么时候就没大有了？解放以后，从什么时候开始，山轿子就没了？人民公社以后？

答：从五八年前后吧。从成立人民公社以前，（这个行当）是私人的。成立人民公社以后，这些都是集体的了。

问：生产队？

答：没有个人干的了，集体不让你干。

（插话：啊，你不识字，但是你很健谈，非常好，谈得很好，谈得非常好。识字的不一定健谈。）

问：那时候，冯玉祥走了后，还有联系吗？

答：没联系，那时候都是老人给我说的，我想想，五二年，李德全不是来了一趟嘛。

问：来过，好像是来给冯玉祥看墓地的。

答：对，就是因为冯玉祥这个墓。她来了一趟，有泰安地区的领导——那时候叫地区不是市——一直陪着，这个138医院的政委院长陪着，都上我家去了。那时候上我家去的时候啊，俺妈怀着她（马洪生的侄女）爸爸，李德全亲得不得了，抱起俺娘来甩了好几个圈。

问：亲啊。

答：亲得啊，那时候不在一个院里住嘛。

在俺那里坐着，俺娘就告诉我，这是冯太太啊。俺娘哪里知道，还冯太太呢。嗯，俺爹知道啊，就说这个是咱那个国家的卫生部部长啊，我反正也知道了，我那时候，我十几啊，十六了是吧？这个到家里坐了一会儿，就是看这个冯玉祥安葬的这个地方，就看了我现在住的那里，他不是正对着这个革命烈士祠嘛。把这里走了，又看了大众桥。大众桥他修的，正好也对着他那个（现在的墓地），他那个，大众桥啊。最后啊，可能人家回去研究了，就定到大众桥了。这个大众桥比较人多啊，比较繁华，上我这儿来的人很少是吧？

在这之前，她（李德全）买的驴、牛，她把整个这个黑龙潭疗养院这一块，连那个西山，她家买的那一些，她都收回去了，原来那个果园啊归果科所的，她都收过来了。她都（雇人）管着。

问：噢，冯玉祥在泰山的地产？

答：嗯，连他栽的果树，连他买的地方都收回来了。收回来，她再叫我去的。叫我去她家参加那个（管理），给他干那个活去。这个收完了以后在那里干着，一直到五一年，五一年抗美援朝啊，我就在那里报名参军了，报名参军，后来我也没上朝鲜，他们都上朝鲜了，后来我就上这个医院来，哎，这个五一年，到了五一年参军，没上朝鲜，上这个部队来了。

问：冯玉祥是哪一年安葬在天外村这个地方的，这个过程还记得吗？

答：大概是五二年、五三年，反正记不大清楚了。

问：参与这个过程了吗？参与安葬了吗？

答：没有，我那时候就在部队了。冯玉祥那个照片（头像）啊，是铁（铜）的，生铁造的。（坟墓）整个上面那个圆得和煎饼鏊子似的，一下子堵上了，后面还一个洞呢。他的骨灰盒放到后面那个洞里啊，外头那个一下子堵上了，他那个照片是生铁造的，后面还有三个爪，三个爪，那个石头三个眼，正好扣进去，后面用螺丝帽给上上了……

问：那时李德全让你去给她管理收回的山林地，有没有报酬？

答：有啊，那时候去了，给我多少报酬呢，是一百八十斤小米，给我一百八十斤小米啊。

问：一百八十斤小米？

答：一百八十斤小米啊，是按北京的价钱，在这儿挣钱给发工资，在这儿给他干活多，都是这样，不少的人呢。

问：刚解放，国家干部都是拿小米啊。

答：一百八十斤小米，得听北京市价。每一个月的钱啊，也可能多一块两块的，也可能少个三毛五毛的，都是听北京市价，北京多少钱一斤，给定这个钱发给多少钱的。

问：嗯，北京市价是个参数。那时候见了面，问你吃多少小米啊？就相当于现在问你拿多少钱的工资。

（注：冯玉祥墓在泰山大众桥东首，1952年选址破土动工，1953年10月15日安葬，举行骨灰安葬仪式。）

杨辛，男，1922年出生，北大教授，美学家。采访者刘慧。

采访杨辛（之一）

采访日期：2016年11月

刘慧（以下为"问"）：泰山管委最近要做一套书，暂定名《中华泰山文库》，这次专门来想请教一下杨先生。

杨辛（以下为"答"）：书是从什么时间开始记载的？

问： 从古到今，从国内到国外全部包括，只要与泰山有关系的都要收录，准备三到五年的时间完成。

答： 现在是计划这件事吗？

问： 已经着手半年的时间了，您觉得这个工程怎么样？

答：《中华泰山文库》，这个工程真是个伟大的工程，我听说要做这件事情，我就很自然地联想到北大的汤一介教授，他要编纂《儒藏》，那个规模很大，将来完成了以后，甚至超过四库全书的内容，这个是一个非常重要的一个文化工程。我听说《中华泰山文库》，这个就很重要，因为泰山的文化，它体现咱们中华民族的优秀文化。季羡林讲过"中华优秀的文化主要的象征之一就是泰山文化"。你要研究中华民族的优秀文化从泰山文化开始就顺理成章，所以这个很重要。但是要研究泰山文化，至今还没有一个完整的系统的文库，所以说有了这个文库以后那就是集大成，将来世世代代要研究泰山文化都可以利用它，所以这个事情我觉得是泰山文化的一个基本建设。你首先要把这些经典文献从古至今包括国外的等等，一个非常完整的东西编出来。我觉得这个对咱们民族文化的弘扬是一个很大的贡献，要是三五年能把这个工程完成那真是太好了。而且根据汤一介他编纂《儒藏》的经验来看，这个编写的过程，实际上就是一个学习研究的过程，就是一个人才培养的过程。所以将来研究泰山文化，通过编写就会形成一个团队，这个将来完成了，会对研究泰山文化打下一个很好的基础。这个工作是一个很艰苦的工作，而且是很细致的工作，是一个功德无量的事情，我是觉得很好。而且这里面不仅有文字的，还有口头的，口头的这些资料记录下来也是很有特点的。这些年我就是有这么一个感受，现在全国都重视国学，就是优秀的中华传统文化，是我们民族的基因，非常重视它。"泰山文库"这种形式编出来以后就是一种国学的精神，它不仅是表现在过去的经典文献里，也表现在具体的泰山文化中，这也是一种表现类形式。我自己也感觉，在学习泰山的过程当中，通过对泰山文化的具体研究，实际上就是学习了咱们中华民族文化的发展历史，这个将来大家一定是非常赞同的。

问：你给我们再讲讲中国美术馆给你的作品做展览的事吧。

答：中国美术馆已经展过了我的书法作品。

问：展过了你也给我们讲一讲，一个什么样的层次？什么样的概念？"泰山文库"的编写您刚才说可以形成一个过硬的团队，其实现在浮躁的社会现象是非常普遍的，能够有这样的一个带头过程和团队，能够稳下来，静下来把上千年的历史把它汇集成册，而且是汇集一百多册，这真是需要一种踏实的精神。就是这种精神对后代都是一种影响，对整个社会的影响更大，因为毕竟我们是五岳之首嘛。由泰山去做这种历史文化的传承，把碎片化的东西给它串起来，把每一个小的珍珠串成一个美丽的珍珠项链，其实这个就是一个串项链的过程，所以我觉得这个挺符合泰山的地位的。我们泰安市把它定位成一项重要的文化工程。

答：我这些年还是做了一些事情。泰山文化现在在北大还是很有影响的，原先在北大校园里很少有碑刻，现在再到北大去，我看见的就有三块大的泰山石。

第二件事情，就是我们现在倡议为"泰山三工"建立慈善基金或者福利基金，这件事情表达了我们对泰山文化的热爱，因为这个基金不仅仅是在物质生活方面对三工的关爱，更重要的是我们心里头存有一种对三工，就是挑山工、环卫工、林业工，对这三种工人的一种非常崇敬的心。为什么很崇敬他们呀？因为我们觉得他们身上体现了泰山的精神。到泰山我们敬天，实际上就是敬德，在《周易》里头就讲到"天地之大德"，就是天地它有一种最高的品德，就是它养育万物，生育万物，生生不息。泰山对我的影响主要是精神上的影响，精神影响里头有很多，最重要的就是对我的生命的启迪，就是生生不息，就是自强不息，在挑山工以及环卫工、林业工身上就体现了这种精神。在《论语》里头不是讲到"天何言哉？四时行焉，百物生焉，天何言哉"吗，就是说天地它是在默默无闻地养育万物，不求回报。三工就是体现了天的高尚的品德，你看挑山工也好，林业工也好，环卫工也好，都是长期地默默无闻地做贡献，生活非常艰苦，他们这种默默无闻地做贡献的精神就是一种泰山的品德，所以说想起泰山的三工就想起泰山人，这也是真正体现了一种天人合一的境界，天的品格在人的身上的一种深刻的、生动的体现。所以我们是想通过设立这个基金，要弘扬三工这种高尚的品德精神，这个是我和钱绍武教授共同的愿望。所以我们呢，这一次举办三工的福利基金，我们采用的方法就是钱绍武教授和我，我们两个人写了《泰山颂》这首诗，用大幅的字来表达，用书法艺术来表达。钱教授是用草书来写的，我是用隶书来写的，写了这个字以后，再写一些小幅的字，义卖了以后就把它作为三工的福利基金，给他们解决一些实际的困难。虽然这个在经济上来说是很有限的，但是这个表达了我们两个人的一种心意。所以说第二点，我们是从文化的高度看三工，三工他是一种泰山精神的象征。第三点我就是想说我和钱教授我们都是七十年的老朋友，我对他的书法是非常敬佩，是有点崇拜他。我这个学习书法也是受他的启迪，所以我对他的书法还是非常留意，学习他。我曾经写过一首诗，也算是老朋友对他的一种理解吧，这首诗第一句就是"北雄兼南秀"。北方的雄伟兼南方的秀丽，他是无锡人，江南是个秀美的地方。他书法上主导的特质是一种北方的雄伟，大气磅礴，非常开阔。所以他是有北方的雄又有南方的秀，因为他毕竟老家在江南，有江南的那种秀气。第二句是："至柔还至刚。"他写出来的点画看起来很柔和，很随意，很自然，但是柔中有刚，有一种内在的刚劲的生命力。他的字柔中有刚，绵裹铁，棉花里头裹了铁，这是中国书法的特点。第三句"开张纳宇宙"。他的字的特点就跟他的人一样非常开阔，非常开朗，开张到把整个宇宙都容纳下去。你看他做的雕塑也是这样，李大钊的雕像，铁肩担道义，非常开阔。他的雕塑，他的书法，他的为人都很开阔，字如其人。最后这一句"神韵入苍茫"，这是一个很高的评价，在书法艺术里头，从美学的评价角度来说，这个神韵是个很高的评价，所谓"神韵"就是真正把他的感情，把他的心灵，全部都融化在了笔墨当中，就是很自然的一种情感流露。就像风行水上自然成纹，就是风吹在水面上很自然地形成的波纹。这种境界是书法中一种很高的境界，表达人的精神。就像徐悲鸿先生所讲的"书之美在德，在情"，就是说书法的美在于德，就是品德的德，在于表达了人的一种品德，是人的精神世界的一种写照。在于情，就是表达一种情感。所以这一次我觉得请钱教授写《泰山颂》，我非常喜欢，我觉得这件作品真正表达了他对三工的一种热爱，对泰山文化的热爱。他现在已经是将近九十岁的人了，一个字这么大，而且是他写了好几遍，第一遍写了以后不太满意，又重写，重写以后，只要发现有一个字不理想又重写，这么大幅的字，近九十岁的人，这种精神使我很感动。从我自己来说，我今年九十五岁，我觉得泰山给了我力量，泰山给了我新的生命，使得我在九十五岁这种状态下，还能写出这么大的字。这一次写的是一丈四，是我一生当中写字写得最大的一次，这个也是表达了我的一种心意。我觉得我们的时代需要这种正能量，需要这样一种精神，能够把优秀的传统文化，泰山文化、书法文化，把传统的文化和我们时代的要求，时代的精神，融为一体，能够在社会上产生一种影响，我觉得是我们老年人的幸福。

"三工"基金慈善拍卖会上钱绍武先生（右三）、杨辛先生（右二）与泰山管委领导合影

采访杨辛（之二）

时间：2016年12月

问：（关于"三工基金会"）片子做完以后您先看看，我们
　　再剪辑。您讲的我们都给您记录下来了，您再简单说
　　几句对泰山的感情，对泰山的感受，以及泰山三工代
　　表的泰山精神吧。

答：我和钱绍武教授都去登山了，对三工的印象都很好。

我这些年对三工他们这种默默无闻的奉献精神，这一点给他给我的印象特别深，就是在平凡当中显示伟大。过去我访问过一个挑山工，我听了他讲的以后，当时就感动得掉眼泪了，所以后来写了一首挑山工的诗："挑山工，挑山工。性实在，不谈空。步步稳，担担重。汗如泉，劲如松。顶烈日，迎寒风。春到夏，秋到冬。青春献泰山，风光留大众。有此一精神，何事不成功！"现在这两年有一些接触，冯骥才写的《挑山工》现在不是作为小学的教材嘛，他拥有的小读者每一年有两个亿，两个亿的小学生读这个《挑山工》。我看了一下小学生读这个《挑山工》以后有什么反应，是怎么想的。在小学生里头有的就写自己的体会，就说要有一个目标，有了目标以后你坚持一步一步地向前走，绝不能半途而废。这个很多小学生看了以后都有很强烈的感受。所以挑山工不仅是把食物啊，饮水啊，挑到山顶上供游客用，这个是直接的、具体的贡献。但是我觉得更重要的是他们的精神在人民群众当中的影响，对青少年的影响是很大的。不仅是小学，中学也把挑山工作为

课本（内容）。其他的你看这个护林工，世世代代把生命都奉献给泰山了，很感人。五十年前我看泰山上到处都是荒山秃岭，现在泰山主山绿化的面积达到百分之九十二，所以这个贡献是非常大的。还有环卫工，就是捡垃圾，以前这个过程我不大能体会，现在体会到了他们的贡献了。一年在泰山清除的垃圾有两千吨，像五一和十一过后，这七天的垃圾差不多上十吨，都是他们去清除，而且有的游客随便扔垃圾，就飘在这个悬崖上，要用绳子吊着环卫工到悬崖上把那些垃圾清除掉。所以说这三种工人，他们的生活非常艰苦，但是（泰山）管委会始终是关心一线员工，包括三工在内，关心他们的生活。这一次钱绍武教授和我，我们有这么一个参与，他们就非常支持，而且是千方百计地要把这件事情做好。这个不光是我们拍卖的这一部分经费要用在这个上面，而且他们千方百计要开发一个事业，把取得的一些经济效益继续投入到三工基金里头。就是除了我们捐献的，他还继续在这里头投入，而且要向整个社会扩大影响，我觉得这个事情做得很好。

我们的国家就需要提倡这种正能量，这种无私奉献的精神，实际上就是把泰山的精神，通过三工他们这种具体的先进事迹在社会上扩散。所以这个是我们老人现在的心愿，做这个事情我们都很愉快。钱绍武教授和我，我们都九十多了，生命状态都很不错，今天和泰山管委刘主任交流，我们这个心态现在非常好。

问： 您为什么对泰山感情那么深呢？您能说一下吗？

答： 泰山不仅是一个雄伟的自然山，它由深厚的历史文化积淀和雄伟的自然特征结合在一起。但是这中间我曾经有一个概括，泰山文化根据我的体会，是以生命为核心的天人之学，从天人之间的关系来考虑生命的问题。天就是发育万物，无私奉献，不求回报。泰山人，实际上就是中国人的精神也应该是这样，人道和天道应该是统一的。人道是源于天道，人应该像天这种德行，要无私地、默默地做奉献。有目标就是"天行健，君子以自强不息"。这个话我觉得很深刻，天体的运转始终是保持刚健，人要向天地学习，就是要自强不息，我觉得三工身上体现的就是默默无闻、自强不息的精神。我们就尽我们现在的能力写写字，我们写字考虑也是写《泰山颂》。

245

冯骥才，祖籍浙江宁波，1942年生于天津。现为中国文联副主席，中国民间文艺家协会主席，民进中央副主席，全国政协常委，国务院参事；天津大学冯骥才文学艺术研究院院长、博士生导师。

采访冯骥才

采访时间：2014年5月21日

冯：……就是从法国巴黎以后，沿着里海，就是当年二战诺曼底跟那个一战苏伊士河，从那过去以后，从那个英吉利海峡过去。然后呢，我到苏格兰转了一圈，一气看了二十多个博物馆，各式各样的博物馆，我看了之后就感觉世界各地的博物馆发展变化非常快。所以，我给你们提一点建议，就是博物馆，博物馆怎么做，是一件挺重要的事。就是博物馆有几条，跟以往是不一样的：第一个，你看博物馆，要给人身临其境的感觉，人要进入这个气氛里去。第二个，就是动态和静态的东西相结合。你比如，他这个一战的战场，就是索姆河战役的那个战场。后来咱们这演过电影《战马》，就是当时那个英国人德国人法国人那个战役，是历史上最残酷的战役，死了一百万人。它那个很有意思，当时它那个战壕还有，外国人很早就意识到这个历史要留下来，就像（汶川）地震之后，我跟温总理提出来，一定要把一两个废墟留下来，做露天的地震博物馆。当时我提出来之后，还有人反对，后来，总理在北川的废墟上就说，这个北川废墟要留下来做博物馆。后来在中南海的一次会议上，温总理看到我说，冯骥才，你关心的那个北川的废墟留下来了，现在德阳的那个也留下来了。我还专门到德阳去看了一次，德阳炸得那个汽车都在房子上面。我说那个无论如何也要留下来，所有的（钟）表都是十四点二十八分，都是那个时间。那些都不要动，还有砸烂的（玩具）娃娃，我拍了很多照片，告诉他们都要留下来。还有一个缸，我估计没人动它。我告诉他们一定要留下来。一根柱子的钢筋断了，很多里面的钢筋露出来，这个钢筋你老远一看上面有很多亮闪闪的东西，我过去一看是什么呢？钢筋下面砸了一些新房子，年轻人结婚新房的东西，暖

瓶啊，都砸碎了。钢筋带角里是什么呢，一盘录像带和录音带，我说你无论如何也得把它保存下来，这对新婚夫妇都死了。当时这个一战的还是二战的战场，他们把一个炮弹炸到酒店里，酒店里所有的碎块放到那里，把炮弹的弹皮镶到墙里面去，全都有。所以，我说，这个特别真实。我当时想，如果要进我们这个博物馆，应该是一个什么样的感觉？我想，因为泰山挑山工的一个概念，是任何一个地方的挑山工都没有的概念。泰山挑山工也有文学的想象，他是像挑着一个山一样，挑山，他挑的是山，挑的不是东西，他把泰山人的精神和他们所承受的分量都表现出来了。所以一进门我看见（挑山工）后背流着汗，把那个照片放大，一进门就有一个大的脊背，流着汗水，这下面应该堆积一些很重的泰山的石头，这样的感觉。而且你要从这里进博物馆，要走四步到五步真正的泰山石头的台阶。就是过去泰山老的、泰山山后面拿脚踩的、比较反光的那些石头。铺几个台阶，你要感觉一下，你告诉他，到泰山顶一共是多少个台阶。一行大字写上六千八百一十一个台阶，你要告诉他挑山工每天要走多少个台阶，你要

让人先感受一下挑山工（的工作），这样我觉得就会好得多。我觉得应该把四合院那个地给咱们，咱们自己设计一下。

刘：你这个楼（就设计得）很好嘛。

冯：我这个楼，这个建筑，过几天有个会议要在这里开。当时说用我的名字建一个学院，当时也很荒唐。后来有一个德国人来，就是认识我，二十多年没见我。当时他来这个学院一进门，然后说冯骥才死了吗？哈哈，当时，他们说，没死，就在楼上挺好。他说在我们德国，只有死了的人才能用他的名字，你们怎么能他还活着就用他的名字。这个后来做了这么一个学院，当时跟我说的时候，崔凯呢？他是天津大学毕业的，后来在德国留学。1989年之后呢，我是最早出国的，当时旅游还要批（准）的，是两个人出国，就是国外的邀请很多，当

在冯骥才先生的办公室

时是看看知识分子还能不能出国。当时一个是请了范曾去了新加坡，开画展；一个是请我去了德国，演讲。当时是德国的内政部请我去看东德西德统一，拆玻璃墙。就是那么一个活动。范曾不就跑了吗？范曾跑法国去了。我就去了德国，我在柏林工业大学演讲的时候，崔凯这个设计师在场。他当时在德国学建筑。

刘：刚才进这个大楼的时候，我不知道崔凯，他说一个设计师非常独特。我进这个房间看这个角落，这就是崔凯的设计。咱们彩石溪，桃花峪有个博物馆嘛，就这个设计风格。有反角的、斜面的，全都是这种风格。

冯：后来崔凯因为这个，得了"建筑大师"的称号，就是中国十大建筑师之一。

刘：他就是因为这个，曾经获得"十大建筑师之一"称号嘛，叫设计大师，就是这座楼吗？当时去的时候是我们市委书记介绍的嘛，大家，十大建筑师之一。我一看这是崔凯的设计，墙面你这个还好点，我们墙面都是斜的，自然石堆积起来的，是一种地质现象，处理得都非常自然。

冯：当时这个楼，他说，冯老你有什么要求，我说我没什么要求，你给我设计一个很现代的建筑，因为我在里面要放一些古代的东西，现代跟古代要有一个对冲，它有一个时间的空间的很大的距离。我说我要很现代的建筑，具体的我只要求三条：第一条，我周围有湖，风景不错，我哪有风景你哪给我开窗户。我说我喜欢带风景的房间，外国有个电影叫带风景的房间，所以他为了这个风景，把我的房子给我扭了一下，所以，窗外都是风景。第二个就是房间是死的，光线是活的。你要让不同的时间光线能射进来。黄昏有黄昏的光，早间有早间的光，所以我这屋子里就有不同的气氛。第三条，你要让我在这房子里待了三年，还感觉到有些房间我没去过。他呢，一直到现在，我待了快十年了，真是感觉有些房间我没去过，或者很少去过。我现在在这楼里天天待着，干很多事，很多地方没去过。它边边角角小屋子，奇怪的地方特别多。这里面建了七个博物馆，各种各样的。你们看了没有？

刘：刚刚看了绘画那个。

冯：楼下还有个雕塑厅挺好。有一个木版年画的，因为今年要申请物质文化遗产，所以做一个展览馆（泰山挑山工博物馆）。我的意思就是说如果你要做的话，要有一点现代观念，要让人觉得进去看啊，不是看看就完了，不是看看挑山工的照片，挑山工的扁担，不是看看就完了，要有一个新的感受，是吧？最后，你在那放一个挑子，你可以放一百斤的东西，试着挑一下，这是展览馆最重要的，你年轻人你挑一挑，他挑一下他就知道不容易了。是吧？你让他挑一下，告诉他，要挑着走六千多级台阶，我可以设计上台阶，你挑着试一试，这样，他肩膀上一有感觉了，他把挑山工就记住了。你看啊，当年克林顿到西安兵马俑去的时候，有个总统级的照顾，你可以到兵马俑的坑里去，那时我去过一次那个地方，馆长陪着我去的。他跟我说，这个克林顿对他说，我能不能摸一下？外国人认为他摸这个东西和没摸这个东西是不一样的，他这个身体体验是不一样的。比如说男孩和女孩交朋友，拉她手和不拉她手是不一样的，拉她手是有感觉的，所以他必须要摸一下。我说你怎么回答的？咱们这个博物馆馆长是比较聪明的，他说我得向北京请示一下。他表示我这个文物很珍贵，别看你是总统，你随便摸不行。他还确实打了个电话，给这个国家文物局，说可以让

他摸一下。那他回来说，我们已经请示好了，您是总统，允许您摸一下，只一次。呵呵。他摸了一下，克林顿到吃饭时候，说对兵马俑特别有感觉。因为他摸到了这个真实的。所以这个摸一下和不摸他感觉是不一样的。所以我觉得最后，年轻人试验一下，走他几蹚，设上台阶。摆一下挑山工平常吃的东西，你看看挑山工平常吃的什么，他们吃的煎饼，不是大鱼大肉，海参鲍鱼那么吃。

刘：我们想，这次调查去，我们三个都去了，在这个展馆里面给他复原一个挑山工家庭就挺好。

冯：找一找他们用的老碗、老壶，还有一些他们下雨时候用的工具，比如说脚上缠的麻绳子，把这些东西都给他放那，要有一个真实的环境。这个法国有一个有名的作家叫凡尔纳，这个人，他写的像《八十天环游地球》啊，这些游记都拍过电影。这个人他是喜欢探险的，早故去了。我去看过他的博物馆，挺有意思，他的博物馆不像我们去看的作家博物馆那样布置满他写的书，他二楼就是一个探险的环境。他最有意思的就是他的顶楼，因为欧洲人有一个习惯，欧洲人凡是不要的东西，他都放在车房，到了礼

拜六礼拜天，他把门开开，你随便买随便挑。一块钱一件，你什么都可以拿走，我不要的东西，处理掉。他喜欢的东西，你比如说老祖奶奶死了，老祖奶奶的东西是很有价值的，他不愿意扔掉，但他在屋子里放着又不合适，他搁在哪呢？搁在顶楼藏起来。所以任何小孩童年时期都认为顶楼的东西是最神秘的。很多老年的东西都是没见过的。所以我到他顶楼上去，发现有三四个地方，有小的 IPAD，他的 IPAD 里面放的什么呢？放着一个，他比如说他的箱子打开，有的放着一些旅行的衣服，放着一个 IPAD，里面反复播放着那个时期旅游的一些影像。你一看就知道，那时候的人旅游，就用这样的箱子，这样的东西，他还有一个小电影，我估计是凡尔纳小的时候，因为他小的时候是 20 世纪初嘛，那个时期他小时候一黑白的、不清楚的、无声的小电影。他放哪呢？放两个柜子缝里。他让你觉得凡尔纳小时候藏在柜子后面了！他放的小时候调皮捣蛋玩的一个电影，你必须在他放的时候才能看到这个电影。所以他想得非常好，就是说，尽量能够把你的兴趣啊跟这东西融为一体。所以呢，我出点主意，你想一

想，一进门，最有说服力的就是挑山工本身，所以你说做一个雕塑、做一个蜡像，都没用。就是一个大肩膀的照片，放一个特别大的，那一面墙那么大的肩膀，流着汗，后面是泰山。或者是我们找好的摄影师给我们做，后面就是泰山的景象，前面就是巨大的肩膀，前面放几块巨大的泰山石，给人一种强烈的感觉，然后我们进去的几蹬台阶做成石板的，等出来的时候还有几蹬，让你体验一下。这一小屋卖一些纪念品，我觉得这肯定是一个很有特色的博物馆。

刘：很好，很有意义，想法也很独特。

冯：呵呵，有的地方可以搁个电视，你可以不断地去播放一下以前拍过的挑山工的录像带。他就知道真实的是什么样子的了，对吧。

刘：20世纪80年代我们一个张馆长拍过一个片子，比较出名的，也有一部分挑山工的镜头，都是电影片。

冯：那就很珍贵了，可以请音像公司给你们剪一些，好的，在那里滚动播出。你比如说，到另一间屋里，有一挑山工的家庭，复原挑山工的生活，你现在可以找一个七八十岁的老的挑山工，让他自述一下，然后，到时候，哗，他的影像出来了，他讲几句话，

是吧？他那种老年的、本乡本土的声音，让他讲几句话。

刘： 先生，这个博物馆建成以后啊，你来做个名誉馆长。

冯： 好！还有，第一个，博物馆建好，我给你题名，这是义不容辞的。第二个，你跟他们讲好，设计图设计好你拿来我看一下，告诉他们应该怎么做。

刘： 行，回去我们就开始找设计师沟通，把地址选好，看看在哪个位置。

冯： 不必做太大的，我觉得有个四五百平方米就很好，就能做个不错的。

刘： 一定要做精它，不在于面积铺张。

冯： 最早山顶的店，那个什么棒槌店，我那时候60年代初，去泰山顶上写生画画去，就有这个店。我记得当时后来散文里写过，老远望去亮闪闪的，进去有一个大缸，我问这个缸是（干）什么（的），山民们说，这个山上到冬天没水喝，他们用这个缸存点雪，化了以后，或者是下雨有点水后，倒在缸里，实在没水，就用缸里的水。当时没这个缸，可能当时正好

有这么几个小伙子，也是挑山工，可能有四个，身体都很壮，把这缸弄上来的。现在没了。后来再也找不到这么大劲的了，所以缸裂了，花点钱让山底下的人锔一下，所以上面有几百个锔子，锔满了。那个缸要是留到现在可了不得。其实那些店牌我当时印象很深。

张： 这个咱都留着来。

刘： 这个有一部分，我在博物馆当馆长时，库房里存留了一部分，有鹦鹉、簸篮、双升、笊篱……

冯： 棒槌、笊篱店我有印象。

刘： 其实照片不就是拍的库房的文物嘛，有鹦鹉、笊篱。但是你说的可能是泰山庙会这本书里，当时泰山香客这块没资料。

冯： 还有一个就是关于泰山信仰，那本书写得更学术。泰山文化真是很深，所以不能完全服从于旅游，那样就浅了，因为旅客不需要太多，泰山还是应该有自己的博物馆。

采访者与冯骥才先生合影

邂逅的经典

（代后记）

生命历程中的有些邂逅，堪称幸运和经典。

说起泰山挑山工，总也绕不开两个人。这两个人，一个是文学家，一个是美学家。他们与泰山挑山工的邂逅，堪称典范，堪称幸运。当然，幸运是彼此的。作为挑山工，因邂逅文学家和美学家，以其粗头乱服，走进教科书，走进象牙塔，走进莘莘学子知识的殿堂，受到社会各界广泛关注，名扬四海；感知到社会知识阶层的温暖，如沐春风。作为文学家和美学家邂逅挑山工，接地气，通灵犀，知反哺；同时也成就了他们宽厚的人文情怀，向世人展示了上善若水的真谛。至于典范，邂逅挑山工与高山流水、季札挂剑等历史长河中的经典邂逅相比较，显然，后者就逊色得多。因为后者说到底只是狭义上的个体，而前者面对的则是一个广义上的

劳动者群体，其境界豁然开朗。二者有云泥之别。

于是乎，学者与泰山挑山工的碰撞，迸溅出璀璨的火花，照亮历史的进程——

先说文学家冯骥才先生。

与泰山、与泰山挑山工的邂逅，冯先生渊源有自。他在《泰山挑山工纪事》的序言里，开宗明义：

在人生的几十年里，我登过各地各处乃至各国的大山小山名山不止数百座，许多山之美之奇之独特令我惊叹、迷醉、印象殊深；然而它们都与泰山不同，泰山是与我纠结着的一座山。它绝不只是风光卓然地竖立我的面前，而好像原本就在我的世界里。

为什么？是因为它那种我天性崇尚

254

冯骥才与挑山工赵平江座谈

的阳刚精神？它那种最具中华文化气质的"五岳独尊"的形象？还是它是我母系家乡的风物——母亲家乡的一切总是早早地就潜在血液里了……不知道，反正我有那么多诗歌、散文、绘画，以及文化事件乃至人生故事都与泰山密切关联一起。

进而，冯先生在"初识挑山工"的章节里，有声有色地详解了与泰山的情愫：

初登泰山的情景如今已经化作一团烟雾，因为中间相隔了四十余载，然而一些记忆碎片却像一幅幅画在岁久年深的烟雾里忽隐忽现。

那年我二十二岁，正处在一种向往着挺身弄险的年龄。一天，在老画家溥佐先生家里学画，溥先生忽对我们几位师兄弟说："跟我去泰山写生吗？"先生胖胖的脸充满兴致。那年代难有机会登山，我和几位师兄弟更没去过泰山——这样的天下名山，便立刻呼应同往。行前的几天兴奋得夜里闭不上眼，还跑到文具店买了一个绿帆布面的大画夹，背在背上，把自己武装成一个"艺术青年"。

泰山对我有种天生的魅力，这可能来自姥姥那里。姥姥家在济宁，外祖父在京做武官，解甲后还乡，泰山是常去游玩的地方。姥姥好读书，常对我讲到泰山的景物和传说。那时家中还有几张挺大的"蛋白"照片，上面是1922年外祖父与康有为结伴游泰山的情景。照片里母亲那年五岁，还是一个梳着一双鬏鬏的活泼好看的小姑娘。背景的山水已叫我领略到五岳之宗的博大与尊贵。

记得那次在泰安下了车，隔着一大片山野就是泰山。远看就像谁用巨笔蘸着绿色、蓝色、混着墨色在眼前天幕上涂出一片屏障似的崇山峻岭。待走进山里，层层叠叠，幽敻深邃，蜿蜒的石径把我带进各种优美的景色里。那时没有相机，我掏出小本子东画西画，不知不觉就与溥先生和几个师兄弟都跑散了。

那次，我们好像坐着夜车由天津来到泰安的，火车很慢，中间经过许多小站。德州站的记忆很深，车到站一停，没见月台上的小贩，就见一只只焦黄、油亮、喷着香味的烧鸡给一张张纸托进车窗。当然，我们没有钱买烧鸡吃，我口袋里仅有的三十块钱有一半还是向妻子（那时是女朋友）借的呢；我只能在山脚下买些煮鸡蛋和大饼塞进背包，带到山上吃。我还记得坐在经石峪刻满经文的石头上，一边吃大饼卷鸡蛋，一边趴下来喝着冰凉的溪水，一边看着那些刻在石头上巨大而神奇的字。还记得一脚踩空，掉到一个很大的

草木丛生的石头缝里，半天才爬出来。我想当时的样子一定很狼狈。

在这陌生的山上走着走着，就走入姥姥讲过的泰山故事里。比方斗母宫，它真像姥姥讲的是座尼姑庵。里里外外收拾得幽雅洁静，松影竹影处处可见，坐在回廊上可以听见隐藏在深谷里层层绿树下边的泉响。还有一种刚刚砍伐的碧绿的竹杖修长挺直，十分可爱。姥姥多次提到斗母宫的青竹杖，可惜姥姥已不在世，不然我一定会带给她一根。

再有便是回马岭。姥姥当年对我说："登泰山到回马岭，山势变得陡峭，骑马上不去，所以叫回马岭。你外祖父属马，当年到这里不肯再登，没过两年人就没了。你也属马，将来要是到回马岭一定要上去。"于是那次穿过回马岭的石头牌坊时，是一口气跑上去的。

我一路上最重要的事当然是写生。我在山里写生时，完全不知上边的山还有多高路有多长，到了中天门，见溥佐先生已经到达，坐在道边一家店前边喝茶歇憩边等候我们，待人会齐一同登朝阳洞，上十八盘。那个时代，没有旅游，上山多是求神拜佛的香客；种种风物传说都是从山民嘴里说出来的，也都是山民深信不疑的。我在小店里买到一本乾隆年间刊印的线装小书《泰山道里记》，版味十足，软

软厚厚的一卷拿在手里很舒服，低头看看书中记载的古时的泰山风物，抬头瞧瞧眼前的景物，对照古今，颇有情味。那时没有真正的旅游业，这是唯一的一本堪作导游的小书了。我也不知道山上小店里怎么会有这么古老的书卖。比起当今已陷入旅游市场里被疯狂"发掘"和"弘扬"的泰山，那时才是真正的原生态。这一次种种感受与见闻都被我记录在后来所写文章《十八盘图题记》《泰山题刻记》《挑山工》和《傲徕峰的启示》中了。

那次登山还很浪漫。在十八盘中间有个小小的方形的琉璃瓦顶的古屋，名唤"对松亭"，里边空无一物，只有粉墙。溥佐先生忽然兴致，拿出笔墨在墙上画起画来，我们几个师兄弟也跟着在壁上"涂鸦"，我还题一首诗在壁上：

已克十万八千阶，
天门犹在半天中。
好汉不做回步计，
直上苍穹索清风。

现在读来，犹感那时年少，血气贲张，心有豪情。

诗中"清风"二字，源自李白《游泰山诗》中的"天门一长啸，万里清风来"。

待登上南天门，还真的使出全身的气力来，呼啸一声，然而天门四外寥廓，没有回音，声音刚喊出口，便即刻消失在空气里。

那次登岱还识得一种特殊的人就是挑山工。一个人，全凭肩膀和腰腿的力气，再加一根扁担，挑上百斤的货物，从山底登着高高的台阶，一直挑到高在云端的山顶。而且，天天如此。这是一种怎样的人？

虽然我和他们不曾交流，甚至由于他们低头挑货行路，无法看清他们的模样，但是他们留在了我的心里，成为二十年后我写《挑山工》的缘起。

至于那次写生收获最大的，乃是对我所学习的宋代北宗山水的技法有了深切的认识。泰山岩石的苍劲，雄浑，以及刀刻斧砍般的肌理都使我找到了宋人范宽、董源、李唐和马远的北宗技法（大斧劈皴和钉头鼠尾皴）的生命印证。泰山的大气更注入了我"胸中的丘壑"。

头次登岱，目的在于绘画，收获却何止于绘画？

正是由于这种情愫，泰安市政府隆重授予冯先生"荣誉市民"称号及"泰山金钥匙"。对此，冯先生感到非常自豪：

第四次登岱的缘由是我不曾想到的，

就是因为我上边说的那篇散文——《挑山工》。

前边说了，这篇散文写于1981年，正是我写作的鼎盛期。那年我写了七十万字，有点发狂。大概那时我最需要挑山工背重百斤、着力攀登的精神。散文发表出来不久，就被选入教材中。由是而下，直至今日。不少孩子学过此文，便去泰山看挑山工，就像那年陪母亲登岱所遇到的情形。据1996年泰安政府调查，当时近两亿中国人在课本上读过这篇散文。没想到我与中国一座名山竟有如此深刻的缘分。泰安市政府决定授我为"荣誉市民"，赠一把声称可以"打开"这座世界名山的金钥匙给我。

在授我"荣誉市民"的仪式上，我接受了煌煌夺目的金钥匙，并以"荣誉市民"名义回赠一幅《泰山挑山工图》给泰安市政府；还在与泰安小学生见面时，为孩子们写下"爱我泰山"四个字。随后便第四次登岱。

由于上次是从中天门上山，这次决定由中天门步行下山。重温一下昔日在山腰以下画画时美好的记忆。我们一行人——几位好友、妻子、学生一同乘车到中天门，然而沿路而下，这才感受到"上山不如下山难"的滋味。虽是下山，每一步同样都要踩实，以防翻滚而落，由此想到我的人生。

这一路上逢胜景必观之，遇题刻自读之。学生怕我累，代我背着相机；妻子担心我口渴——我有消渴症，一直拿着一瓶水跟在我身后。我常常会指着某一山坳，某一深谷，某一树石，某一老屋，说起先前登山作画时难忘的情景，惹起一阵怀旧的情怀，也会被某一野店的消失不在唏嘘不已。这些感觉不是很像回到自己的故乡了吗？于是在红门、一天门以及斗母宫前——拍照留念，并和路遇的挑山工殊觉亲切地合了影。最令我惊喜的是在斗母宫前发现仍有小店出售那种姥姥提到过的青竹杖。这次选了一根，竹皮青碧光亮，竹竿挺直峻拔，回去后用墨笔题记，请擅长雕刻的友人刻上。

同行朋友笑道："看你到了这山，好像回到你的老家。"

我说："有了金钥匙更可随时回来，不用再敲门了，用钥匙一拧就进来。"

可是，此后不久便开始投入城市历史保护和民间文化抢救，经年累月各地跑，竟然无暇再来登岱。然而巍巍泰山包括挑山工的影子并没有在心中被淡漠。可是一次听说当今在泰山难见到挑山工了，还有一个说法——"最后一代挑山工"，十分牵动我的心。怎么会"最后一代"？时代变化得太剧烈，连挑山工也濒危了，这是真的吗？我想，我该抓紧时间专门去泰山访一访挑山工了。

于是，冯先生在百忙之中，再次来到泰山，完成他"寻访最后一代的挑山工"的心愿：

这次登岱纯粹是为了挑山工。

都是缘自挑山工日渐减少的讯息一次次传来。还有一次与一位刚刚游过泰山的朋友聊天，当我向他询问关于挑山工的见闻时，他竟然说："挑山工？没有见到挑山工呀。"

于是抢在今年入九之前赶往泰山，寻访"最后一代挑山工"。这次事先的工作准备得好，联系到两位真正的"老泰山"。一位是中天门索道运营的负责人葛遵瑞。当年他主持泰山索道修建时，所有重型钢铁构件都是挑山工连背带抬搬上去的，这位负责人对挑山工知之甚深。一位是学者型泰山管理者刘慧，他有过几部关于泰山历史文化的研究著作，学术功力相当不错，还身兼泰山文博研究员。这两位老泰山为我的安排很专业。分三步，先在山下对两位老挑山工做口述，再到中天门路上去看"泰山中天门货运站"，从那里也可了解到当今挑山工的一些生活状况。最后到中天门对另两位正在"当职"的中

年挑山工做口述调查。

这样的安排既全面又有层次，能使我不长时间便能抓住我所关心问题的要害。我真要感谢这两位长期工作在山上的主人。

我的口述调查很顺利，也很充分。……

口述完成后，天色尚好，幸运的是这天的天气不冷。西斜的太阳照在苍老嶙峋的山岩上发红发暖，山谷一些松柏依旧苍翠。如果只盯着这松柏看，就像还在夏日里。我想既然人在山中不能不到山顶，可是如今我腿脚的力量不比年轻时，已经爬不动十八盘了，便乘缆车到南天门，一路景物都在不断与记忆重合，无论是天门左边巨石那"果然似我"四个豪气张扬的题刻，还是关帝庙前那块嵌墙的珍罕的石刻关公像，都是五十年前打动我的，至今未忘，再次看到，如见故人般的亲切。

在天街一侧，头一次看到我题写的石刻泉名"万福泉"，亦亲切，又欣然。我拉着妻子在这个地方留个影——我喜欢这个泉名：万福，这两个字可以把你对所有事情美好的祈望都放在里边。

然而，我还是更留意挑山工的生态。此次在山上，不论从南天门向十八盘俯望，还是站在岱宗坊前向天街仰望，竟然未见一位挑山工。是由于他们是晌后收工

了，还是真的已然日渐稀少？一种忧虑和苍凉感袭上心头。这正是这些年来那种抢救中华文化常有的情感，竟然已经落到挑山工的身上。谁与我有此同样的感受？于是我和泰山博物馆馆长刘慧先生谈论到建立"泰山博物馆"的话题了。

说到博物馆里的文物，刘慧对我说，他给我找到一件挑山工的文物——一根真正挑山工使用过的扁担。这扁担就是我头天的口述对象老挑山工宋庆明的，他使用了一辈子，决定送给我作为纪念。

我和刘慧都喜欢做博物馆，好似天性能从历史的证物中感受历史的真切。同时，感受到刘慧动人的心意，还有老挑山工朴实的情意。

我已经将这两端带着铁尖、几十年里磨得光溜溜的扁担立在我的书房的一角。它不是一个过去生活的遗物，而是一个昂然、苍劲又珍贵的历史生命。凡历史的生命都是永恒的。

临行时，我送给泰山管委会一幅字，以表达我对泰山几乎一生的敬意：

岱宗立天地，由来万古尊。
称雄不称霸，乃我中华魂。

冯骥才在泰山寻访挑山工

写到这里，我甚至觉得冯骥才先生之于泰山，简直就是前世有约、今世有缘。一座大山矗立在他的生命里，挑山工竟然是引路人。

再说美学家杨辛先生。

一生四十六次攀登泰山的杨先生，既将泰山作为一种美学符号来研究，又将泰山作为一种人格境界去追求；既将泰山作为一支宇宙之歌来吟唱，又将泰山作为一种民族精神去坚守。自然，先生属于老派文化人的典范，满腹经纶、学富五车且不说，只是那谦谦君子之风，其和煦蔼然，可以追溯到孔孟的敦厚仁和；其旷阔达观，可以钩沉到老庄的清静无为。登山途中，游客踩了杨先生的脚，先生也会连连道歉：对不起、对不起！俨然不小心做了错事的是他自己。

至于对挑山工，杨先生深情地说：为什么很崇敬他们呀？因为我们觉得他们身上体现了泰山的精神。到泰山我们敬天，实际上就是敬德，在《周易》里头就讲到"天地之大德"，就是天地它有一种最高的品德，就是它养育万物，生育万物，生生不息。泰山对我的影响主要是精神上的影响，精神影响里头有很多，最重要的就是对我的生命的启迪，就是生生不息，就是自强不息，在挑山工以及环卫工、林业

工身上就体现了这种精神。在《论语》里头不是讲到"天何言哉？四时行焉，百物生焉，天何言哉"吗，就是说天地它是在默默无闻地养育万物，不求回报。三工就是体现了天的高尚的品德，你看挑山工也好，林业工也好，环卫工也好，都是长期地默默无闻地做贡献，生活非常艰苦，他们这种默默无闻地做贡献的精神就是一种泰山的品德，所以说想起泰山的三工就想起泰山人，这也是真正体现了一种天人合一的境界，天的品格在人的身上的一种深刻的、生动的体现。

耄耋之年的杨先生，这种高尚的德行，与他人生成长的经历密切相关。一位伟人曾经说过："人的正确思想是从哪里来的？是从天上掉下来的吗？不是。是自己头脑里固有的吗？不是。人的正确思想，只能从社会实践中来……"《中华英才》杂志，曾经以"品日月之光辉，悟天地之美德，立岱宗之弘毅，得荷花之尚洁"为题，报道过杨先生的事迹——

在文化传承的历史长河中，文明的圣火，灼灼其华，灯灯无尽。

但在每一个环节，都有一种不是血缘，胜似血缘的师承，以其面对面，手把手，心印心的关切与诚挚，秉承着先贤之遗训，传递着圣祖之叮咛，演绎着人格之德馨。

　　杨辛即于青年时代得风气之先，欣蒙徐悲鸿、董希文、汤用彤等一代宗师之指点，饱沐仁者之风，神会大家心传。

　　杨辛1922年6月生于四川巴县（今重庆市巴南区），他的童年时代正值军阀混战，不幸十岁丧父，十二岁丧母，相继寄身于亲戚家和寺庙中。为了谋生，杨辛小学毕业后即去重庆职业学校学会计，其后在重庆民生轮船公司做职员。因为成绩出色，而被赏识他的油料科长送去内迁的南开中学高中部就读，遂与汤一介结识。在此期间，追求进步的杨辛不光参加了汤一介、张岂之创办的"文拓"社，而且亲自创办了一个名叫"偶尔"的漫画刊物，取笔名"SK"，学习丰子恺的画风。

　　1944年，国难当头，面对日寇的侵略暴行，正读高中的杨辛毅然投笔从戎，参加了印缅远征军。抗战胜利后，他从缅甸步行回国，历尽坎坷，最后在昆明找到汤一介，遂即住到汤用彤先生（汤一介之父）家中，并与邓稼先（新中国成立后成为中国杰出科学家、两弹一星元勋）结识。汤用彤先生时任西南联大哲学系主任，虽然家境并不富裕，却慈父一般地关爱邓稼先和杨辛。

　　在此期间，杨辛积极参加"反对内战，争取民主"的"一二·一"学生运动，曾经拜访闻一多和费孝通等爱国进步人士，并帮汤用彤先生抄录学术文稿。

　　1946年，汤用彤举家迁往北平。杨辛随后北上求学，并以第一名的成绩考入北平艺术专科学校西画系，师从徐悲鸿、董希文，并与钱绍武、陈若菊同窗。第一学年要打素描基础，杨辛学习很刻苦，在画石膏像素描方面成绩突出，"很严格又很生动"——这是董希文先生给予的好评。

　　为让学生学到真功夫，徐悲鸿先生便将齐白石先生请来，进行现场教学，一笔笔地画给大家看。杨辛对悲鸿先生这种对学生的深切关爱和既严谨又活泼的教学风格十分敬佩，从中受益终生。

　　但他只在北平艺专待了一年，便因发起和组织"反饥饿、反内战、反迫害"游行示威而被列入抓捕"黑名单"，后经地下党通知逃离北平，投奔东北解放区。

　　1949年初，杨辛加入中国共产党。新中国成立后，曾在吉林省委党校哲学组担任教学工作。

　　1955年6月，杨辛被调到北大做汤用彤教授的学术助手。在此期间，杨辛体弱多病，身患肺疾，汤用彤先生和汤夫人非但没有嫌弃，还像对待亲生儿子一般地照顾和关怀，这让自幼失去双亲的杨辛倍感温暖。为此，他曾写过一首诗，感恩这段

杨辛先生登上南天门

亦师亦亲的人间真情：

　　春风化雨，绿草如茵，
　　燕南庭院，有我双亲。

　　不难看出，杨辛从汤用彤先生身上学到的不光是优秀的学术思想，还有生动的言传身教。杨辛说："回顾往事，用彤先生严谨的治学精神，正直善良的品德，淡泊名利的人生境界，以及培养青年的一片热忱，都深深地铭刻在我心中，成为激励我前进的动力。"

　　杨辛先生对于自己毕生所从事的美学研究，他认为：

　　崇高和优美是美的基本形态。两者的关系是并列的，而不是对立的。

　　这情形，正如太极盘上的阴阳鱼，二者相得益彰，互为平衡。故曰："一阴一阳之谓道。"

　　杨辛认为：优美是真与善的和谐统一。优美不光建立在人与客体世界的和谐共存关系中，而且外观形式与美的内涵相互协调，个体形态与普遍内容实现完美有机之结合。优美的事物在感性形式方面大

263

多具有小巧、柔和、精致、轻盈等品格。

在此理论关照下，杨辛心有灵犀，一眼发现了荷花。

北宋著名文学家、书法家黄庭坚有诗云："于爱欲泥，如莲生塘。处水超然，出泥而香，孔窍穿穴，明冰其相。维乃根华，其本含光。"（《赠别李次翁》）从本源上讲，荷花香自德光来，具有化腐朽为神奇的净化力量和濯清涟而不妖的"圣功香光"。

杨辛痴心荷梦，写荷、赞荷、画荷几十年，渐渐为荷濡染，不觉被其同化，先后收藏珍贵荷花艺术品数百件，不仅是为教学研究之用，而且潜藏立德树人之心。他不惜精选其中的一百三十六幅荷花艺术珍品（内含玉雕、石雕、根雕、刺绣、绘画、紫砂、琉璃、青铜器等），慷慨地捐给北京大学。杨辛认为："德之所以为本，乃是因为德决定着人生的方向和质量。"

故而，杨辛将平生稿费和书法润资一百万捐给北大，其中六十万用于设立"汤用彤奖学金"，以报师恩；余下四十万，用于设立"杨辛助学金"，用来扶助家境贫困的同学。除此之外，他又捐赠一百万元，由北大设立"杨辛荷花品德奖"，奖励品德优秀的同学，寄望将美育与德育相结合，以美引真，以美导善，对下一代能够有所帮助。

在杨辛的美学思想体系里，一直含着以美引真，以美导善，移风易俗，净化人心的德育内涵。

1992年，杨辛荣获国务院颁发对国家高等教育事业有突出贡献的表彰证书及其政府津贴。2008年，中国美术家协会授予杨辛先生"卓有成就的美术史论家"称号。

2012年，杨辛被北大授予"北京大学哲学教育终身成就奖"。2015年，杨辛作为教育系统先进离退休工作者，受到国家表彰。

除了捐赠一百三十六件荷艺珍品，杨先生还将一百幅书法佳作捐给北大。而他本人，至今仍然过着简朴的生活。

无论著书立说，还是教书育人；无论巡礼山川，还是挥毫泼墨，杨辛都将自己的美学思想贯穿其中，渗透其中，化作漫天雪花，飞作绵绵细雨，绘成绚丽彩虹：润物细无声，默默传心灯。

杨辛的学术水平和人品，高度统一，刚柔双运，堪称松骨荷心。

国难当头时，他为民请愿，投笔从戎，一腔热血任纵横；和平年代里，他西出阳关，东临碣石，考察泰山长城，巡礼中华文明。美学课堂上，他声情并茂，诲人不倦；格物致知时，他下笔千言，才思飞涌……

"品艺术而赞美，登泰山而悟生，赏荷花而好洁，重友谊而贵诚，崇奉献而知乐，爱人民而怀恩。"杨辛这样总结自己的一生。

他是一位知行合一者，他在践行学术与人格相统一的治学经。

"崇高和优美是美的基本形态。"杨先生正是以美学的慧眼，关注了挑山工；用美学的慧心，关爱着挑山工；用美学的慧行，砥砺自己的操守，激励着挑山工。

泰山挑山工真是幸运啊！

业已存在几千年的挑山工，为什么倏尔之间，在20世纪80年代名声大噪，进而振聋发聩？在这里，我们似乎找到了答案：他们邂逅了冯骥才、杨辛两位先生。当然，还有许许多多他们生命中的"贵人"，我们列举的这两位先生，只是千千万万"贵人"当中的代表人物。

然而，这两位学问大家，以他们博大宽厚的人文情怀，以他们在各自领域强劲的号召力和影响力，使得全社会都关注和关爱泰山挑山工，不仅仅提高了泰山挑山工的知名度，更重要的是传播了"肩负重担，永远登攀"的泰山挑山工精神，弘扬了这种令社会前进的正能量。当今人们对挑山工刮目相看，正是对这种正能量的青睐、崇仰和践行！

泰山挑山工精神永远不朽！

杨辛先生在书房

265

　　本书先后参与采访人员：刘慧、张玉胜、倪雁、王玉林、金卫东、陶莉、朱继亭、刘丰、魏莉莉、潘玉迎、苏建、王丽华、冯小波、刘经纬、常跃、印志东、徐西法、叶涛（中国社会科学院）、刘晓峰（北京大学）等。

　　主持人：张玉胜、王玉林、金卫东。

　　本书照片作者：张仁东、刘水、王德全、刘慧、张玉胜、倪雁、王玉林、金卫东等。

　　为尽可能还原泰山挑山工的语言特色，采访录中的方言和口语词汇均尽量加以保留。其所说年代如无特殊说明均指20世纪，所说的年份也都为简写，如1988年均写为八八年。